中高职院校人文素质教育十二五规划教材

新编演讲与口才

屈海英　主　编

黄献红　韦施羽　何大强　副主编

ZHEJIANG UNIVERSITY PRESS
浙江大学出版社

《新编演讲与口才》编委会

主　编:屈海英(广西农业职业技术学院)

副主编:黄献红(广西农业职业技术学院)

韦施羽(广西机电工程学校)

何大强(合浦一职校)

参　编:邓　燕(广西华侨学校)

凌子茜(广西机电工程学校)

李志强(邕江大学)

蒋梅玲(广西经贸职业技术学院)

韦　靖(广西农业职业技术学院)

樊　明(广西机电工程学校)

卢燕霞(广西华侨学校)

黄华贞(广西华侨学校)

王小玲(浦北一职校)

覃新苑(广西民族中专)

陆世伟(广西民族中专)

一个人的嘴巴有两种功能，一个是吃饭，一个是说话，要想吃好饭，必须说好话。

——阿里巴巴集团创始人马云

是人才未必有口才，有口才的人必定是人才。

——著名演讲活动家邵守义

发生在成功人物身上的奇迹，至少有一半是由口才创造的。

——美国学者汤姆士

如果有一天神秘莫测的天意将从我这里把我的全部天赋和能力夺走，而只给我留下选择其中一样保留的机会，我将会毫不犹豫地要求将口才留下，如此一来我将能够快速恢复其余。

——美国政治家丹尼尔·韦伯斯特

如果让我重进大学，我将修好两门课：演讲和说服。

——美国前总统尼克松

你能面对多少人，未来就有多大的成就。

——英国前首相丘吉尔

有口才使你雄辩滔滔，占尽上风。

——埃及谚语

前　言

职业教育课程教学目标是培养学生的职业能力。人文素质基础课作为职业教育的重要组成部分，作为培养学生综合职业能力的重要载体，对培养学生的职业态度、合作意识、团队精神、口才能力、交际能力、商务礼仪、创新能力等起着重要的作用。

自古至今，语言都充满着独特的魅力和无穷的力量，研究口头语言表达规律与技巧的口才学是一门古老而新兴的学科，中外就有话术、辩术、谈话术、演讲术、说学、演讲学的说法。当今社会，是知识经济与信息化的时代，人们的交际范围更加广泛而复杂，口才的魅力也越发显得重要，它作为人际交往必不可少的工具，在人类历史的长河中一直发挥着不可替代的作用。能言善辩的人，往往使人尊敬，受人爱戴，得人拥护。在竞争激烈的现代社会里，不管你是从政、从商，还是从学、从艺……都必须重视口才，因为拥有了出色的口才，你就拥有了自信，拥有了人缘，拥有了能力，也就等于拥有了把握命运、改变命运的力量。

基于对口才之重要性的认识，进入21世纪以来，许多大中专院校纷纷开设了《演讲与口才》类课程，旨在培养学生的人文素质、综合素质与职业能力，增强毕业生在求职、择业、就业中的竞争力，以期在竞争越来越激烈的人才市场中脱颖而出。

本书是编者根据多年大中专院校《演讲与口才》课程教学的实践、实战经验，从课堂教学思路出发，体现教学的规律，以及课堂教学师生双边互动的特点，以最新的行为导向教学法理论为依据，以充分调动学生主体学习、主动学习的积极性为目标，集实用性、实战性、新颖性、生动性、趣味性、通俗性于一体编写而成，在同类教材中独树一帜。其主要创新点如下：

一、课程教学内容的构建，突出实用性与实战性

本书在构建教学内容时，依据的是实用性、实战性原则，选编的是当前大中专院校学生普遍实用与急需掌握的各类口才知识，包括口才概述、诵读口才、演讲口才、求职口才、辩论口才、社交口才、营销口才、导游口才等八个章节的内容。这些口才知识，不论

是在校生，还是将来学生毕业求职、就业，都是非常普遍、非常迫切需要掌握的。

二、教材内容体例的编排，突出案例导入的新颖性

各章节内容编排，按照“案例导入→头脑风暴→知识介绍→例文赏析→口才实训”这一体例来安排教学进程。每章节内容的开篇，都由新颖独特的案例导入，再由案例引出若干思考、讨论题，要求学生根据问题进行“头脑风暴”，激发学生学习的兴趣，感受思考的乐趣，引导学生主动寻找和发现自己的知识盲点，强化学生的求知欲，为教学营造主体学习、主动学习的良好氛围，导入新知识的教与学。

三、口才技巧的阐述，突出案例的实证性

本书在介绍各种口才实用知识时，坚持理论精当、案例为证的思路。特别是口才技巧部分，以大量名人、伟人故事，或经典实战案例为证，力求生动形象，说服力强，避免理论的抽象空洞、生涩难懂，可以大大提高学生学习的生动性与趣味性。

四、例文的学习赏析，突出导读的指导性

本书有关章节根据需要，选编有若干篇例文。编选的原则是注重实战性、代表性和经典性，力求贴近学生的学习、生活、工作，比如求职信、演讲稿、辩论词、导游词等，都体现了这些特点。每篇例文的后面都有简短的“例文导读”，简明扼要地分析例文的内容、结构、写法和特点，有助于提高学生的阅读赏析能力。

五、口才实训题，突出“说”与“做”的特点

根据本书编写突出实用性、实战性的要求，口才实训部分尽量不出各种简单的知识问答题和思考题，以各种正反典型案例的分析、口才技巧的训练、口才文稿的写作、口才能力的自测题为主，强化学生“说”与“做”能力的培养，体现本书贯穿始终的编写理念。

本教材为大中专院校《演讲与口才》必修课或选修课通用教材。使用中，各院校可根据专业特点、教学时数、学生基础等方面的差异，对教材内容进行必要的增减，以利于达到最佳教学效果。

本教材在编写过程中，编者参阅了大量相关文献及资料，在此谨向各位作者表示衷心感谢。由于编写时间仓促，教材中疏漏和笔误之处难免，诚望广大读者批评指正。

编　者

2011 年 7 月

目　录

第1章　口才概述

第2章　诵读口才

第1章

口才概述

学习目标

知识目标

认识口才的内涵，了解口才的重要性。

能力目标

掌握口才养成的方法、技巧与途径。

案例导入

阅读下面两个案例，根据后面的提示进行分析、思考、讨论。

赵惠文王九年，秦军围攻邯郸，赵都危急。赵王就派平原君赵胜前往楚国求救。挑选随行人员之际，平原君的门下食客毛遂自荐愿往。与楚谈判中，楚王犹豫不决。毛遂见状，就拔剑上阶，慷慨陈词，终于说服楚王同意联合行动，打退了秦军的进攻。为此，人们夸奖："毛先生以三寸之舌，强于百万之师。"

张良足智多谋，是汉高祖的得力助手，辅佐刘邦打下了江山。但他认为，自己靠的仅仅是"三寸之舌"的作用。《三国演义》中的诸葛亮，也曾"凭三寸不烂之舌，说南北两军互相吞并"。由此可见，"三寸之舌"的威力何等巨大。难怪我们的古人会说："一人之辩，重于九鼎之宝；三寸之舌，强于百万之师。"

我们嘴里的舌头，的确是个了不起的工具。想想"舌战"两个字，就可以知道舌头在论战中占有何等重要的位置了。

案例二

20世纪30年代，大军阀韩复榘任国民党山东省主席。此公不学无术，却喜欢附庸风雅。他到处演讲，卖弄"才气"，留下了不少"惊人妙语"。

一次，韩复榘挺胸凸肚出现在齐鲁大学校庆演讲台上。未开口倒也威风凛凛，大有学界泰斗之状。口一张，原形毕露，信口雌黄，粗俗不堪，搞得满座师生愕然、哗然、晕然。

"诸位，各位，在座位：今天是什么天气？今天是演讲的天气。开会的人来齐了没有？看样子有五分之八了。来了的不说，没有来的举手！很好，很好，都到齐了。你们来得很茂盛，敝人也实在是感冒！今天兄弟召集大家来训一训，兄弟有说得不对的，大家相互原谅。因为兄弟和大家比不了。你们是文化人儿，都是大学生、中学生和留洋生。你们这些乌合之众是科学科的，化学化的，都有懂七八国的英文，兄弟我是大老粗，粗得不能再粗了，连中国的英文都有不懂啊。你们大家都有是从笔筒子里爬出来的，我是从炮筒里钻出来的。今天到这里讲话，真使我蓬荜生辉，感恩戴德。其实我没有资格给你们讲话，讲起来嘛，就像……就像……对了，就像对牛弹琴，也可以说是鹤立鸡群了。今天不准备多讲，先讲三个纲目。蒋委员长的新生活运动，兄弟我举双手赞成，就是有一条，'行人靠右走'着实不妥，实在太糊涂了。大家想想：行人都有靠右走，那要左边留给谁呢？还有件事，兄弟我想不通。外国人在北京东交民巷都有建了大使馆，就缺我们中国的。我们中国为什么不在那儿建几个大使馆？说来说去，中国人真是太软弱了！

"还有你们学校，总务长！要不是你贪污了，那学校为什么这样穷酸！刚才我一进校门就看见篮球场上有十来个小伙子穿着裤衩在抢一个球，这像什么样子，多不雅观？明天到我公馆领笔钱，多买几个球，省得再你争我抢了！我的演说胜利结束了，请大家谢谢！"

在一片笑声、叫声、掌声中，韩某人满意地走下讲台，又驱车向一所中学驶去……

头脑风暴

- 看完上述两个案例，你最大的感受和收获是什么？
- 诸葛亮、毛遂等人凭"三寸之舌"游说天下，屡立奇功，真的只是"舌头"之功吗？
- 韩复榘之所以有这么多"惊人妙语"，你认为仅仅只是因为其笨嘴拙舌吗？

- 透过韩复榘的“信口雌黄”，你认为如何才能提高口才水平？
- 你对自己的口才水平如何评价？你希望自己达到怎样的口才水平？
- 你最想学习和掌握哪些方面的口才知识和技巧？

知识介绍

第一节　口才之重要

一、口才之重要性

什么是口才？口才的力量究竟有多大？古今中外的名人伟人为什么都这么重视口才？有口才的人必定是人才吗？口才与人才究竟是怎样的关系？

有人说：“一言知其贤愚。”“口才是天下第一才。”有人说：“口才可以征服世界上最复杂的东西——人的心灵。”还有人说：“口才就是人缘，口才就是财富，口才就是力量，力量就能改变命运。”

人们把口才的作用上升到关系个人前途命运，甚至是关系国家民族生存发展的高度。“一言可以兴邦，一言可以丧邦”；“一人之辩，重于九鼎之宝；三寸之舌，强于百万之师”。汉代刘向在《说苑·善说》中写道：“昔子产修其辞，而赵武致其敬；王孙满明其言，而楚庄以惭；苏秦行其说，而六国以安；蒯通陈说，而身得以全。夫辞者乃所以尊君、重身、安国、全性者也。故辞不可不修而说不可不善。”

美国人在20世纪40年代，把“口才、金钱、原子弹”看做是世界上最有威力的三大战略武器；到了60年代，他们又把“口才、金钱、电脑”看做是赖以生存和竞争的三大法宝。随着科学技术的迅猛发展，电脑代替了原子弹，但“口才”却始终占据着首位，这充分说明了人们对口才的重视程度。

自古以来中外就有话术、辩术、谈话术、演讲术、说学、演讲学的说法，口才学是一门古老而新兴的学科。在西方，专门研究说话技巧和艺术的“说学”，早已成为一个专门学科。他们非常重视对各级各类管理人员、外交人员、商务人员、营销人员、服务人员进行“说”的培训。美国的中等学校和高等院校都把演讲作为必修课开设，学校里大都设有演讲大厅和设备完善的演讲练习室。调查表明，人们普遍认为演讲学和交际学是学校中最有用的课程，因为它教会我们怎样说话，怎样与人打交道。我国从20世纪80年代起，演讲、论辩也受到了前所未有的重视，“大中专院校学生辩论会”经久不衰，引起了广泛的社会关注；《演讲与口才》杂志在社会生活中产生了重要的影响；各种各样的口才书籍纷纷成为畅销书；而一些像戴尔·卡耐基这样的励志与口才

大师，已经成为许多人心目中的精神偶像；目前，很多大中专院校也都开设了相关的演讲口才课程，旨在大力加强学生的口才修养和口才水平。

由此可见，口才的重要地位和重要作用。自古至今，语言都充满着独特的魅力和无穷的力量，它作为人际交往必不可少的工具，在人类历史的长河中一直发挥着不可替代的作用。人生在世，每个人都会有梦想，都会渴望成功。世界著名心理学家阿德勒曾指出：要想成功，就要抓住能够帮助你成功的人；要想抓住这些人，就要紧紧抓住他们的内心；而要抓住这些人的内心，就要准确地掌握对方的心理，看透对方的内心。在此基础上，用巧妙的言辞说服或打动他们，展示或施展你的才华，从而成就你的梦想和事业。

正是由于认识到了口才的重要性，一批又一批杰出的演讲家和口才大师们抒写着人类历史文化一座又一座的高峰，马克思、列宁、林肯、丘吉尔、戴高乐、拿破仑、马丁·路德金、英·甘地、孙中山、毛泽东、周恩来、鲁迅、闻一多……在他们杰出的政治、军事、外交、文化成就的熠熠光芒背后，出色口才的助推力功不可没。

当今社会，是知识经济与信息化的时代，人们的交际范围更加广泛而复杂，口才的魅力也越发显得重要。美国学者汤姆士指出："说话的能力是成名的捷径。他能使人显赫，鹤立鸡群。能言善辩的人，往往使人尊敬，受人爱戴，得人拥护。它使一个人的才学充分拓展，熠熠生辉，事半功倍，业绩卓著。"

所以说口才就是人缘，口才就是财富，口才就是力量，口才是天下第一才，并非言过其实。在当今竞争激烈、风云变幻、纷纭复杂的现代社会里，不管是在政界、商界、学界，还是文艺界、体育界、社交界，一个人要想叱咤风云、风生水起，就必须重视口才，拥有口才，让雄辩滔滔、妙语连珠的口才为你插上奋飞的翅膀吧。

二、口才与人生

说话是一种技巧，更是一门艺术，一句恰到好处的话，可以改变一个人的命运；而一句言不及义的话，也可能毁掉一个人的一生。长于说话的艺术，你才能在社交和工作中左右逢源，成就成功人生。

（一）口才是人生成功的助推器

当今社会是一个充满激烈竞争与合作的信息化社会，说话不仅是人们日常生活之必须，同时也对个人事业的成败有着直接的影响。生意场上有"金口玉言，利益攸关"的说法；工作场合，有"一言定乾坤"的说法；生活中，也有"一言既出，驷马难追"的说法。由此可见，在现代社会，一个人能说与否，会说与否，对其人生的成败得失有着举足轻重的影响。

一个人如果有谈吐障碍或表达能力不足，就会被人低估能力，甚至被人扭曲形象。即使你拥有如星星般闪耀的思想，即使你勤奋得像头老黄牛，即使你知识渊博得像部百科全书，成功的机遇可能都会比别人少得多，因此口才的重要性不言而喻。

著名电影演员李雪健曾因主演电影《焦裕禄》而获得好评，获得了当年中国电影“金鸡奖”和“百花奖”的双料“最佳男主角”。颁奖致辞时，李雪健说道：“苦和累都让一个好人——焦裕禄受了；名和利却让一个傻小子——李雪健得了……”话音一落，全场报以热烈的掌声。李雪健仅仅用这两句话，既对焦裕禄为民奉献的精神进行了高度评价，又把自己受之有愧的心情表达了出来，给人留下了深刻的印象。而李雪健能够在他的演艺事业中取得成功，赢得人们的肯定，与其出色的演技、良好的艺德和优秀的口才都有着密切的关系。

（二）口才是事业上升的敲门砖

富兰克林说：“说话和事业的进展有很大的关系，是一个人力量的主要体现。”一个人拥有好口才，就可以在错综复杂的社会关系中游刃有余，在日益激烈的社会竞争中脱颖而出；就可以在唇枪舌剑的辩论中巧舌如簧，在激情四射的演讲台上妙语连珠；就可以在生活背景不同、文化水平有异、性格爱好各异的同事、朋友间巧妙周旋，如鱼得水。总之一句话，好口才是你为人处世、左右逢源的先锋队，是你事业成功的敲门砖。让我们来看看下面这两个推销员的经历，你就能更加深刻地体会到口才对事业成功的重要性。

推销员A挨家挨户推销洗衣机，当他来到一户人家，看见这户人家的太太正在用一台老旧洗衣机洗衣服，于是就忙说：“哎呀，这台洗衣机太旧了！用它洗衣服费时、费力又费电。太太，你该换台新的了……”结果，不等这位推销员说完，这位太太马上驳斥道：“你在说什么啊，我这台洗衣机很耐用，到现在都没出现过什么故障，新的也不见得好到哪里去啊，我才不换呢！”

过了几天，推销员B来拜访，他对这位太太说：“这真是台令人怀旧的洗衣机，因为它很耐用，对您有很大的帮助吧？”太太听了非常高兴，她说：“是啊，我家这台洗衣机的确已经用了很久了。”推销员忙说：“是的，我看出来了，您对它很有感情。可是这样，无论是对您还是对它都太累了，您想没想过让它休息一下，而您在洗衣服时也可以轻松轻松呢？我们的产品中有一款很适合您，您要不要看一看？”太太马上高兴地说：“那我看看吧，也许我确实需要一台新的洗衣机了。”于是推销员马上拿出宣传小册子，向她做介绍。不久生意就做成了。

（三）口才是个人魅力的锦上花

当今社会，“说”的能力越来越受到人们的推崇。一个人的魅力不再仅仅通过其完美的外表和优雅的仪态来表现，是否具有好口才，也成了衡量一个人魅力与否的重要标准。无论你是参加演讲，还是参与辩论；无论你是竞争职位，还是应聘面试；无论是推销产品，还是洽谈业务；无论是外交谈判，还是亲朋交谈。敢于说话，善于说话，把话说对，把话说好，都会令你魅力四射，得到他人的推崇、信任、认可和赏识。

有一次，周总理接见一位美国记者。记者问周总理："总理阁下，你们中国人为什么把人走的路叫做马路呢？"总理听后，说："我们走的是马克思主义之路，所以简称叫马路。"记者又问："总理阁下，在西方，人们都是抬头走路，而你们中国人为什么都低头走路呢？"周总理微笑着答道："这个问题很简单嘛，西方人走的是下坡路，当然要仰着头走；而我们中国人走的是上坡路，所以要低头走了。"

周总理机智又幽默风趣的回答，善意地回复了记者并不友好的提问，使记者知难而退，同时也充分体现了一个大国总理的气度和个人魅力。

（四）口才是生活幸福的护花泥

在生活中，我们经常要与不同的人打交道，因而常常会发生一些意想不到的情况，或生气、或尴尬，很多时候还会让人下不了台。但是，如果我们能及时巧说妙解，就不但会给自己找到台阶下，还有可能化硝烟于无形，甚至能给生活增添某种乐趣。

有一对小夫妻，因一点生活小事争执不下，夫妻俩你来我往吵得不亦乐乎。正当妻子向丈夫作河东狮吼状时，一位朋友恰好来访，丈夫尴尬得无地自容。好在妻子也顾及丈夫的面子，看到朋友来，连忙住口。但对丈夫来说，终究一时无法从窘境中解脱出来。朋友见状，笑着说："听你俩交流还挺热烈，我来得可真不是时候啊！"此话一出，妻子红了脸，无语离去。丈夫马上调侃地对朋友说："打是亲，骂是爱。我们刚才是在打情骂俏呢！你别看她刚才那么凶，其实正表示她对我的关心，不信你问她。"这时妻子也从里屋出来，与朋友打起了哈哈，争吵自然不了了之。

这位聪明机智丈夫的一句"打是亲，骂是爱"，把两夫妻的争吵说成是"亲"和"爱"，朋友自然不会信以为真，但也不必说破，双方都有台阶下。妻子看到丈夫不但没有责怪她，反而还为她打圆场，肯定也会领丈夫的情，争吵自然烟消云散了。结果还有可能因祸得福，夫妻感情更进一步也不一定，权当做生活的调味剂吧。

第二节　口才之内涵

一、好口才需要丰厚的知识积累

常言道："打铁先要功夫硬。"朱熹说："问渠哪得清如许，为有源头活水来。"人们舌吐莲花，谈笑风生，是以渊博的学识和丰富的阅历为基础的。口才的魅力植根于知识的土壤。只有具有丰富的文化底蕴，才能说出内容丰富、生动感人的话来。

不论是交谈、对话，还是演讲、报告，或者是谈判、论辩等，离不开丰富的知识。俗话说："巧妇难为无米之炊。"知识贫乏的人，话语表达的内容自然就单调呆板，枯燥乏味；而一些人的讲话并没有什么惊人的主题，却让人听得饶有兴味，甚至有"听君一席话，胜读十年书"的赞叹。其原因就在于话语中融入了大量的知识和道理，那些新颖独到的观点、智慧闪光的语言、精彩生动的遣词，令人茅塞顿开，受用无穷。

古语云："云厚者，雨必猛；弓劲者，箭必远。"所以渴望提高口才水平者，必须养成博览群书的习惯，具有读破万卷书的勇气。只有丰厚的知识积累，才能登上能说会道的艺术殿堂。

二、好口才需要独立的思考力

马克思说："语言是思想的直接实现。"乔治·奥威尔说："思维的浅陋让我们的语言变得粗俗而有失精准；而语言的随意凌乱，又使我们更易于产生浅薄的思想。"显然，好口才与个人的思维能力、思考与判断能力密不可分，没有清晰的逻辑思维能力，就没有言语的条理性；没有独立的思考与判断力，就没有新鲜独到的观点和见解。

在现实生活中，很多人讲话内容条理不清、杂乱无章、主次不分、详略不当，或堆砌术语、咬文嚼字、味同嚼蜡，或追求新奇深奥、故作深沉，让人如坠云雾，使人成为"丈二和尚"，造成这种现象的原因就是思维能力差。而另一些人讲话则陈词滥调、大话套话连篇、人云亦云，使人产生"炒旧饭"的感觉，归根到底是因为缺乏独立的思考能力，也就是缺乏自己独到的见识、见解、思想和主张，当然只能采取"拿来主义"了。

三、好口才需要机敏的应变力

人们在口才实践中，随时可能会面对各种各样的人、事、物或场景，各种情况都有可能发生。在谈判、辩论、答辩、面试、讨论等场合，话题的控制更是捉摸不定、变幻莫测；在掌握话语主导权的演讲、报告、发言中，也要面对听众的提问或质疑，所以好口才当然需要良好的应变能力来铺路。

这里不得不再次提到我们敬爱的周恩来总理，在与人交际方面，周总理确实是个绝对高手，他出色的口才能力早已蜚声海内外，就连谈判对手也对他赞赏有加。

有一次会谈休息时，赫鲁晓夫自作聪明地对周总理说："我们两个人有共同之处，那就是我们俩都是国家总理。不过，我们两个人也有不同之处，那就是我出身于工人家庭，而你却出身于剥削阶级家庭。这是不是很有意思呢？"周总理笑笑，不假思索地说道："还有一个共同点你没有说，那就是我们俩都背叛了自己的阶级。"

还有一次，一个美国记者在采访周总理时，看见桌子上放着一支美国产的派克笔，于是就用一种讥讽的口吻说道："请问总理阁下，你们堂堂中国，怎么还要用美国的钢笔呢?”周总理淡淡一笑说:“这支派克笔啊,真是说来话长了。这是一位朝鲜朋友的抗美战利品,他作为礼物送给了我。我觉得无功不受禄,就推辞。可是朋友非要我留下作个纪念,我觉得也很有意义,于是就把贵国的这支派克笔收下了。”

作为一个外交家,周总理既成功地维护了国家的尊严,同时也维护了自身的尊严。他的话语机智幽默、不卑不亢、有礼有节,不仅赢得了人民的拥护和爱戴,同时也赢得了对手的敬佩和尊重。

四、好口才需要表达的技术技巧

在生活和工作中,口才交际变得越来越重要,很难设想,一个人说话吞吞吐吐、含含糊糊,或是操着满口乡音,让人不知所云,怎么能与人进行透彻的沟通和交流呢?

所以,要想拥有令人称羡的口才,就必须从练好口才表达所需要的技术技巧开始,包括学好普通话,准确的发音吐字、清晰流畅的表达,也包括有声语言与态势语言的表达和使用技巧,还包括情感的调动、情境的再现,以及应变能力的技巧等。

因此,学口才,练口才,就需要学技巧、练技巧,掌握好各种口语表达的技术技巧,才有可能在口才艺术的天地里遨游。

昔日晏子使楚,一番橘枳之辩,使楚国群英颜面无光,既维护了国家的尊严,又使自己名扬千古;苏秦游说六国,仅凭三寸不烂之舌,掌管六国相印,成就一生抱负;孔明机智,舌战群儒,解缙巧对,传为美谈;鲁迅、闻一多、周恩来……更是现代能言善辩的泰斗。

五、好口才需要良好的心理素质

良好的心理素质是提高说话能力的重要保证。表达者如有恐惧、羞涩心理,一定不能酣畅淋漓地表达思想;有自卑、悲观心理,必定不能充满信心地表达;有妒忌、猜忌心理,肯定不会坦诚地与人交流。所以克服心理障碍,具备良好的心理素质,是口语交际获得成功的前提。自信、自控、热诚是口语表达应具备的基本心理素质。

自信,是人们在长期生活中形成的对自己能力的充分估计与肯定。是人们对自我认识感到满意的心理倾向,它是口语交际必备的心理素质之一。充满自信,会使人表达洒脱大方,产生一种不知不觉感染人的魅力;而丧失信心,就会使人显得委琐胆怯、唯唯诺诺。

自控,就是能够不受外界因素的影响,控制自己的情绪和话语的分寸等。有自我控制能力的人,宽容大度,求大同存小异,荣辱不惊,表现出应有的忍耐性。

在人际关系复杂、语境复杂、瞬息万变的口头交际中,自控是成功者必备的性格特征。面对专横霸道者，需要自制；面对强词夺理者，需要自制；面对挫折、打击，需要自制；与人话不投机，也要自制；说到自己熟悉而又与题旨无关的地方，要自制；胆小怯场，心乱如麻时，还是需要自制；大悲大喜时，更需要自制。只有学会自我控制，才能表达得体而不失态，才能镇定自若，才显得有涵养，有大家风范。

热诚，就是说话时表现出来的态度特征。热诚是高尚人格的体现，也是口语表达中必备的个性品质。那种圆滑的处世之道，"见面只说三分话，不可全掏一片心"的待人哲学，都是与热诚格格不入的。

一个成功的演说家，往往具有谦逊、温和、爽朗、宽容、坦诚、热诚、自然等良好的心理素质。他们的讲话往往是把自己的心理调整在积极兴奋、充满兴趣的起点上，以真情实感去说服人、鼓动人、教育人，去改变听者的思想和灵魂。

六、好口才需要高尚的道德情操

道德修养实际上是一个人对待事物的态度和感情，它反映在对客观事物的认识正确与否、深刻还是肤浅、全面还是片面；它决定着说话者谈论问题的方法、角度和水准，也影响说话者的风格、姿态和神情。

常言道："话如其人，言为心声。"这说明一个人的道德观念、思想品质，乃至情感、倾向、兴趣、爱好、审美情趣等对口语表达有很大影响。伏尔泰说："言谈能够忠实地反映出一个人的内心。"从一个人说的话，就能看出一个人的内心世界来；即使是随意性的闲聊，也有可能展露说话者的性格、个性、思想、品质。

一个政治品德、伦理道德感差的人，就不可能说出爱党、爱祖国、爱人民，乃至对丑恶现象嫉恶如仇的话；持极端个人主义观点的人，也不可能真诚地说出关心集体、体贴别人的话，即使有时说出些冠冕堂皇的话，也是言不由衷的。反之，满口污言秽语的人，也不会有美好的心灵和高尚的情操。所以，要想说出令人信服、在情在理、感人得体的话，就要加强自身的道德情操修养，做个灵魂高尚的人。

第三节　口才之养成

一、口才养成要培养良好的心理素质

戴尔·卡耐基经过多年的调查，得出一个统计数据："有 80%～90% 的学生，对上台说话感到困扰，而已经步入社会的成年人，则 100% 地恐惧公开发表演说。"英国前首相狄斯瑞黎说："宁愿带一支骑兵去冲锋陷阵，也不愿首次去国会上发表演说。"

曾获得电视节目主持人大赛第一名的中央电视台著名主持人撒贝宁说："我喜欢

演讲,因为我爱那种站在舞台上,当着所有人的面,直抒胸怀的感觉。演讲给我自信,演讲锻炼了我的心理素质和应变能力。演讲对我今后的发展起到巨大的推动作用。"

一种是恐惧,一种是喜欢;一种是自卑,一种是自信。这两种对待演讲绝然不同的态度,说明了说话和演讲不仅仅是口和舌的问题,而是一个人多方面能力和素质的体现,其中心理素质的好坏起着很重要的决定作用。所以,要想拥有出色的口才,就必须磨炼良好的心理素质。

(一)自信心的培养

戴尔·卡耐基说:"发展自信的方法,就是做你怕做的事,从而得到一个成功的记录。"不管是说话、对话、发言、答辩、谈判、演讲、辩论,要获得临场经验和成功的体验,都必须积极参与,亲身尝试,反复实践。如果因为紧张胆怯、缺乏自信、害怕失败而放弃各种尝试的机会,那你永远也不可能成功。只要不害怕失败,屡败屡战,大胆尝试,笑看得失名利,自信心自然会与日俱增。

(二)自控力的磨炼

英国有句谚语说:"不知道何时闭嘴的人,就不知道何时开口。"我国也有谚语云:"病从口入,祸从口出。"弘一法师说:"受得小气,则不至于受大气;吃得小亏,则不至于吃大亏。"后一句虽然说的是吃亏与受气的问题,但告诉我们的却是个人自我控制、自我管理能力的强弱高低,可能会使愿望与结果背道而驰的个中哲理。所以,一个人如果没有良好的自控力,就会信口开河、胡言乱语,不管何时何地,也不管听众的反应如何,长篇大论、口若悬河,说话像"懒婆娘的裹脚布——又长又臭",哪里还谈得上口才呢!

(三)恒心与毅力的砥砺

口才的养成,既需要口头表达基本功的训练,也需要形体、形象、肢体、表情等态势语训练,还需要训练思维能力、独立思考能力,培养高尚的道德情操;而作为口才基础的知识的积累,也需要一个漫长的过程;口才实践经验的累积,更需在不断的尝试与实战中得到。所以在这样一个口才养成的过程中,一个人如果没有足够的恒心与毅力的支撑,是不可能享受到"风雨过后见彩虹"的成功喜悦的。

二、口才养成需要掌握方法技巧

好口才并不是与生俱来的,而是后天"练"出来的。因为口才是一个人综合素质和综合能力的外化表现。所以,要提高个人口才水平,必须加强自身各方面的知识与修养。口才的养成是一个系统工程,要掌握规律,循序渐进。只有长期地、持之以恒地实践,刻苦地、勤奋地磨炼、训练,才能有一个飞跃性的提高。那么,怎样才能提高自己的口才水平呢?这就必须要做到"八多":多看多听、多模多练、多学多记、多思多写。

（一）多看多听

1. 多看

多看，就是通过大量阅读和观赏与演讲口才有关的文章、书籍、活动、视频等，以期对提高自己的口才水平有所帮助。

多看一些演讲与口才方面的文章和书籍，积累演讲口才的知识，汲取知识的营养，掌握一些演讲的方法和技巧，吸取一些失败的经验教训，以免重蹈覆辙。

多看别人的演讲，多看一些伟人、名人的演讲、讲话视频，多看一些电视访谈类、脱口秀类、论辩类节目或电视辩论赛，增强对演讲口才的感性认识，学习演讲的方法技巧，提高对态势语言运用的理解，从中感悟演讲口才的要义。

2. 多听

演讲者要把话讲给别人听，就要使自己的演讲动听，其前提之一，就是演讲者首先自己要多听。只有多听，才能多悟，多悟才能提高。

多听别人演讲，多听别人说话，以提高有声语言的表达能力。

多听电台、电视台播音员、节目主持人播音、讲话，提高自己的普通话水平，以达到演讲语言流畅悦耳、优美动听的目的。

多听自己的讲话、朗诵、演讲练习或录音。正如罗马哲人塞涅卡说的那样："在向别人说些什么之前，首先要把它说给自己听。"初学演讲者在正式上台讲话之前，应该反复地练习讲几遍，可以对亲朋好友讲，可以找个偏僻无人的地方讲，也可以对着镜子或录音机讲。每讲一遍，自己都要留心听，仔细地找出语言上的毛病，或请内行人挑挑刺，认真加以改正。如果每次演讲、发言之前都能坚持试讲、试听几遍，长此以往，口才能力定会不断提高。

（二）多模多练

1. 多模

俗话说：光说不练是傻把式。多模，就是指多学习、多模仿，就像我们当初学说话一样，每个初学者都是从模仿开始的。

多模仿一些伟人、名人说话和演讲，因为他们的说话和演讲都是风格鲜明、独具特色的，有助于我们逐步形成自己的风格。

多模仿一些优秀演说家、演讲者的演讲，从中学习有声语言与态势语言的表达技巧。

多模仿一些著名节目主持人，或相声、小品演员的表演，多学习他们声情并茂、形声共融的表达技巧，以及良好的台风、仪表、风度。

2. 多练

口才技能既不是天生的，也不是无师自通的。"宝剑锋从磨砺出，梅花香自苦寒来。"同其他任何才能一样，口才的获得来自于持之以恒的勤奋、刻苦的训练。古今中外一切口若悬河的演讲家，一切能言善辩的雄辩家，一切口齿伶俐的交际家，都是后天靠着自信、勇气、拼搏、锻炼而造就的。

一是要训练有方。语音训练：学好普通话，掌握发音吐词的技巧，做到字正腔圆、准确流畅；朗诵训练：培养良好语感，掌握说话的语气语调、节奏、感情的技巧；交谈训练：包括交谈、对话、论辩，学会如何得当、得体、有序、简洁地说话；演讲训练：掌握演讲表达的技巧，学会如何说得抑扬顿挫、声情并茂、生动感人。思维训练：养成独立思考、独立判断的能力，掌握快速思考、机敏应变的技巧。

二是要持之以恒。口才训练仅靠课堂练习是远远不够的，应该是课内与课外相结合，多形式、多方法、全方位地进行，如读报会、故事会、朗诵会、主题班会、讨论会、座谈会、演讲会、辩论会、说唱会、文艺晚会、总结会、报告会等。口才这个无价之宝的养成，绝非一时、一日之功，它只属于勤学苦练的人。

古希腊演讲家德摩斯梯尼，刚开始演讲时发音不清，为了练习演讲，他经常在嘴里含着一块鹅卵石练习朗诵诗歌和演讲。当他发现自己在演讲时有爱耸肩的毛病时，便在屋脊上悬了两根绳索，绳索上吊着两把尖刀，自己站在两刀之间苦练姿态。为了掌握广博的知识，为演讲奠定基础，他刻苦学习各方面的知识。为了安心学习，不随便走动，他特意给自己剃了一个阴阳头，告诫自己不要出门，免得失礼。

美国总统林肯出身于农民家庭，当过雇工、石匠、舵手、伐木工人等，最初只是个不起眼的普通人。17 岁时他常徒步 30 多英里到镇上，听传教士高亢悠扬的布道，听政界人士振振有词的演说，到法院去听律师们的辩护，回来后就寻一无人处用心模仿演练，口才日益进步。1830 年夏，他为准备在伊利诺斯一次集会上的演说，面对光秃秃的树桩和成行成片的玉米，一遍又一遍地试讲。后来，他连任两届总统，也成了世界著名的演说家。

以《最后一次讲演》闻名于世的闻一多，1919 年在清华学习时，长期坚持练口才，从不懈怠。他在日记中写道："演说降到中等，此大耻奇辱也。"1 月 9 日又说："夜出外习演说十二遍。"1 月 10 日写道："演说果有进步，当益求精致。"14 日，"夜至凉亭练演说三遍"，回宿舍，又"温演说五遍"，第二天，又"习演说"。北京的 1 月正处严冬，零下一二十度，他却没有提到"冷"！

（三）多学多记

1. 多学

多学与多看有异曲同工之妙，但这里强调的意思又有所区别。多看是指大量阅读和观赏与演讲口才有关的文章、书籍、活动、视频等，而多学则主要是强调要博学广闻。

广泛学习各种知识。知识是口才的基础，没有知识肯定就没有口才。要想给别人一碗水，自己就应该有一桶水。上至天文，下至地理，古今中外，有关的典章制度、政治经济、科学军事、文化艺术、诗词歌赋、风土人情、历史典故、轶闻趣事等，都应该有所涉猎和学习。高尔基曾说过："用知识武装起来的人是不可战胜的。一个人知道得越多，他就越有力量。"所以说，多学知识，是提高口才和演讲水平的前提。

多学各种口才技巧。一个人敢说话、会说话，还不等于有了口才，正如一个人会骑自行车还不是艺术一样，只有杂技演员娴熟的骑车表演才称得上艺术。口才水平的高低，体现在一个人说话、对话、演讲或辩论的技术技巧上，诸如声音的字正腔圆、节奏的抑扬顿挫、感情的真挚动人、表情手势的生动形象、控场与应变的巧妙方法等，这些都需要我们进行系统的学习和运用。

多向他人求教学习。人们常说的一句话是"勤学好问"，可知学与问是不离不弃的，所以，多学的另一面是要敢问、会问、不耻下问。柏拉图说过："不知道自己的无知，乃是双倍的无知。"我国古代教育家孔子也说过："知之为知之，不知为不知，是知也。"一个人要想提高自己的口才水平，就必须放下架子，丢掉面子，向有经验的口才家、演讲家，或者是对演讲口才有研究、有心得的专家、老师、朋友等虚心求教，不懂就问，这样才能收到事半功倍的效果。

2. 多记

多记，是指博闻强记。光学不记，掌握的知识量、信息量很快就会遗忘，影响学的效率。所以要强迫自己多记，采用各种记忆方法提高记忆的效果。只有头脑里贮藏了丰富、渊博的知识，说话和演讲时才能信手拈来，引经据典。

记住100句名人名言、哲理格言。诗有诗眼，书有书魂。一首诗有一联名句就可称为好诗；一本书有一句名言，就有阅读的价值；同样，一篇讲话或演讲中，如有一句哲理名言，便能使听众受益匪浅，难以忘怀。因为无论演讲者阐述的观点多么标新立异或超凡脱俗，其实或多或少都是被历史上的名家论述过的。名人名言是永远闪烁着智慧光芒的，而名家所具有的影响力也是恒久存在的。因此，演讲者恰当地引用哲理名言或权威人士的论述，可以大大加强演讲的说服力。

记住100首诗词歌赋。俗话说："熟读唐诗三百首，不会作诗也会吟。"在平常生活中，在说话或演讲时，适当地引用一些诗词歌赋，不仅能产生美的意境，而且还能提高说话者的文学品味和艺术魅力。

记住100个古今中外的动人故事。美国前总统林肯说过："演说就是讲故事，就是通过吸引人的故事来说明观点。"我们在说话或演讲中，要想说服和鼓动听众，最好的办法，就是让听众首先被你所讲的内容打动，然后，使听众在"夹叙夹议"中不知不觉地接受你的思想和观点。如果只讲一些空洞的、毫无说服力的“大道理”，就不可能增强演讲的可信度和感染力。所以，古今中外的动人故事，就是最好的事实材料。

记住100个幽默风趣的笑话。在一般情况下，听众都渴望听到轻松有趣的讲话或演讲。那种基调过于严肃，内容过于单调的讲话或演讲是难以得到听众好评的。所以善于在讲话或演讲中穿插一些趣闻、轶事、幽默、笑话等方面的内容，可以使讲话或演讲既形象生动，又能够加深听众的理解和记忆，还有助于调动现场气氛，强化现场效果。

(四)多思多写

1. 多思

孔子说：“学而不思则罔，思而不学则殆。”韩愈也认为：“业精于勤，荒于嬉，行成于思，毁于随。”言为心声，正常情况下，一个人心里、脑里怎么想，嘴巴就会怎么说。想与说，思维和表达，相互之间交流传递，循环往复，所以多思才能更好地说。

学会独立思考和判断。有声语言区别于书面语言表达的特点，就是想说就说、随想随说。所以要求说话者既要才思敏捷、思维灵活，又要学会独立思考、独立判断、深思熟虑、三思而“言”，不人云亦云、鹦鹉学舌。

领悟他人成功的秘诀。要经常冷静思考，反复分析，为什么有的人讲话非常受欢迎，有哲理、有深度、有广度，使人感动；为什么有的人说话枯燥无味、漫无边际、毫无新意，甚至令人反感。多思，就能从中悟出道理，获得经验和教训。

2. 多写

讲稿、讲词是讲话或演讲者说和讲的基础和依据，没有优秀的讲稿、讲词，对于缺乏经验的讲话或演讲者来说，那是难以想象的。就算是著名的政治家、演讲家，他们每次精彩演讲背后，都是一次精心准备讲稿、讲词的过程。

多写发言稿、演讲稿。不管是什么规模和级别的会议或活动，只要认为自己有发言可能的，就应该争取机会并抓紧时间提前做好准备，认真写好文字稿，并不断地修改、完善，然后把稿子背熟，做到胸有成竹。

多写一些学习演讲与口才的心得体会。把自己对演讲口才的认识、感受用文字写下来，并上升到理论的高度；同时，把自己在工作中、学习中、生活中的所见、所闻、所思的闪光语言，写在笔记本上，记录下来，以便日后查阅使用。这就是我们常说的：好记性不如烂笔头。

毛泽东为《矛盾论》的演讲，足足准备了一个星期；美国第16任总统林肯的“在葛底斯堡烈士公墓落成典礼上的演说”，已经被铸成全文保存在英国牛津大学，只有10个句子，500多字，却准备了两个星期；美国第28任总统伍德罗·威尔逊写一段5分钟的演讲，大约需要一个星期；丘吉尔的演说之所以吸引人，是因为他“为了撰写那些演说的讲稿，耗费了大半生的精力”。

口才实训

(一)练习下列绕口令,让你的舌头灵活起来

1. 八百标兵奔北坡,炮兵并排北边跑;炮兵怕把标兵碰,标兵怕碰炮兵跑。

2. 东洞庭,西洞庭,洞庭山上一根藤,藤上挂铜铃。风吹藤动铜铃动,风停藤定铜铃静。

3. 小猪扛锄头,吭哧吭哧走。小鸟唱枝头,小猪扭头瞅。锄头撞石头,石头砸猪头。小猪怨锄头,锄头怨猪头。

4. 村里有个顾老五,穿上新裤去卖谷,卖了谷,买了布,外加一瓶老陈醋,肩背布,手提醋,老五急忙来赶路。走了一里路,看见一只兔,老五放下布和醋,糊里糊涂去追兔,挂破了裤,没追上兔,回来不见布和醋。

5. 四和十,十和四,十四和四十,四十和十四。说好四和十得靠舌头和牙齿。谁说四十是“细席”,他的舌头没用力;谁说十四是“适时”,他的舌头没伸直。认真学,常练习,十四、四十、四十四。

6. 六十六岁的陆老头,盖了六十六间楼,买了六十六篓油,养了六十六头牛,栽了六十六棵垂杨柳。六十六篓油,堆在六十六间楼;六十六头牛,扣在六十六棵垂杨柳。忽然一阵狂风起,吹倒了六十六间楼,翻倒了六十六篓油,折断了六十六棵垂杨柳,砸死了六十六头牛,急煞了六十六岁的陆老头。

(二)阅读下列案例,进行逆向思维训练

下班后,我从集市上买了一块豆腐,准备红烧。我拿起菜刀正要往下切,站在旁边的儿子突然问道:“爸爸,刀能切豆腐,豆腐能切刀吗?”

“噢——孩子,这是个很有趣的问题。咱们试试看。”我把菜刀倒过来,刀口朝上,让豆腐往下去“切刀”,演示这个既简单又反常的实验。

“哇!豆腐切刀啦!”七岁的儿子高兴得直叫唤。

事物就是这样,有时沿相反的方向去思考问题,往往会收到奇效。这种思维方式,在心理学上称为逆向思维训练。

1. 有半瓶牛奶,瓶口用软木塞塞住,不许敲碎瓶子,不许拔出塞子,也不许在塞子上钻孔,怎样才能喝到牛奶?

2. 有一场奇特的骑马比赛,不是比快,而是比慢,谁的马慢,谁就是胜利者,于是,参赛的两匹马慢得几乎停止不前,眼看天要黑了,比赛仍没有结果,大家都很着急。这时,有人想出了一个什么样的办法呢?

3. 有个人到外国去了,可他周围的人都是中国人,这是什么原因?有个人虽有胃病，但他却天天往眼科诊室跑，这是怎么回事？

（三）完形填空，进行逆向思维训练

1. 有一次，一个年轻小伙子问一个受人尊敬的长者："在你看来一个真正的英雄应该具备哪些品质？"长者回答说：一个真正的英雄应该具有十四个"要"和十四个"但是"。

要勇敢，但是不能急躁；

要行动迅速，但是不能轻举妄动；

要机灵，但是要有决断；

要服从，但是不能卑躬屈膝；

要能统帅，但是不能盛气凌人；

要做胜利者，但是不要贪图虚荣；

要气度高雅，但是不能骄傲自负；

要亲切和气，但是________________________________；

要坚定，但是________________________________；

要谦虚，但是________________________________；

要招人喜欢，但是________________________________；

要受人赏识，但是________________________________；

要坦率，但是________________________________；

要坚决果断，但是________________________________。

为了培养你的逆向思维能力，学会从正反两方面认识问题，请你试着把后七个"但是"的句子补上。

2. 人说"老大徒伤悲"，我说"老大也不必伤悲"；人说"老子英雄儿好汉"，我说"老子英雄儿________好汉"；人说"无风不起浪"，我说"无风有时也起浪"；人说"车到山前必有路"，我说"车到山前________有路"；人说"当局者迷旁观者清"，我说"旁观者________清"；人说"谦虚是一种美德"，我说"谦虚过分就显得虚伪了"；人说"学海无涯苦作舟，书山有路勤为径"，我说"学海无涯________作舟，书山有路________为径"……

3. 你赞美春花，我赞美________；你赞美红花的表现，我赞美________的奉献；你赞美绿叶对红花的________，我赞美树根对绿叶的厚意；你赞美大海的波澜壮阔，我赞美小溪的________；你赞美高山的________，我赞美小草的平凡……

（四）阅读下列案例，进行发散性思维训练

1. 一位青年去拜访画家门采尔："为什么我画一幅画只需一天功夫，可卖掉它却得整整花一年？""请你倒过来试试。要是你花一年功夫画一幅画，兴许一天就能卖掉！"门采尔说。后来果然如此。

问:看了这个案例,你可以从哪些方面形成不同的看法和观点?

2.在一次学术会议上,日本学者村上幸雄先生拿出一包回形针,对中国与会同仁说:“请动一动脑筋,说出回形针的各种用途,看看谁说出的用途最多最奇特,看谁的思维开发得最好。”与会代表纷纷回答,一下子就说出十多种用途。有人问村上先生能说出多少?村上回答300种,大家非常惊奇,看了村上先生的回答表演,许多人被村上幸雄先生奇特丰富的思维能力折服了。

问:村上幸雄先生能说出回形针的300种用途,你能说出多少种呢?

3.《活着的滋味》

第一个人说:活得太累了。没完没了的解释,无休无止的小心,成年累月为别人活着。为人子、为人夫、为人父、为人同事、为人哥儿们、为人“喽喽”、为人“头头”。看别人脸色,讨别人喜欢,避别人忌讳,给别人好感。摇旗呐喊,插科打诨,不想笑要笑,哭不出要哭……累了,太累了。

第二个人说:活腻了。爱过了,恨过了,哭过了,笑过了,乐过了,苦过了。金银财宝,身外之物。功名利禄,过眼烟云。香酥鸡、肯德基、道口烧鸡,大同小异。长城饭店、昆仑饭店、建国饭店,千篇一律。台球、保龄球、高尔夫球,无非是球。人生不过如此,该收场了。游戏人生,我够了。你们爱玩儿玩儿去吧,别扯上我。

第三个人说:怎么能这样对待生活!怎么能说活得太累,怎么能说活得太腻?在这大变革的年代,难道你们就没有一点社会责任感?人生在世难道就为自己活着!我们的国家能有今天,这容易吗?同志们,振兴中华,匹夫有责,开放改革,重担就落在你、我、他身上。我们应该对社会负责,对国家负责,对后代负责。否则就是犯罪。振作起来啊,前进!

第四个人说:你有什么资格训人?你是活得有滋有味,轻松活泼。坐着公家的小车,住着公家的小楼,吃着公家的宴会,三天两头上电视,仨月俩月出趟国。你当然可以大谈社会责任感。可你自己呢?你有多少社会责任感?

第五个人说:何必那么激动!你以为当官就那么愉快?你以为当官的都活得挺舒坦?没有那事儿?官场不好混。左右逢源,上下照应,按下葫芦起了瓢。没金刚钻还真揽不了这瓷器活儿。别瞧着当官的就有气。别瞧着当官的号令就腻烦,人家也有一本难念的经。就说社会责任感吧,他当官的不说谁说?

第六个人说:算了,都别嚷嚷了。林子大了什么鸟都有,人跟人哪能都一样?不把社会责任感挂嘴上,有的未必没有社会责任感,有的也确实没有社会责任感。把社会责任感挂嘴上的,有的也确实有社会责任感,有的也未必有社会责任感。

第七个人说:算了,算了,管它呢,反正都得活着。活着就得吃喝,吃喝就是消费,消费就刺激生产。更何况,吃了喝了还得拉还得撒,拉了撒了就为社会增加了肥料。走,喝二两去。

第八个人说……

问：读完《活着的滋味》，你有何感想，你的滋味又是什么？

（五）"热点"话题讨论，训练思考与判断能力

在经济许可的情况下，同学之间适当地聚聚餐，联络联络感情，并无不当之处。但近年来，大学校园里确实有一股"吃喝风"，聚餐成了经常性的。针对这个问题，有各种不同的看法，你又是怎么想的呢？

1. 朋友之间，聚餐当然有助于增进感情，但如果不聚餐，这个感情就"增进"不了，此情只怕也不值得珍惜。"君子之交淡如水"嘛。

2. 朋友之间增进感情的方式可以有多种，大型的如舞会、联欢、踏青、登高等，小型的如交谈、互助等，都可以有效地增进感情，并非只有聚餐方式。

3. 如果有了确实值得庆贺的事，那还是应当参加的。过分地看重钱就是吝啬，就不好了。该花的，哪怕花过后"刻苦自己"也还是要花，何况，即使是踏青、登高等活动，也不能没有钱。

4. 大学生毕竟还处在"吃穿靠父母"的阶段，"小气"一点理所应当。如果有人嘲笑你的"小气"，你也完全可以藐视他的"俗气"。

5. 虽然整天生活在一起，免不了要有花钱的事，但与其靠花钱来联络感情，不如凭自己的能力和成就去赢得敬重和钦佩。

（六）阅读《布勒特的故事》，思考问题

1671年5月，伦敦发生了一起英国历史上最大的、最著名的刑事案件。一个为首叫布勒特的五人犯罪团伙，蒙骗了伦敦塔副总监，混入马丁塔里，抢走了英国的镇国神器——英国国王的王冠。但这伙罪犯运气不佳，全部被擒。

伦敦塔总监泰尔波特亲自审问这些罪犯，并将他们全部判处死刑，然后上报了英王查理二世。国王对这些目无法纪、胆大包天的歹徒产生了兴趣，决定亲自提审首犯布勒特。在国王提审时，布勒特充分发挥了他的辩才，同国王进行了英国历史上一次有趣的刑事审判对话（摘录片段如下）。

查理二世："你在克伦威尔手下时诱杀了艾默思，换来了上校和男爵的头衔？"

布勒特："陛下容禀，我不是长子，所以没有继承权。除了本人的性命之外别无所有，我得把我的命卖给出价最高的人。"

查理二世："你还两次企图刺杀奥蒙德公爵，是吗？"

布勒特："陛下，我只是想看看他是否配得上你赐给他的那个高位。要是他轻而易举地被我打发掉，陛下就能挑选一个更合适的来接替他。"

查理二世沉吟了一会儿，仔细打量这个囚徒，觉得他不仅胆子大，而且伶牙俐齿。于是又问道："你越干胆子越大，这回竟然偷起我的皇冠来了。"

布勒特："我知道这个举动太狂妄了，可是我只能以此来提醒陛下关心一个生活无着的老兵。”

查理二世:“你不是我的部下,要我关心你什么?”

布勒特:“陛下,我从来不曾对抗过你,英国人相互之间兵刃相见已经很不幸了,现在天下太平,所有的人都是你的臣民,我当然是你的部下。”

查理二世尽管觉得他是一个十足的无赖,但还是继续问道:“你自己说吧,该怎么处置你?”

布勒特:“从法律的角度看,我们应当被处死。但是,我们五个人每一位至少有两个亲属会为此落泪,从陛下你的立场看,多 10 个人赞美你总比多 10 个人落泪好得多。”

查理二世绝没有想到他如此回答,他几乎感觉不到地点了点头,然后又问:“你觉得自己是个勇士还是懦夫?”

布勒特:“陛下,自从你的通缉令下达以后,我没有一个地方可以安身,所以去年我在家乡搞了一次假出殡,希望警方相信我已死亡而不再追捕。这不是一个勇士的行为,因此,尽管我在旁人面前是个勇士,但是在您——陛下的权威下只是一个懦夫。”

查理二世对这番话非常满意,不但免除了布勒特的死刑,还赏给他一笔不小的年金。

思考:布勒特是如何说服英王而保住了性命的;并分析布勒特口才的特点,学会讲述“布勒特的故事”。

(七)说话接龙训练

每位同学在一张小纸条上写下一个题目,然后再将纸条折起,把它们放在一起摇混。接着,由老师随机指名某位同学抽取一个题目,然后开始讲话,按顺时针方向递接,五位同学完成一道题目,循环往复。

要求:

1. 每人必须说三句话。

2. 每位递接者说的第一句话的意思,要紧承自己前面那位同学所说的最末一句话的意思,所说的三句话要与前面的同学说的有内在联系。

第2章

诵读口才

学习目标

知识目标

了解朗读和朗诵的异同。

能力目标

掌握诵读技巧及诵读基调;

掌握不同文体的诵读方法。

案例导入

阅读下面三个案例,根据后面的提示进行分析、讨论和诵读。

(一)朱自清散文《春》(节选)

盼望着,盼望着,东风来了,春天的脚步近了。

一切都像刚睡醒的样子,欣欣然张开了眼。山朗润起来了,水涨起来了,太阳的脸红起来了。

小草偷偷地从土里钻出来,嫩嫩的,绿绿的。园子里,田野里,瞧去,一大片一大片满是的。坐着,躺着,打两个滚,踢几脚球,赛几趟跑,捉几回迷藏。风轻悄悄的,草绵软软的。

桃树、杏树、梨树,你不让我,我不让你,都开满了花赶趟儿。红的像火,粉的像霞,白的像雪。花里带着甜味,闭了眼,树上仿佛已经满是桃儿、杏儿、梨儿。花下成千成百的蜜蜂嗡嗡地闹着,大小的蝴蝶飞来飞去。野花遍地是:杂样儿,有名字的,没名字的,散在草丛里,像眼睛,像星星,还眨呀眨的。

(二)朱自清散文《荷塘月色》(节选)

曲曲折折的荷塘上面，弥望的是田田的叶子。叶子出水很高，像亭亭的舞女的裙。层层的叶子中间，零星地点缀着些白花，有袅娜地开着的，有羞涩地打着朵儿的；正如一粒粒的明珠，又如碧天里的星星，又如刚出浴的美人。微风过处，送来缕缕清香，仿佛远处高楼上渺茫的歌声似的。这时候叶子与花也有一丝的颤动，像闪电般，霎时传过荷塘的那边去了。叶子本是肩并肩密密地挨着，这便宛然有了一道凝碧的波痕。叶子底下是脉脉的流水，遮住了，不能见一些颜色；而叶子却更见风致了。

案例二

(一)高尔基散文《海燕》(节选)

狂风吼叫……雷声轰响……

一堆堆乌云，像青色的火焰，在无底的大海上燃烧。大海抓住闪电的箭光，把它们熄灭在自己的深渊里。这些闪电的影子，活像一条条火蛇，在大海里蜿蜒游动，一晃就消失了。

——暴风雨！暴风雨就要来啦！

这是勇敢的海燕，在怒吼的大海上，在闪电中间，高傲地飞翔；这是胜利的预言家在叫喊：

——让暴风雨来得更猛烈些吧！

(二)宋·岳飞《满江红》

怒发冲冠，凭栏处，潇潇雨歇。抬望眼，仰天长啸，壮怀激烈。三十功名尘与土，八千里路云和月。莫等闲、白了少年头，空悲切。

靖康耻，犹未雪；臣子恨，何时灭？驾长车，踏破贺兰山缺。壮志饥餐胡虏肉，笑谈渴饮匈奴血。待从头、收拾旧山河，朝天阙。

(一)林清玄散文《和时间赛跑》(节选)

那哀痛的日子，断断续续地持续了很久，爸爸妈妈也不知道如何安慰我。他们知道与其骗我说外祖母睡着了，还不如对我说实话：外祖母永远不会回来了。“什么是永远不会回来呢?”我问着。“所有时间里的事物，都永远不会回来。你的昨天过去，他就永远变成昨天，你不能再回到昨天。爸爸以前和你一样小，现在也不能回到你这么小的童年了；有一天你会长大，你会像外祖母一样老；有一天你度过了你的时间，就永远不会回来了。”爸爸说。

（二）柯岩诗歌《周总理，你在哪里》（节选）

周总理，我们的好总理，你在哪里呵，你在哪里？你可知道，我们想念你，——你的人民想念你！

我们对着高山喊：周总理——山谷回音：“他刚离去，他刚离去，革命征途千万里，他大步前进不停息。”

我们对着大地喊：周总理——大地轰鸣：“他刚离去，他刚离去，你不见那沉甸甸的谷穗上，还闪着他辛勤的汗滴……”

头脑风暴

- 案例一中，朱自清两段散文表达的都是对自然的热爱、对美好景物的赞美，但所传达出来的情感特点还是有所差别的，在朗读时应该如何处理呢？
- 案例二中，高尔基散文《海燕》以海燕象征革命者，呼唤革命暴风雨的来临，充满高昂的战斗激情；岳飞的词《满江红》，抒发的是收复河山、报仇雪恨、为国立功的壮志豪情。两段文字的情感似乎有互通之处，在朗读时应该如何把握情感上的不同呢？
- 案例三中，林清玄的散文《和时间赛跑》与柯岩的诗歌《周总理，你在哪里》表达的都是失去亲人的悲痛和怀念，但很显然，这两段文字的情感特点是不同的，在朗读时应该如何把握这种不同呢？
- 通过以上几个案例，你认为要准确地表达出诵读作品的思想情感、风格特点，在诵读前应该做好哪些准备工作？
- 诵读是通过有声语言对文字作品进行艺术再创造的一种表达活动，为了准确地传情达意，需要运用和掌握哪些技巧？
- 学习诵读与提高口才表达水平有着怎样的关系？如何提高诵读水平？

知识介绍

第一节　朗读和朗诵

一、朗读与朗诵的概念

在商务印书馆最新版的《新华字典》中，对于“朗”字给出的解释是声音清晰响亮，“读”是看着文字念出声，“诵”是背诵，即闭目成诵。所以“朗读”是指清晰响亮地把文章念出来；“朗诵”是大声诵读诗词或散文，把作品的节奏感情表达出来。

朗诵是一种口头表达的语言艺术，是一种再创造的过程，需要创造性地还原文章的语气语调、情感节奏，使无声的书面语言变成活生生的有声语言。朗诵不仅可以提高阅读能力，增强艺术鉴赏；更为重要的是，通过朗诵，大者可以陶冶性情，开阔胸怀，文明言行，增强理解；小者可以有效地培养对语言词汇细致入微的体味能力，以及确立口语表述最佳形式的自我鉴别能力。因此，要想成为口语表述与交际的高手，就不能漠视朗诵。

二、朗读与朗诵的区别

“朗读”与“朗诵”都属于把书面文字转换成有声语言的一种语言表述活动，都是由念读发展而来的，但两者却有着本质的区别，其不同之处主要在于：

其一，含义不同。朗读是清晰响亮地把文章念出来，它本质上是一种“念读”，其主旨是将书面文字清晰准确地转换为相应的有声语言传递给听众，它不追求以情动人的艺术表达，而重在以义喻人，即追求听众对朗读文字全面、准确的理解与理智的思考。“朗诵”则是更高层次的朗读，是一种语言表述的艺术表现形式，要求对文章进行艺术处理，通过朗诵者借助快慢轻重停顿等表达技巧，将朗诵材料转换为一种艺术表演，因此，具有表演的成分。它呼唤的是听众的情感共鸣，追求的是使听众听之入耳、入心、动情的艺术感染力。

其二，使用范围不同。朗读的使用范围较广，凡是文字读物都可以朗读，无论是诗、词、曲、赋，还是散文、小说、戏剧、相声，或者是记叙文、议论文、说明文；而朗诵的使用范围则相对较窄，它对文稿的艺术特点有相对的要求，一般以诗歌与散文为主，少数的寓言、童话、小说和戏剧也可以朗诵。

其三，所处的身份位置不同。朗读者所处的位置是本色化的，而朗诵者所处的位置是艺术化的。朗读进行时，朗读者所处位置的性质没有变化，教室就是教室，会场就是会场；但同样还是这些地方，朗诵者所置身的空间就发生了变化，有形无形地构成了一个"表演区"。这一块"表演区"的性质随着朗诵内容而发生"纵横千万里，上下数千年"的变化，并且，听众往往自觉不自觉地避免进入"表演区"，以免干扰朗诵者的表演。因此，朗诵一般在舞台上，在大庭广众之中进行。朗读者的身份应该是朗读者自己，朗读者不完全是文章作者的代表或化身，既不扮演，也不能替代，更不是演员；而朗诵作为一门表演艺术，朗诵者的身份是"演员"，是扮演成另一个"我"来抒情表意。

其四，声音要求不同。朗读对声音再现的要求接近自然化、本色化、生活化，但它又不等同于日常生活中的口语，它比自然口语更准确、更生动、更典型、更具美感，它要求做到"不温不火，恰到好处"。过于夸张，容易给人装腔作势、假情假意的感觉；过于平淡，像"拉家常"一样，又显得乏味。而朗诵对声音再现的要求则应是风格化、个性化，甚至可以是戏剧化的。它要求朗诵者将自己对作品的体会，通过音量大小、音区高低、节奏张弛等方面的变化，正如叶圣陶先生所说"激昂处还他个激昂，委婉处还他委婉"，凝结成一种独特的艺术感染力，深入并撼动听众的心灵。

其五，规范程度不同。朗读以听者全面准确理解表述内容即可，因此，对朗读者的语音要求就没有那么严格。一般情况下，朗读者应当选用普通话，但在特定环境、特定前提下，即在听众听得明白能够准确理解的前提下，方言朗读或穿插方言朗读是允许的。而朗诵注重以语言艺术魅力感染听众，一般要求必须用标准的普通话表达，这样才能够艺术地、完美地再现作品的内容。用方言朗诵，在绝大多数情况下，听众是难以接受的。

其六，态势语不同。朗读一般是"念读"式的表达，可以手拿文稿进行，它对朗读者的形体、手势、眼神、表情等均无明确的要求，在态势上，可以站着读，可以走着读，可以坐着读，朗读的任务是传达而不是表演；而朗诵属于艺术性的表演，它要求在朗诵过程中，形体、手势、表情、眼神都应该和谐统一，协调配合，以强化艺术语言的感染力。因此，朗诵必须脱稿站立表达，因为手持文稿不利于形体、态势与朗诵内容的协调配合，过多地看稿还会限制朗诵者的表情、眼神与听众之间的交流。

其七，教育性不同。朗读的教育性主要体现在朗读的职能和使用的效果上，朗读作为一种教育形式，其主要作用是向听众传达作品的主要内容，通过作品中所蕴涵的思想性、知识性直接对听众进行思想教育和知识教育。而朗诵是一种"征服"的艺术，它借助于朗诵者独具魅力的音质音色、鲜明流畅的语流节奏、丰富熟练的语言技巧，为朗诵作品插上腾飞的翅膀，使它飞向听众的心中，震撼人们的心灵。这种强大的征服力，是朗诵的最高境界，也是朗诵艺术的充分体现。

三、诵读与口才的关系

(一)善于诵读,训练好口才的必要途径

诵读的作用主要有两个:一是培养记忆能力;二是培养口头表达能力。这是训练口才的必要途径。

记忆力是训练口才必不可少的一种素质,没有好的记忆力,要想培养出好口才是不可能的。只有大脑中充分地积累了知识,才可能出口成章,滔滔不绝;如果大脑中一片空白,那么你再伶牙俐齿,也无济于事。记忆力与口才一样,它并不是一种天赋的才能,后天的锻炼同样起着至关重要的作用,“背”和“诵”正是对这种能力的培养与训练。

(二)善于诵读,培养好语感的有效方法

语感是人们对语言直觉的整体感受,是由语言文字而引起的复杂心理活动和认识活动的过程,是把握语言文字的一种能力。叶圣陶先生说:“语言文字的训练,最要紧的是训练语感。多读作品,多训练语感,必将渐能驾驭文字。”语感的培养离不开“读”这种最基本的实践方式。

现代传播理论指出,语言教学也是一种传播过程,听、读是输入,说、写是输出。背读时输入的“语言形式”、文字符号中的形义和已有的各种知识融会,共同作用于大脑,产生一系列的反应活动,如感觉、知觉、思维、判断和分析,这就是语感的形成。语感强了,那么理解力就强了,语言表达就会流畅得体,表现出来的就是学习语言的高效率。一些好的词语、句子、文章,让人反复诵读,能在头脑中再现,人在这一过程中认真观察语言现象,掌握语言规律,使用语言材料,这就是古人所说的“书读百遍,其义自现”。反复诵读甚至背诵作品,特别是其中的精彩片断,文章的精妙之处自然了然于心,语感能力从而得到加强。良好的语感形成了,人的说话能力自然就提高了。

古往今来的许多国学大师,都具有博闻强记的特点。茅盾能将《红楼梦》倒背如流;钱钟书先生也能任人随便从书中抽出一段来,就不假思索、流畅无碍地背出来。正因为他们头脑中存储了大量的古今中外的文化知识,做起学问、写起文章来才能旁征博引,成为一代大家。“熟读唐诗三百首,不会作诗也会吟”,人们具备了背诵能力,就会转化成阅读能力、写作能力,转化成分析问题和解决问题的能力,自然而然就能说会道了。

第二节　诵读技巧

诵读时,要合理地运用各种艺术表现手段,准确地表达作品内在的思想情感,常

用的基本表达技巧包括节奏技巧和情感技巧。其中节奏技巧包括:停顿与连接、重音与轻音、语气与语调、语速快与慢等。

一、诵读的节奏技巧

(一)停顿与连接

停连是指在有声语言的流动过程中声音的中断和延续。可以说它是有声语言表达中的标点符号。一方面,停连是作品内容、情感表达的需要,在适当的地方利用停连,造成声音的暂时间歇和延读,帮助听者更好地理解和感受作品的思想内容;另一方面,它也是诵读者生理上的需要。

1. 停顿

指声音的中断,包括生理停顿、语法停顿和强调停顿。

生理停顿,即诵读者根据气息需要,在不影响语义完整的地方作一个短暂的停歇。要注意,生理停顿,不要妨碍语意表达,不割裂语法结构。

语法停顿,是指句子间语法关系的停顿,标点符号是语法停顿的主要特征。一般来说,语法停顿时间的长短同标点大致相关。例如,句号、问号、叹号后的停顿比分号、冒号长;分号、冒号后的停顿比逗号长;逗号后的停顿比顿号长;段落之间的停顿则长于句子的停顿。可用下列关系表示:顿号＜逗号＜分号、冒号＜句号、问号、叹号＜句间＜层间。

在标示停顿关系时,可用“/·//·///·////”表示,斜线越多,表示停顿的时间越长。

> 记得在小学里读书的时候,/班上有一位“能文”的大师兄,/在一篇作文的开头写下这么两句://“鹦鹉能言,/不离于禽;//猩猩能言,/不离于兽。”//我们看了都非常佩服。

> 白杨不是平凡的树。////它在西北极普遍,//不被人重视,//就跟北方的农民相似;///它有极强的生命力,//折磨不了,//压迫不倒,//也跟北方的农民相似。////我赞美白杨树,//就因为它不但象征了北方的农民,//尤其象征了今天我们民族解放斗争中所不可缺的朴质、/坚强、/力求上进的精神。(茅盾《白杨礼赞》)

运用标点符号停顿时要特别注意:不能机械地认为有标点符号的地方就一定要停顿;由于表情达意的需要,有时候,有标点符号的地方也是可以不停顿的。

> 远处的塔、︶小山都望不见了。近处的田野、︶树林像隔着一层纱,模模糊糊看不清。

以上两个句子出现了并列的词语，诵读时要紧密相连，不能断开。

猴子叫起来："糟了，︶糟了！︶月亮掉在井里啦！"

诵读这个句子时，第一个"糟了"和第二个"糟了"可以连起来读，也可以把全句都连起来读以显示小猴子吃惊的语态。

强调停顿，即为了强调某一事物、突出某个语意或某种感情，在书面上没有标点、在生理上也可不作停顿的地方作了停顿，或者在书面上有标点的地方作了较大的停顿。强调停顿主要是靠仔细揣摩作品，深刻体会其内在含义来安排的。

第二天早晨，这个小女孩坐在墙角里，两腮通红，嘴角上带着微笑。她|死了，在旧年的大年夜|冻|死了。

在这个语段中的三处停顿，表示了一种复杂的感情，既有对黑暗社会的强烈愤恨，又有对小女孩的深切同情。

2. 连接

指不中断、不休止的地方，特别是有标点符号而不中断不休止的地方。连接分为直连和曲连两种。

直连：一般用于有标点符号而内容又联系比较紧密的地方，它的特点是顺势连带，不露痕迹。例如：

你的为人不如他的十分之一，︶百分之一，︶万分之一！

曲连：曲连的感觉是似停非停，达到声断意连、环环紧扣的感觉。适用于一句话、一段话当中的连接，也用于没有标点符号而内容又需要有所区分的地方。例如：

我国的汉语共分为七大方言区：北方方言区、吴方言区、湘方言区、赣方言区、客家方言区、粤方言区、闽方言区。

（二）重音与轻音

停顿和连接，主要针对诵材句段的分合；重音和轻音要解决诵材内容词语关系的主次。重音和轻音一般以句子为范围，句子中关键性的字词，表达情感的所在，都可以用重音处理。重音不是"加重声音"，轻音更不是像普通话的"轻声"，重音和轻音其实都是出于表情达意上的需要，把句子中重要的字词或含有特殊意义的词组或短句用重音技巧加以处理，用意在于通过声音的强调来突出意义，使听众对色彩鲜明、形象生动的词语加深印象。句子的重音有语法重音和强调重音两种。

1. 语法重音

在不表示什么特殊的思想和感情的情况下，根据语法结构的特点，把句子的某些部分重读的，叫语法重音。语法重音的位置比较固定，常见的规律是：

(1)一般短句里的谓语部分常重读。例如：

我是北京人。

(2)动词或形容词前的状语常重读。例如：

①月亮慢慢地升起来了。
②天气渐渐地冷起来了。

(3)动词后面由形容词、动词及部分词组充当的补语常重读。例如：

①她普通话说得很流利。
②灯光照得满屋通红。

(4)名词前的定语常重读。例如：

白杨树是不平凡的树。

(5)有些代词也常重读。例如：

可爱的，我将用什么来比拟你呢？

如果一句话里成分较多，重读也就不止一处，往往优先重读定语、状语、补语等连带成分。值得注意的是，语法重音的强度并不十分强，只是同语句的其他部分相比较，读得比较重一些罢了。

2. 强调重音

强调重音是指为了表达某种特殊的感情或强调某种特殊意义而故意读得重一些的音，目的在于引起听者注意自己所要强调的部分。语句在什么地方该用强调重音并没有固定的规律，而是受说话的环境、内容和感情支配的。同一句话，强调重音不同，表达的意思也往往不同。例如：

①我去过上海。(回答“谁去过上海”。)
②我去过上海。(回答“你去没去过上海”。)
③我去过上海。(回答“北京、上海等地，你去过哪儿”。)

因而，在诵读时，首先要认真钻研作品，正确理解作者意图，才能又快又准地找到强调重音之所在。

3. 语法重音与强调重音的区别

从音量上看：语法重音给人的感觉只是一般的轻重有所区别，而强调重音则给人鲜明突出的印象。强调重音的音量大于语法重音的音量。

从出现的位置看：强调重音可能与语法重音重叠，这时语法重音服从于强调重音，只要把音量再加强一些就行了。有时，两种重音出现在不同的位置上，此时，强调重音的音量要盖过语法重音的音量。

从确定重音的难易上看：语法重音较容易找到，在一句话的范围内，根据语法结构的特点就可以确定，而强调重音的确定却与诵读者对作品的钻研程度、理解程度紧密相连。

4. 重音表达技巧

确定了重音后，还有一个怎样将重音表达出来的问题。重音的突出鲜明，不仅仅在于声音的轻重，而在于是否能与非重音形成对比。也就是说，重音是在与非重音的对比中体现出来的。我们可以通过声音的强弱变化、高低变化、虚实变化以及语速的快慢等变化来体现重音。总的来说，重音的表达方式应该服从于语言目的和所要表达的感情色彩的要求，其方法也应该是多种多样的。常见的重音表现方法有重读、高读、慢读、轻读、停顿等。

(1)重读，是利用声音的强弱对比以突出重音的一种方法。也就是在读重音时，唇舌要有力一些，音量要加大一些，从而使重音的强声与非重音的弱声形成鲜明的对比，清晰地突现重音。重读的方法一般用来表达明朗的态度、观点，以及形象鲜明的事物。

> 我不是不肯，我是不会。

这里，“不肯”和“不会”，应作重音处理，要说得比其他词语响亮有力些，这样可以清楚地表明自己的态度。

> 你们是世界上最公正、最团结、最刚强的人，因为你们的名字叫工人。

这个句子中的“公正”、“团结”、“刚强”、“工人”应作重音处理，要加大音量，以表现出工人阶级鲜明的个性特点。

(2)高读，是利用声音的高低对比以突出重音的一种方法。也就是在读重音时，将发音部位推前，声带拉紧，发出较高的声音；读非重音时，发音的部位稍后，声带稍松些，发出较低的声音。这样就造成了重音声高和非重音声低的对比，从而达到突出重音的目的。高读的方法一般用来表达激昂的情绪、愤怒的感情等。

> ——让暴风雨来得更猛烈些吧！

这里的“更猛烈”作重音处理，读时要提高声音，以表现出坚定昂扬的斗志，迎接胜利的激情。

> 牛背上牧童的短笛，这时候也成天嘹亮地响着。

这里的“嘹亮”作重音高读处理，以表现出短笛清晰响亮的声音。

(3)慢读，是利用声音的快慢对比以突出重音的一种方法。也就是在读重音时，放慢语速，适当拖长音程；读非重音时，语速适中。慢读的方法一般用于渲染内在的情绪，表达深沉真挚的情感等，富有抒情色彩。

> 天安门广场上，花堆成了山，人汇成了海。……爸爸脱下了帽子，妈妈摘下了头巾。他们低下头，向周爷爷默哀。

诵读这个语段时，语速较慢，但重音更慢。“山”、“海”、“爸爸”、“帽子”、“妈妈”、“头巾”、“默哀”等重音慢读，这样才能表现出悲痛哀伤的情感。

> 漓江的水真静啊，静得让你感觉不到它在流动；漓江的水真清啊，清得可以看见江底的沙石；漓江的水真绿啊，绿得仿佛那是一块无瑕的翡翠。

这一语段中的“静”、“清”、“绿”都应作重音处理，但只能用平静的语气、较慢的语速来突出。如果采用重读的方法，漓江水就不是平静，而是“咆哮”了。

(4)轻读，是把被确定为重音的词或短语的声音压得低于非重音，有力地轻轻吐出。具体来说，就是在读重音时，尽量把发音部位往后靠，降低音高，加大气音，然后有力地轻轻吐出。这种方法常常用来烘托意境，表达深沉凝重、含蓄内向的细腻情感，听来轻柔深挚，真切感人，回味无穷。例如：

> ①月光照进窗子来，茅屋里的一切好像披上了银纱，显得格外清幽。
>
> ②冬天过去了，微风悄悄地送来了春天。

(三)语气与语调

在汉语中，字有字调，句有句调。我们通常称字调为声调，是指音节的高低升降。而句调我们则称为语调，是指语句的高低升降。语调是有声语言所特有的，它是句子的语音标志，借助语调，有声语言才有极强的表现力。语调根据表示的语气和感情态度的不同，可分为四种：升调、降调、平调、曲调。

1. 升调(↑)

语调由低逐渐升高。一般表示呼唤、疑问、反诘、惊异、命令、号召等。例如：

> “这儿到底出了什么事?”奥楚蔑洛夫挤进人群里去，问道，“你在这儿干什么？你究竟为什么举着那个手指头……谁在嚷?”(契诃夫《变色龙》)

> ……这是胜利的预言家在叫喊：——让暴风雨来得更猛烈些吧！(高尔基《海燕》)

2. 降调(↓)

语调由高逐渐降低，末了的字低而短。一般表示肯定、感叹、坚决、赞美、祝福等。例如：

十二年过去了，那小姑娘的爸爸一定早回来了。（冰心《小桔灯》）

然后他呆在那儿，头靠着墙壁，话也不说，只向我们做了一个手势："散学了，你们走吧。"（都德《最后一课》）

3. 平调（→）

整个句子语势平稳舒缓，没有明显的升降变化，一般用于陈述、说明、解释，还可表示庄严、平静、悲痛、冷淡等。例如：

在我的家里，珍藏着一件白色的的确良衬衫。（《一件珍贵的衬衫》）

今天下午到明天多云，西北风三到四级；明天最高温度 25 度，最低温度 17 度。

4. 曲调（⌒ ⌣）

对句子中某些音节，特别地加重、加高或延长，形成一种升降曲折的调子。一般表示夸张、讽刺、厌恶、反语、意在言外等。例如：

好啦好啦，↘我是说，→你们就算了吧，↘白费这个力气做什么？↗

什么"人权自由"、→"博爱平等"，↗全是骗人的鬼话。↘

（四）语速快与慢

1. 语速

语速指的是诵读的速度。语速的快慢是由内容表达的需要决定的，它直接影响表达的效果。语速太快，会对听者的大脑皮层造成不间断的刺激，导致大脑皮层由兴奋转向抑制；语速太慢，会造成大脑思维状态的疲软，导致听者注意力的分散。只有快慢适度才能表达出作者在文章中所表达的思想感情，作品的内在感情对语速的影响比较大。

2. 决定语速不同的各种因素

不同的场面：急剧变化发展的场面宜用快读；平静、严肃的场面宜用慢读。例如：

海在我们的脚下沉吟着，诗人一般。那声音仿佛是朦胧的月光和玫瑰的晨雾一般。又像是情人的密语那样芳醇；低低地，轻轻地，像微风拂过琴弦；像落花飘零在水上。海睡熟了。大小的岛拥抱着，偎依着，也静静地恍惚入了梦乡。星星在头上眨着慵懒的眼睑，也像要睡了。许久许久，我俩也像入睡了似的，停止了一切的思念和情绪。不晓得过了多少时候，远寺的钟声突然惊醒了海的酣梦，它恼怒似的激起波浪的兴奋，渐渐向我们脚下的岩石掀过来，发出汩汩的声音，

像是谁在海底吐着气，海面的银光跟着晃动起来，银龙样的。接着我们脚下的岩石就像铃子、铙钹、钟鼓在奏鸣着，而且声音愈响愈大起来。没有风。海自己醒了。喘着气，转侧着，打着呵欠，伸着懒腰，抹着眼睛。因为岛屿挡住了它的转动，它狠狠地用脚踢着，用手推着，用牙咬着。它一刻比一刻兴奋，一刻比一刻用劲。岩石也仿佛渐渐战栗，发出抵抗的嗥叫，击碎了海的鳞甲，片片飞散。海终于愤怒了。它咆哮着，猛烈地冲向岸边袭击过来，冲进了岩石的罅隙里，又拨刺着岩石的壁垒。音响就越大了。战鼓声、金锣声、呐喊声、叫号声、啼哭声、马蹄声、车轮声、机翼声，掺杂在一起，像千军万马混战了起来。银光消失了。海水疯狂地汹涌着，吞没了远近大小的岛屿。它从我们的脚下扑了过来，响雷般地怒吼着，一阵阵地将满含着血腥的浪花溅在我们的身上。(鲁彦《听潮》)

纯朴的家乡村边有一条河，曲曲弯弯，河中架一弯石桥，弓样的小桥跨两岸。每天，不管是鸡鸣晓月、日丽中天，还是月华泻地，小桥都印下串串足迹，洒落串串汗珠。那是乡亲为了追求多棱的希望，兑现美好的遐想。弯弯小桥，不时荡过轻吟低唱，不时露出舒心的笑容。(郑莹《家乡的桥》)

不同的心情：紧张、焦急、慌乱、热烈、欢畅的心情宜用快读；沉重、悲痛、缅怀、悼念、失望的心情宜用慢读。例如：

她猛然喊了一声，脖子上的钻石项链没有了。她丈夫已经脱了一半衣服，就问："什么事情?"她吓昏了，转身向着他说："我……我……我丢了佛来思节夫人的项链了。"他惊慌失措地直起身子，说："什么！……怎么啦？……哪儿会有这样的事!"他们在长衣裙褶里，大衣褶里寻找，在所有口袋里寻找，竟没有找到。他问："你确实相信离开舞会的时候它还在吗?""是的，在教育部走廊上我还摸过它呢。""但是，如果是在街上丢的，我们总得听见声响。一定是丢在车里了。""是的，很可能。你记得车的号码吗?""不记得。你呢，你没注意吗?""没有。"他们惊惶地面面相觑……(莫泊桑《项链》)

在一个深夜里，我站在客栈的院子中，周围是堆着破烂的什物；人们都睡觉了，连我的女人和孩子。我沉重地感到我失去了很好的朋友，中国失掉了很好的青年，我在悲愤中沉静下去了，然而积习却从沉静中抬起头来，凑成了这样的几句：惯于长夜过春时，挈妇将雏鬓有丝。梦里依稀慈母泪，城头变幻大王旗。忍看朋辈成新鬼，怒向刀丛觅小诗。吟罢低眉无写处，月光如水照缁衣。(鲁迅《为了忘却的纪念》)

不同的谈话方式：辩论、争吵、急呼宜用快读；闲谈、絮语宜用慢读。例如：

周朴园：鲁大海，你现在没有资格跟我说话，矿上已经把你开除了。

鲁大海：开除了?!

周　冲：爸爸，这是不公平的。

周朴园(向周冲)：你少多嘴，出去！(周冲愤然由中门下。)

鲁大海：好，好。(切齿)你的手段我早就明白，只要你能弄钱，你什么都做得出来。你叫警察杀了矿上许多工人，你还……

周朴园：你胡说！

鲁侍萍(对大海说)：走吧，别说了。

鲁大海：哼，你的来历我都知道，你从前在哈尔滨包修江桥，故意叫江堤出险。

周朴园(厉声)：下去！仆人们(拉大海)：走！走！

鲁大海：你故意淹死了两千二百个小工，每一个小工的性命你扣三百块钱！姓周的，你发的是绝子绝孙的昧心财！你现在还……

周萍(冲向大海，打了他两个嘴巴)：你这种混账东西！(大海还手，被仆人们拉住。)周萍：打他！

鲁大海(向周萍)：你！(仆人们一齐打大海。大海流了血。)

周朴园(厉声)：不要打人！(仆人们住手，仍拉住大海。)

鲁大海(挣扎)：放开我，你们这一群强盗！

周萍(向仆人们)：把他拉下！

鲁侍萍(大哭)：这真是一群强盗！(曹禺《雷雨》)

那哀痛的日子，断断续续地持续了很久，爸爸妈妈也不知道如何安慰我。他们知道与其骗我说外祖母睡着了，还不如对我说实话：外祖母永远不会回来了。"什么是永远不会回来呢?"我问着。"所有时间里的事物，都永远不会回来。你的昨天过去，他就永远变成昨天，你不能再回到昨天。爸爸以前和你一样小，现在也不能回到你这么小的童年了；有一天你会长大，你会像外祖母一样老；有一天你度过了你的时间，就永远不会回来了。"爸爸说。(林清玄《和时间赛跑》)

不同的叙述方式：抨击、斥责、控诉、雄辩宜用快读；一般的记叙、说明、追忆宜用慢读。例如：

反动派暗杀李先生的消息传出以后，大家听了都悲愤痛恨。我心里想，这些无耻的东西，不知他们是怎么想法，他们的心理是什么状态，他们的心怎样长的！(捶击桌子)其实很简单，他们这样疯狂地来制造恐怖，正是他们自己在慌啊！在害怕啊！所以他们制造恐怖，其实是他们自己在恐怖啊！特务们，你们想想，你

们还有几天？你们完了，快完了！你们以为打伤几个，杀死几个，就可以了事，就可以把人民吓倒了吗？其实广大的人民是打不尽的，杀不完的！要是这样可以的话，世界上早没人了。（闻一多《最后一次讲演》）

在延安人的记忆里，毛主席永远穿着干净的旧灰布制服、布鞋，戴着灰布八角帽。他魁梧的身形，温和的脸，明净的额，慈祥的目光，时时出现在会场上，课堂上，杨家岭山下的大道边。主席生活在群众中间，生活在同志们中间。主席的音容笑貌，举手投足，人们都是熟悉的，理解的。人们怀着无限的信任和爱戴的感情团聚在他周围，一步不能离开，也一步不曾离开。如今，主席穿上做客的衣服，要离我们远去了。（方纪《挥手之间》）

不同的人物性格：年轻、机警、泼辣的人物的言语、动作宜用快读；年老、稳重、迟钝的人物的言语、动作宜用慢读。例如：

"这有什么依不依。闹是谁也总要闹一闹的；只要用绳子一捆，塞在花轿里，抬到男家，捺上花冠，拜堂，关上房门，就完事了。可是祥林嫂真出格，听说那时实在闹得利害，大家还都说大约在念书人家做过事，所以与众不同呢。太太，我们见得人多了：回头人出嫁，哭喊的也有，说要寻死觅活的也有，抬到男家闹得拜不成天地的也有，连花烛都砸了的也有。祥林嫂可是异乎寻常，他们说她一路只是嚎，骂，抬到贺家奥，喉咙已经全哑了。拉出轿来，两个男人和她的小叔子使劲的擒住她也还拜不成天地。他们一不小心，一松手，啊呀，阿弥陀佛，她就一头撞在香案角上，头上碰了一个大窟窿，鲜血直流，用了两把香灰，包上两块红布还止不住血呢。直到七手八脚的将她和男人反关在新房里，还是骂，啊呀呀，这真是……"（鲁迅《祝福》）

"冬天没有什么东西了。这一点干青豆倒是自家晒在那里的，请老爷……"我问问他的景况。他只是摇头。"非常难。第六个孩子也会帮忙了，却总是吃不够……又不太平……什么地方都要钱，没有定规……收成又坏。种出东西来，挑去卖，总要捐几回钱，折了本；不去卖，又只能烂掉……"他只是摇头；脸上虽然刻着许多皱纹，却全然不动，仿佛石像一般。他大约只是觉得苦，却又形容不出，沉默了片时，便拿起烟管来默默的吸烟了。（鲁迅《故乡》）

（五）节奏类型

节奏是指诵读过程中由声音抑扬顿挫、轻重缓急而形成的回环往复的形式。常见的节奏类型大体有：

1.轻快型

这种节奏语速较快,多扬少抑,多轻少重,声轻不着力,词语密度大,有时有跳越感。多用来描绘欢快、诙谐的情志。例如:

我爱看天上的一片云,那片白白的、会变的云。瞧它一会儿变成只小黄狗,摇着尾巴,追着太阳跑;一会儿变成只小灰羊,在草原上撒欢儿跳高。

2.沉稳型

这种节奏语势沉缓,多抑少扬,多重少轻,音强而着力,词语密度较疏,常用来表现庄重、肃穆的气氛和悲痛、抑郁的情感。例如:

灵车队,万众心相随。哭别总理心欲碎,八亿神州泪纷飞。红旗低垂,新华门前洒满泪。日理万机的总理啊,您今晚几时回?

3.舒缓型

这种节奏语速较缓,语势较平稳,声音轻柔而不着力,常用来描绘幽静的场面和美丽的景色,也可以表现舒展的情怀。例如:

大海上一片静寂。在我们的脚下,波浪轻轻吻着岩石,像朦朦胧胧欲睡似的。在平静的深暗的海面上,月光劈开了一款狭长的明亮的云汀,闪闪地颤动着,银鳞一般。

4.强疾型

这种节奏语速较快,多扬少抑,声音强劲而有力,常用来表现紧张急迫的情形和抒发激越的情怀。例如:

在苍茫的大海上,狂风卷集着乌云。在乌云和大海之间,海燕像黑色的闪电,高傲地飞翔。一会儿翅膀碰着波浪,一会儿箭一般地直冲向乌云,它叫喊着,就在这勇敢的叫喊声里,乌云听出了欢乐。

以上四种节奏类型,只是大体的分类,每一种还可以再分小类,不再一一列举。在实际的诵读过程中,一篇作品的节奏不一定是单一的,往往随着内容情节的变化,节奏也会相应发生改变。因此在诵读过程中,节奏必须因文而异,切忌死板单一、一统到底。诵读文章要处理好语速和节奏。

二、诵读的情感技巧

情感,就是人在特定的环境下,对外界事物刺激的肯定或否定的心理反应。如喜欢、愤怒、悲伤、恐惧、爱慕、厌恶等。而诵读,就是诵读者作用于眼、耳、鼻、舌、身、意的情感调动,把作品的喜怒哀乐的情感或心理活动表达出来。要做到情感调动,需要解决以下几个重要的问题：

一是“理解”问题。“理解”一词，最早见于元朝末年编纂的《宋史》：“心通理解”，是指从内心上明白、从道理上了解。理解，从字面来看，就是理性的思考和解读；从认知层面上讲，认识得越全面，了解得越透彻，理解得就越深刻，使我们对人、对客观事物有更准确的把握。

我们要把一首诗或一篇散文诵读好，首先要做到“理解”两字，也就是要准确把握作品的内容，理解作品的深刻内涵。这是诵读情感调动必须解决的第一个问题。

二是“感受”问题。感受，就是表达者接受作品符号的刺激，所引起的内心反映。表达者的创作过程，不是简单的由文字到声音的单从词义上解释“感受”二字。

由此可见，感受是指由于作者本人的感觉器官受到周围各种现象（如颜色、形态、音响、味道、光滑、粗糙、冷暖等）的刺激所产生的一种与之相适应的思维和情感活动。感受在写作过程中的作用过程，是文字——生活——声音的过程。表达者必须被文字符号唤醒，透过文字感受生活，让作品中的人、事、景物在脑子里成为活生生的东西，有如临其境、如见其人、如闻其声的感觉。通俗地说，脑子里要像过电影。这是诵读情感调动必须解决的第二个问题。

三是“动情”问题。动情就是产生爱慕的感情，动情就是要把感情调动起来，要做到在分析作品的时候，不仅要注意理解、感受，而且更重要的是注意情感体验。“感人心者，莫先乎情”（白居易）。情是灵魂、是统帅，情动于衷而形于声。有声语言是以情感为依托的，是为表达情感服务的。离开了情感，声音就失去了依托，失去了灵魂，就谈不上表达了。

不少人在诵读的时候，不是在诵读，而是在读诵，当他们掌握了一定的诵读技巧，如理解、感受、动情，包括外在表达技巧——重音、停顿、连贯、语速、节奏等，依然达不到感人的境界；但当他们全身心地投入到作品中去，把情感从心底里叹出来而不是说出来时，他们终于动情了，他们开始打动自己，随之也就打动了听众。

由此看来，诵读中的情感二字是最重要的。但并不是说其他技巧都不重要，它们是相辅相成的，没有理解，谈不上感受，没有感受就谈不上感情。

三、诵读基调的把握

在诵读时，不同体裁和内容的文章采取什么样的诵读基调是非常重要的。基调不是简单的指音高、音低、音强、音弱。基调，是指作品的基本情调，即作品总的态度情感，总的色彩和分量，以及诵读者的具体态度。感情色彩有喜、怒、哀、乐之分，态度有肯定、否定、批评之别，其中有分寸和火候的差异。诵读者要从作品的针对性和诵读的目的上去把握态度，更要以作品中的人物、事件、情感和风格特点等因素去揣摩作品色彩的总特色。诵读者可以通过声音来传达极为丰富的感情，产生巨大的，有时是震撼人心的感染力。这样使听众跟着去兴奋，跟着去激动，甚至跟着去落泪，使诵读者与受众产生一种强烈的共鸣。

因此我们要进行各种不同的基调变化的训练，这样才能更好地、准确地把握内容、风格、情感各异的作品的基调，才能达到良好的诵读效果。诵读常见的基调类型有：

（一）清新舒展、亲切自然型

要求：声音音量偏小，语调亲切、柔和、抒情，吐字清晰流畅，气息深而长。适合于诵读那些亲切、深情、抒情性较强的诗文，如朱自清的《春》、《绿》、《荷塘月色》等。

> 我们先到梅雨亭。梅雨亭正对着那条瀑布；坐在亭边，不必仰头，便可见它的全体了。亭下深深的便是梅雨潭。这个亭踞在突出的一角的岩石上，上下都空空儿的；仿佛一只苍鹰展着翼翅浮在天宇中一般。三面都是山，像半个环儿拥着；人如在井底了。这是一个秋季的薄阴的天气。微微的云在我们顶上流着；岩面与草丛都从润湿中透出几分油油的绿意。而瀑布也似乎分外得响了。那瀑布从上面冲下，仿佛已被扯成大小的几绺；不复是一幅整齐而平滑的布。岩上有许多棱角；瀑流经过时，作急剧的撞击，便飞花碎玉般乱溅着了。那溅着的水花，晶莹而多芒；远望去，像一朵朵小小的白梅，微雨似的纷纷落着。据说，这就是梅雨潭之所以得名了。但我觉得像杨花，格外确切些。轻风起来时，点点随风飘散，那更是杨花了。——这时偶然有几点送入我们温暖的怀里，便倏的钻了进去，再也寻它不着。（朱自清的《绿》）

> 曲曲折折的荷塘上面，弥望的是田田的叶子。叶子出水很高，像亭亭的舞女的裙。层层的叶子中间，零星地点缀着些白花，有袅娜地开着的，有羞涩地打着朵儿的；正如一粒粒的明珠，又如碧天里的星星，又如刚出浴的美人。微风过处，送来缕缕清香，仿佛远处高楼上渺茫的歌声似的。这时候叶子与花也有一丝的颤动，像闪电般，霎时传过荷塘的那边去了。叶子本是肩并肩密密地挨着，这便宛然有了一道凝碧的波痕。叶子底下是脉脉的流水，遮住了，不能见一些颜色；而叶子却更见风致了。（朱自清《荷塘月色》）

（二）深沉热爱、歌颂赞美型

要求：声音柔中有刚，咬字力度要大些，但声不涩，气息沉实不断流。适合于诵读那些感情深沉，充满崇敬、热爱、自豪、赞美之情的诗文，如茅盾的《白杨礼赞》、舒婷的《致橡树》、臧克家的《有的人》等。

> 每一个患者在病魔的折磨中，都感到护士的亲切和温暖，她为你的痛苦而焦虑，为你的痊愈而欢欣。接进来的时候，和你一样愁眉不展，送出去的时候，和你

一样笑容满面。她为了生命的安全，为了别人的欢乐，走遍各个房间，踏过一道道门槛，日夜不眠，汗水成串。她不为名，不图利，用自己的生命热情协助大夫，使许多生命垂危的人，起死回生，转危为安。她默默无闻地为患者贡献出自己的青春、智慧和心血。护士的这种高尚品德，我们各行各业的人们，无不肃然起敬。

它没有婆娑的姿态，没有屈曲盘旋的虬枝，也许你要说它不美，如果美是专指"婆娑"或"旁逸斜出"之类而言，那么，白杨树算不得树中的好女子；但是它伟岸，正直，朴质，严肃，也不缺乏温和，更不用提它的坚强不屈与挺拔，它是树中的伟丈夫！当你在积雪初融的高原上走过，看见平坦的大地上傲然挺立这么一株或一排白杨树，难道你就只觉得它只是树？难道你就不想到它的朴质，严肃，坚强不屈，至少也象征了北方的农民？难道你竟一点也不联想到，在敌后的广大土地上，到处有坚强不屈，就像这白杨树一样傲然挺立的守卫他们家乡的哨兵？难道你又不更远一点想到这样枝枝叶叶靠紧团结，力求上进的白杨树，宛然象征了今天在华北平原纵横决荡，用血写出新中国历史的那种精神和意志。"(茅盾《白杨礼赞》)

(三)温柔抒情、忧愁伤怀型

要求:用较暗弱、低沉、柔和、偏虚的声音来读，节奏稍慢，气息深匀。适合于诵读那些抒写离情别意、悲秋伤怀的诗文，如徐志摩的《再别康桥》、柳永的《雨霖铃》、李清照的《声声慢》等。

月牙儿，像把梳子挂在半空。人们都说月亮是位最善良、最好伤心和最易受感动的姑娘。谁有什么不幸和哀愁，她总是怜悯地注视着你，有时还会流下泪来！想必她这时是不忍心去看那些不幸的人们吧？所以才掩住半个脸；但她那朦胧的淡光，还是同情地从窗户棂间射进来。黑暗的屋子，也变得灰白起来。

就在那年秋天，母亲离我们去了，小弟弟一生下来不哭也不动，也追随母亲去了。为了我的生存，母亲去了，弟弟也去了。母亲生育了我，又从死神手中救了我。她给了我两次生命。临终时，她拉着我们兄妹四人的手，眼里流露出的尽是爱，她为了我们，没有怨言，倾泻给我们的是全部的爱。

(四)高亢激昂、庄重深沉型

要求:声音要庄重明亮，吐字要清晰饱满，有力度，有穿透力，气息要稳定、扎实，一般都采用实声来表述。适合于诵读那些慷慨激昂、坚定深沉的文字，如岳飞的《满江红》、高尔基的《海燕》、舒婷的《祖国啊　我亲爱的祖国》等。

同志们，从本世纪20年代起，几十年来，中国共产主义的先驱者们，中国人民数以百万的光荣革命烈士和革命战士，流血牺牲，英勇奋斗，奠定了今天中国的局面。在新的时期中，让我们继承先烈的遗志，在辽阔的祖国大地上，干出一番前人没有做过的伟大的事业吧！

风呼呼地刮着，雨哗哗地下着。黑暗笼罩着大地。"要记住革命！"——我想起他牺牲前说过的话。对，要记住革命！我抬起头，透过无边的风雨，透过无边的黑暗，仿佛看见了一条光明大路，这条大路一直通向遥远的陕北。我鼓起勇气，迈开大步，向着部队前进的方向走去。

（五）低沉压抑、悲伤缅怀型

要求：用较暗弱、低沉、偏虚的声音来读，胸腔共鸣比较多，节奏偏慢，字音缓缓送出，有时是声伴字，有时是字伴气，或者是断断续续的发音，气有时是颤抖的，有时是叹息的。适合于诵读那些悲伤哀痛、压抑伤怀色彩比较浓厚的诗文，如《悼念周总理》、《周总理，你在哪里》等。

那是1997年，已经四月初了，冬天好像还没有过去，北风刮得很急，一个星期天的下午，爸爸妈妈拉着我的手向天安门广场走去，我们的胸前都戴着一朵小白花儿，……

周总理，我们的好总理，你在哪里呵，你在哪里？你可知道，我们想念你，——你的人民想念你！

（六）轻松活泼、幽默风趣型

要求：用声比较偏浅，音要高而柔和，口腔状态比较松弛，舌头要灵活，口唇稍用力，字音弹发得要快而饱满，气息灵活变化多，这样才能诵读得俏皮、欢快、活泼。适合于诵读那些轻松欢快、活泼有趣的散文、故事、寓言、小说等。

柳条青，柳条长，柳条随风在飘荡，摇来了春天，摇来了小鸟，摇得那湖水闪闪亮。

铃声一响，学生们蜂拥而出，跑进干冷的阳光里，站在教室前，跺跺脚，脚暖了，就沿墙根一字排开，中间站个大个，两边人数相等，一齐往中间挤，咬牙，弓腿，喊号子，挤掉了帽子是顾不及捡的，绷断了线做的腰带也只能硬撑着，一来二去，身体就暖和起来，甚至冒出汗来。这种游戏，我们叫挤油，天天要做的。

（七）温和宁静、启发诱导型

要求：用声以实声为主，亲切、柔和，吐字要清晰，节奏稍慢，气息舒缓、平和。适合于诵读那些叙事、议论、说理型的散文、议论文等。

> 雪纷纷扬扬，下得很大。开始还伴着一小阵儿小雨，不久就只见大片大片的雪花，从彤云密布的天空中飘落下来。地面上一会儿就白了。冬天的山村，到了夜里就万籁俱静，只听得雪花簌簌地不断往下落，树木的枯枝被雪压断了，偶尔咯吱一声响。（《第一场雪》）

> 亲爱的朋友们，任何一个有志气的青年，都希望自己的青春能够闪闪发光，都希望自己的一生能够活得有意义，成为一个对社会历史有所贡献的人，而不是成为历史的累赘，历史的罪人。如果是这样，你就应该坚定的树立起共产主义革命人生观，按照这样的革命人生观，安排好自己的人生。保尔说得好："人，最宝贵的是生命。生命对每个人只有一次！这仅有的一次生命，应当怎样度过呢？每当回忆往事的时候，能够不为虚度年华而悔恨，不因碌碌无为而羞耻。在临死的时候，他能够说——我的整个生命和全部经历都已经献给了世界上最壮丽的事业，为人类解放而进行的斗争！"让我们用这句闪光夺目的话，来激励和鞭策自己吧，做一个无悔于我们时代的高尚的人。

这里需要说明的是，以上所介绍的各种基调只是比较有代表性的，不是可以涵盖所有文字的，诵读者一定要根据文章所表达的情感去用心把握。总的基调把握好了之后，文字中间也还有一些小的变化，不能拿来一篇文章就往某个基调上套，一个基调到底，而忽略了文字局部的情感基调的变化。诵读者要多接触生活，对生活的体会越深，生活阅历越丰富，知识面越广，他的诵读水平就越高。我们在练习基调的过程中，要选择不同体裁和基调的文章，不同基调的句子和选段，不断提高呼吸、共鸣、用声、咬字等方面的控制能力，这样才能把各种基调在诵读中运用得更加自如，使得声音产生丰富多样的色彩，以适合所诵读的不同文体、不同体裁的要求。

第三节　不同文体的诵读技巧

诵读不同体裁的作品有不同的诵读方法。如《白杨礼赞》要读出激情赞美；《匆匆》要读出欣喜愉快；《背影》要读出父子情深；《最后一课》要读出庄严与沉重；《观沧海》要读出慷慨悲壮；《如梦令》要读出优雅婉约。每一篇文章在诵读时，其语速的快慢、声音的高低、情绪的悲喜都需要提前把握，才能将作品读好。

一、诗歌

诗歌是最适合诵读的体裁。因为诗歌具有鲜明节奏与和谐的韵律，具有音乐性；

加上诗歌本身就是运用凝练简洁的语言反映丰富的思想内容,并借助想象展开丰富联想进行创作,其语言具有言外之意和弦外之音的特点。

(一)格律诗的诵读

格律诗,主要有五言、七言绝句和五言、七言律诗四种表现形式,因此就形成了不同的音步。五言诗分为三个音步,如"床前/明月光,疑是地上/霜",即"2+2+1"或"2+3"的节拍;七言诗分为四个音步,如"清明时节雨纷纷,路上行人欲断魂",即"2+2+1+2"或"2+2+3"的节拍。不论是五言还是七言,每一小节中都有相对固定的并与之相对应的平仄关系。此外,格律诗中还有"一三五不论,二四六分明"的押韵规则。例如:

登鹳雀楼

王之涣

白日/依山/尽,
黄河/入海/流,
欲穷/千里/目,
更上/一层/楼。

这首诗是三个音步"2+2+1"的节拍。诵读时要注意每一个音步中的平仄关系,格律诗中每个音步中的第二个字,一般都有明确的平仄规定,因此,一般将重音放在每个音步的第二个字上。诗最后的字尾平仄变化同韵脚有关系,在诵读时要注意体会。

(二)自由诗的诵读

自由诗是现代中国新诗的主要形式之一。诗歌运用现代白话写作,诗体不受任何框架的束缚,是一种完全自由体,每行字数不等,句数不拘,分节与否自便,每节长短也可以不整齐,押韵与否比较自由。例如:

再别康桥

徐志摩

轻轻的我走了,
正如我轻轻的来;
我轻轻的招手,
作别西天的云彩。

那河畔的金柳,

是夕阳中的新娘；
波光里的艳影，
在我的心头荡漾。

软泥上的青荇，
油油的在水底招摇；
在康河的柔波里，
我甘心做一条水草。

那榆阴下的一潭，
不是清泉，是天上虹；
揉碎在浮藻间，
沉淀着彩虹似的梦。

寻梦？撑一只长篙，
向青草更青处漫溯；
满载一船星辉，
在星辉斑斓里放歌。

但我不能放歌，
悄悄是离别的笙箫；
夏虫也为我沉默，
沉默是今晚的康桥！

悄悄的我走了，
正如我悄悄的来；
我挥一挥衣袖，
不带走一片云彩。

全诗共七节，每节四行，每行两顿或三顿，不拘一格而又法度严谨，韵式上严守二、四押韵，抑扬顿挫，朗朗上口，优美的节奏像涟漪般荡漾开来。七节诗错落有致地排列，韵律在其中徐行缓步地铺展，可以说，正体现了徐志摩诗美的主张。

此诗是一首写离别的"名篇"。深沉的爱使作者不忍惊扰康桥的夜，决定"悄悄"地走。在诵读时，不论金柳、青荇还是清泉、彩虹，都充分表现了诗人对康桥的爱。在诵读第二、三、四节时，要放慢语速，特别是每节的最后一行，要突出最后一个词并适当使用拖音技巧，以表达“一赞三叹，流连忘返，不忍离去”的思想感情。又如：

祖国啊　我亲爱的祖国

舒　婷

我是你河边上破旧的老水车
数百年来纺着疲惫的歌
我是你额上熏黑的矿灯
照你在历史的隧洞里蜗行摸索
我是干瘪的稻穗；是失修的路基
是淤滩上的驳船
把纤绳深深
勒进你的肩膊
——祖国啊！
我是贫困
我是悲哀
我是你祖祖辈辈
痛苦的希望啊
是“飞天”袖间
千百年来未落到地面的花朵
——祖国啊
我是你簇新的理想
刚从神话的蛛网里挣脱
我是你雪被下古莲的胚芽
我是你挂着眼泪的笑窝
我是新刷出的雪白的起跑线
是绯红的黎明
正在喷薄
——祖国啊
我是你十亿分之一
是你九百六十万平方的总和
你以伤痕累累的乳房
喂养了
迷惘的我，深思的我，沸腾的我
那就从我的血肉之躯上

去取得
你的富饶，你的荣光，你的自由
——祖国啊
我亲爱的祖国

本诗是舒婷的代表作之一，旨在表达诗人对祖国的一片深情。全诗立意新颖，感情真挚，从一个别致的角度来吟唱祖国母亲，为表达这种赤子的深情，诗人采用了由低沉缓慢走向高亢迅疾的节奏。低沉缓慢方能如泣如诉、似哀似怨；高亢迅疾才可热烈奔放、一往无前。

为表达诗人对祖国的交融感与献身感，全诗运用了主体与客体交错换用、相互交融的手法。主体是诗人的“我”，客体是“祖国”，而在全诗的进展中，让其合二为一——我即是祖国，祖国也就是我。祖国是我的痛苦，我是祖国的悲哀；祖国是我的迷惘，我是祖国的希望；我是祖国的眼泪和笑涡，而祖国正在我的血肉之躯与心灵上起飞和奔跑。

二、散文

散文，可以泛指韵文以外所有的文章，包括小说和议论文；但是也可以特指以抒发作者个人感受为主的文章。一般把这后一类散文称为“抒情散文”。用做诵读材料的散文多半属于这一类。散文总是以作者主观视点来观察世界万物，从中有所感悟，于是有感而发，抒发自己的感想。读散文，听散文，似乎是跟着作者去看去想，最终和作者想到一块儿去。因为是一个看、想、感悟的过程，所以散文诵读的基调是平缓的，没有太大的起伏；即使是在作品的高潮，也不会像演讲那样异峰突起、慷慨激昂。在诵读时要用中等的速度、柔和的音色，一般用拉长而不用加重的方法来处理强调重音。

散文虽不像诗歌那样有规整的节奏和严格的韵律，但是也讲究节奏美和韵律美。诵读时，一定要在深刻理解文章思想内容的基础上，把不同的语言气势和艺术风格体现出来。例如：

春

朱自清

盼望着，盼望着，东风来了，春天的脚步近了。

一切都像刚睡醒的样子，欣欣然张开了眼。山朗润起来了，水涨起来了，太阳的脸红起来了。

小草偷偷地从土里钻出来，嫩嫩的，绿绿的。园子里，田野里，瞧去，一大片一大片满是的。坐着，躺着，打两个滚，踢几脚球，赛几趟跑，捉几回迷藏。风轻悄悄的，草绵软软的。

桃树、杏树、梨树，你不让我，我不让你，都开满了花赶趟儿。红的像火，粉的像霞，白的像雪。花里带着甜味，闭了眼，树上仿佛已经满是桃儿、杏儿、梨儿！花下成千成百的蜜蜂嗡嗡地闹着，大小的蝴蝶飞来飞去。野花遍地是：杂样儿，有名字的，没名字的，散在草丛里，像眼睛，像星星，还眨呀眨的。

"吹面不寒杨柳风"，不错的，像母亲的手抚摸着你。风里带来些新翻的泥土的气息，混着青草味，还有各种花的香，都在微微润湿的空气里酝酿。鸟儿将窠巢安在繁花嫩叶当中，高兴起来了，呼朋引伴地卖弄清脆的喉咙，唱出宛转的曲子，与轻风流水应和着。牛背上牧童的短笛，这时候也成天在嘹亮地响。

雨是最寻常的，一下就是三两天。可别恼，看，像牛毛，像花针，像细丝，密密地斜织着，人家屋顶上全笼着一层薄烟。树叶子却绿得发亮，小草也青得逼你的眼。傍晚时候，上灯了，一点点黄晕的光，烘托出一片安静而和平的夜。乡下去，小路上，石桥边，撑起伞慢慢走着的人；还有地里工作的农夫，披着蓑，戴着笠的。他们的草屋，稀稀疏疏的在雨里静默着。

天上风筝渐渐多了，地上孩子也多了。城里乡下，家家户户，老老小小，他们也赶趟儿似的，一个个都出来了。舒活舒活筋骨，抖擞抖擞精神，各做各的一份事去。"一年之计在于春"；刚起头儿，有的是工夫，有的是希望。

春天像刚落地的娃娃，从头到脚都是新的，它生长着。

春天像小姑娘，花枝招展的，笑着，走着。

春天像健壮的青年，有铁一般的胳膊和腰脚，领着我们上前去。

朱自清的散文《春》，描写春天，赞美春天，发出"一年之计在于春"的感想，从而激发对生活的热爱。基调是热情、愉快的，因此要用明朗、甜美的声音去读。在文章中虽然有山有水，有花有鸟，还有人，但这些都不是具体的人或物。诵读这一类型的散文时，完全可以用作者的感受为线索。诵读一开始，是一种殷切期盼的情感，在诵读"山朗润起来了，水涨起来了，太阳的脸红起来了"时，要把三个层次读出来，把春天越来越近，人们越来越欣喜的心情读出来。中间的部分，从各个方面描写春天，表现了作者对春天的热爱，可以用减低速度、降低音量的方法把描写和抒情区别开来。最后的三小节，用娃娃、姑娘、青年来比喻春天，体现了人们对新的一年的憧憬和希望，情绪也随之转向高昂，音量、语速也应随之步步提高。又如：

海　燕

高尔基

在苍茫的大海上，狂风卷集着乌云。在乌云和大海之间，海燕像黑色的闪电，在高傲地飞翔。一会儿翅膀碰着波浪，一会儿箭一般地直冲向乌云，它叫喊着，——就在这鸟儿勇敢的叫喊声里，乌云听出了欢乐。

在这叫喊声里——充满着对暴风雨的渴望！在这叫喊声里，乌云听出了愤怒的力量、热情的火焰和胜利的信心。

海鸥在暴风雨来临之前呻吟着，——呻吟着，它们在大海上飞窜，想把自己对暴风雨的恐惧，掩藏到大海深处。

海鸭也在呻吟着，——它们这些海鸭啊，享受不了生活的战斗的欢乐：轰隆隆的雷声就把它们吓坏了。

蠢笨的企鹅，胆怯地把肥胖的身体躲藏在悬崖底下……只有那高傲的海燕，勇敢地、自由自在地，在泛起白沫的大海上飞翔！

乌云越来越暗，越来越低，向海面直压下来，而波浪一边唱歌，一边冲向高空，去迎接那雷声。

雷声轰响。波浪在愤怒的飞沫中呼叫，跟狂风争鸣。看吧，狂风紧紧抱起一层层巨浪，恶恨恨地将它们甩到悬崖上，把这些大块的翡翠摔成尘雾和碎末。

看吧，它飞舞着，像个精灵，——高傲的、黑色的暴风雨的精灵，——它在大笑，它又在号叫……它笑那些乌云，它因为欢乐而号叫！

这个敏感的精灵，——它从雷声的震怒里，早就听出了困乏，它深信，乌云遮不住太阳——是的，遮不住的！

狂风吼叫……雷声轰响……

一堆堆乌云，像青色的火焰，在无底的大海上燃烧。大海抓住闪电的箭光，把它们熄灭在自己的深渊里。这些闪电的影子，活像一条条火蛇，在大海里蜿蜒游动，一晃就消失了。

——暴风雨！暴风雨就要来啦！

这是勇敢的海燕，在怒吼的大海上，在闪电中间，高傲地飞翔；这是胜利的预言家在叫喊：

——让暴风雨来得更猛烈些吧！

高尔基的《海燕》是篇散文诗，它是在预报革命风暴即将来临，讴歌的是海燕——无产阶级的形象。整篇散文诗都是热烈激昂的，表达了革命者不可遏制的爱憎分明。在诵读《海燕》时要抓住这个基调，当然仅仅抓住作品的基调还是不够的，还要对作品进行一些技巧上的处理，比如划分段落，确定重音、停顿等，平平淡淡，没有波澜，没有起伏，一调到底的诵读是不成功的。

三、记叙文

记叙文是一个包含内容很广的体裁，它包括小说、散文、游记、故事、通讯等。这里所讲的记叙文是狭义上的，指的是记人、叙事、写景、状物一类的文章。具体地说，它是借助叙述、描写、抒情等手段记叙社会生活的人、事、景、物的情态及其发展过程，用以表现作者的思想、抒发作者某种感情的文章。因此，诵读记叙文时，首先要求脉络清晰，渲染气氛，其次要求表达细腻，节奏简朴。

诵读记叙文时，要分析出作品的节奏类型，选择恰当的语气、语速、情感等表达手段，其中的喜、怒、哀、乐要用声音来表现。例如：

齐白石买菜

止　敬

一天早晨，齐白石上街买菜，看见一个乡下小伙子的白菜又大又新鲜，就问："多少钱一斤？"小伙子正要答话，仔细一看，心想，哦！这不是大画家齐白石吗？就笑了笑说："您要白菜，不卖！"齐白石一听，不高兴地说："那你干吗来了？"小伙子忙说："我的白菜用画换。"齐白石明白了，看来这小伙子认出我了，就说："用画换？可以啊，不知怎样换法？"小伙子说："您画一棵白菜，我给你一车白菜。"齐白石不由笑出了声："小伙子，你可吃大亏了！""不亏，您画我就换。""行。"齐白石也来了兴致："快拿纸墨来！"小伙子买来纸墨，齐白石提笔抖腕，一幅淡雅清素的水墨《白菜图》很快就画出来了。小伙子接过画，从车上卸下白菜，拉起空车就走。齐白石忙拦住他笑笑："这么多菜我怎么吃得完？"说着，就只拿了几棵白菜走了。

这篇故事轻松活泼，富有生活气息，可以选用自然、松弛的嗓音来诵读，完全不需要夸张。这样，故事的背景和气氛就烘托出来了。

从故事的脉络来看，一开始是普通的讨价还价，接着小伙子认出了老画家，情况有了变化：不卖——要换。这一过程又分为以下几个小阶段：

(1)小伙子认出："正要答话……齐白石吗？"用低声表示内心活动。

(2)欲擒故纵："就笑了笑……不卖！"扬声，故作冷淡。

(3)齐不高兴："齐白石一听……干吗来了？"声音低沉，稍重，表示老人气愤。

(4)小伙子解释："我的白菜用画换。"语调下抑，表示诚恳。

(5)老人明白："齐白石……怎样换法？"先抑后扬。

(6)商量办法："小伙子……行。"松弛自然，生活化，体现幽默风趣。

(7)画画过程："齐白石……画出来了。"高潮，声音明快，体现一挥而就。

(8)换菜结束："小伙子……走了。"尾声，恢复平和自然的语气。

落花生

许地山

我们屋后有半亩隙地。母亲说:“让它荒芜着怪可惜,既然你们那么爱吃花生,就辟来做花生园吧。”我们几姊弟和几个小丫头都很喜欢——买种的买种,动土的动土,灌园的灌园。过不了几个月,居然收获了!

妈妈说:“今晚我们可以做一个收获节,也请你们爹爹来尝尝我们的新花生,如何?”我们都答应了。母亲把花生做成好几样的食品,还吩咐这节期要在园里的茅亭举行。

那晚上的天色不太好,可是爹爹也到来,实在很难得!爹爹说:“你们爱吃花生吗?”

我们都争着答应:“爱!”

“谁能把花生的好处说出来?”

姐姐说:“花生的气味很美。”

哥哥说:“花生可以制油。”

我说:“无论何等人都可用贱价买它来吃,都喜欢吃它。这就是它的好处。”

爹爹说:“花生的用处固然很多,但有一样是很可贵的。这小小的豆不像那好看的苹果、桃子、石榴,把它们的果实悬在枝上,鲜红嫩绿的颜色,令人一望而发生羡慕的心。它只把果子埋在地底,等到成熟,才容人把它挖出来。你们偶然看见一棵花生瑟缩地长在地上,不能立刻辨出它有没有果实,非得等到你接触它才能知道。”

我们都说:“是的。”母亲也点点头。爹爹接下去说:“所以你们要像花生,因为它是有用的,不是伟大、好看的东西。”我说:“那么,人要做有用的人,不要做伟大、体面的人了。”爹爹说:“这是我对于你们的希望。”

我们谈到夜阑才散,所有花生食品虽然没有了,然而父亲的话现在还印在我心版上。

这是一篇咏物的短文。借平常之物,言深邃之意,言近旨远,令人深受启发。作者写落花生外表平凡、价钱低廉、味道鲜美,又写它易种有用的本质,通过赞美这平凡的落花生,形象地道出了做人的道理,做人也要像落花生那样。文章内容以对话为主,诵读时要抓住人物的年龄、性别、性格、心情等特征,才能用准确的口气“说”出来。

四、议论文

议论文主要用概念、判断、推理来表明作者的观点,阐明道理;或者批驳别人的错误意见,指出其谬误。议论文的语言以议论为主,而记叙、说明、抒情等也有,但都是为议论服务的，所以论点、论据、论证是很重要的。诵读议论文要有气势，诵读论点要坚实犀利，论据要强韧有力；语气要肯定，语调要曲折，重音的表达要扎实确切，语速要稳健。例如：

理解万岁

佚　名

记得《论语·学而篇》中有那么一句话："患不知人也。"意思是，可担忧的不是理解人吧！

的确，理解、相知是人类多么宝贵的一种境界。理解自然、理解社会、理解人生……人类不也就是在这种境界之升华中行运的吗？

——乘着创世纪的诺亚方舟，理解是那只窥探到大自然，衔回了橄榄枝的鸽子；

——沿着千回百折的汨罗江，理解是屈原感叹社会而传唱于今的骚体长辞；

——拨着高山流水般的琴声，理解是蔡锷小凤仙人生难得一知己的知音一曲……

自然界在理解中求得平衡，社会在理解中求得和谐，而更重要的是人类在理解中求得进化。

人是需要理解的。每个人都渴望理解自己，也渴望理解他人，更渴望被他人理解。

不理解自己的人，是难以把握自己的人生航向的；不理解他人的人，是难以团结生活和事业的同盟军的；不被他人理解的人，则难以挣脱孤独和苦闷的阴影。而只有理解自己，也理解他人，同时让他人理解的人，才能在求索的漫漫路途中不昏不溃，不傲不矜，不孤不独。

有时候，理解是一股热源，它能给人以无穷无尽的力量。镇守在亚热带南中国边疆的战士们，被短短一曲《十五的月亮》吟出了泉水般的泪水，他们紧紧地抱在一起，陶醉在被理解之中，久久不愿松开。一旦他们重新卧在堑壕里，那颗心便会化成山一样的屏障。

有时候，理解是一架罗盘，它能改变人一生的走向。在工读学校里，一道理解的目光，竟能使那误入歧途的年轻人怦然心动，反省、疚悔，以至作为一个真正的人重新崛起。

有时候，理解是一道霓虹，它能给原本庄重的生活增添绮丽。读一读马克思给燕妮的书信吧，伟人对理解的渴求，以及被理解后的欢愉和情爱，难道不会给你我或新或深的启迪吗？

当然，要达到这个境界，并不是件轻而易举的事。恢弘的宇宙、繁复的社会、神秘的大自然，以及大千世界，芸芸众生，要达到相互间那种完全彻底的默契无懈的理解，从现阶段人类的认识能力、幻想能力、道德能力、智商凝聚力及科学技术水平来看，还十分遥远。那么就从一点一滴开始吧，理解自己的同事和朋友、父母和妻儿，理解自己周围的每棵小草、每片树叶、每粒尘土和每缕风、每束光吧！

理解不仅是他人对自己的理解，也是自己主动付出的对他人及环境的理解。当人们敞开心扉，付出理解时，社会便会更和谐，人类便会更进步。

文章辞藻丰富、语言华丽，运用了大量排比和比喻，增强了可读性。整体上，前半部分应舒缓平稳，后半部分有较多节奏上的变化。

全文从五个不同的层面加以阐述。在诵读时，第一层开题立论，用平实的语调，体现庄重。第二层写历史的回顾，用较为缓慢低沉的语调，体现沧桑感。第三层写人们需要理解，诵读时要逐步加快节奏和语速，从反面说时可以稍稍放慢放低，以便和正面说有所对比。第四层解释理解是什么，一定要倾注热情。如诵读“紧紧地”、“久久”、“山一样的”应该有重音，以体现理解给人的力量是如何巨大；诵读“怦然心动”、“反省”、“疚悔”时，要一个比一个高而强，体现理解所带来的这些行动之间的关系像一个又一个台阶一样，把跌入深渊的人托上彼岸；在诵读“霓虹”、“绮丽”、“书信”、“渴求”时，要把声音放得柔和些，不用加强而用拖长的方法来处理重音，使声音充分表现出人们被理解之后的欢欣。第五层写怎样达到它，这是最后一个层次，是引起听众深深思考的一节。诵读时要放慢语速加重语气，给人以“语重心长”的感觉。在这一节中，有些重音是不能忽视的：“一点一滴”、“小草”、“树叶”、“尘土”、“风”和“光”。

五、寓言故事

寓言故事大都短小精悍，通俗易懂，但其中常被赋予丰富的内涵，具有哲理性。寓言故事并不是很容易诵读的一种文体。诵读者既要有讲故事的投入，又要有说道理的冷静。这一点很不容易做到。寓言故事往往用拟人化的手法把所述事物人格化，诵读时要用夸饰技巧来刻画人物形象，充分发挥自己的想象力，把语速放慢，要诵读得亲切新奇、有声有色、娓娓动听。例如：

狼和小羊

伊索寓言

狼和小羊碰巧同时到一条小溪边喝水。那条小溪是从山上流下来的。狼非常想吃小羊。可是它想，既然当着面，总得找个借口才好。狼就故意找茬儿，气冲冲地说："你怎么敢到我的溪边来？把水弄脏，害得我不能喝，你安的什么心？"

小羊吃了一惊，温和地说："我不明白我怎么会把水弄脏。您站在上游，水是从您那儿流到我这儿，不是从我这儿流到您那儿的……""就算这样吧！"狼说，"你总是个坏家伙。我听说，去年你在背地里说我的坏话！""啊？亲爱的狼先生！"可怜的小羊喊道，"那是不会有的事，去年我还没出世呢！"狼觉得用不着再争辩了，就咧着牙咆哮着逼近小羊说："你这个小坏蛋，说我坏话的不是你就是你爸爸，反正都一样！"说着，就扑到小羊身上，抓住它，把它吃掉了。

人们存心要干凶恶残酷的坏事情，那是很容易找到借口的。

这篇寓言是由狼吃小羊的故事和作者从这个故事中引出的教训两个部分构成的。因此在诵读中首先要注意的就是不能把寓言只当做故事来读，只注意到它的生动情节，却忘记了它给人们的教训。其实，在寓言中，故事只是作者说道理的一种工具，作者最重要的画龙点睛之笔却是最后的那个教训。因此这篇寓言读到教训时可以运用重音"存心"和"容易"的强调来突出作者的意图。全文诵读时要注意语气语调技巧，同时要注意掌握摹声和夸饰技巧。

口才实训

(一)模拟训练

1. 诵读叶挺同志的《囚歌》，注意句调的处理。

为人进出的门紧锁着，(→平调)(冷眼相看)

为狗爬出的洞敞开着，(→平调)

个声音高叫着，(↗曲调)(嘲讽)

——爬出来吧，给你自由！(↘)曲调(诱惑)

我渴望自由，(→平调)(庄严)

但我深深地知道——(→平调)

人的身躯怎能从狗洞子里爬出！(↑升调)(蔑视、愤慨、反击)

我希望有一天，(→平调)地下的烈火，(稍向上扬)(语意未完)

将我连这活棺材一齐烧掉，(↓降调)(毫不犹豫)

我应该在烈火与热血中得到永生！(↓降调)(沉着、坚毅、充满自信)

2. 重音练习。

——读出下列句子中词语的语法重音：

①东风来了，春天的脚步近了。

②一切都像刚睡醒的样子，欣欣然张开了眼。

③手势之类，距离大了看不清，声音的有效距离大得多。

——读出下面语句中的强调重音：

于是有人慨叹曰："中国人失掉自信力了。"如果单据这一点现象而论，自信其实是早就失掉了的。先前信"地"，信"物"，后来信"国联"，都没有相信过"自己"。假使这也算一种"信"，那也只能说中国人曾经有过"他信力"，自从对国联失望之后，便把这他信力都失掉了。

3. 诵读郭小川《团泊洼的秋天》的最后三段，注意语法停顿和强调停顿。

请听听吧，这是战士/一句句从心中//掏出的话。

团泊洼，团泊洼，你真是那样/静静的吗？

是的，团泊洼是静静的，但那里/时刻都会//轰轰爆炸！

不，团泊洼是喧腾的，这首诗篇里/就充满着//嘈杂。

不管怎样，且把这矛盾重重的诗篇/埋在坎下，

它也许不合你秋天的季节，但到明春//准会/生根发芽。

4. 下面是曹禺的《雷雨》中鲁侍萍回忆往事、揭露周朴园罪恶的两段话，一段是相认前，一段是相认后。相认前后，鲁侍萍的怨愤之情由克制到逐渐显露，说话的语气和态度也起了变化，试用不同的语速加以表达。

——相认以前

她是个下等人，不很守本分的。听说她跟那时周公馆的少爷有点不清白，生了两个儿子。生了第二个，才过三天，忽然周少爷不要她了。大孩子就放在周公馆，刚生的孩子她抱在怀里，在年三十夜里投河死的。

——相认以后

哼，我的眼泪早哭干了，我没有委屈，我有的是恨，是悔，是三十年一天一天我自己受的苦。你大概已经忘了你做的事了！三十年前，过年三十的晚上我生下你的第二个儿子才三天，你为了要赶紧娶那位有钱有门第的小姐，你们逼着我冒着大雪出去。要我离开你们周家的门。

（二）学习诵读孟浩然的《春晓》

春眠/不觉/晓，//
处处/闻/啼鸟。///
夜来/风雨/声，//
花落/知/多少。///

这是一首格律诗。诵读这首诗时，要注意每个字都要吐音清晰，读出诗的节奏，每行诗句都可处理为三处停顿。读到"晓"、"鸟"、"少"时，字音要适当拖长，略带吟诵的味道，使听众能感觉到诗的音韵美和节奏感。

前两句是写诗人早上醒来后看到的景物，诵读时要用柔和、舒缓的语调，音量不

要过大。“鸟”字的尾音可稍向上扬，表现出诗人见到的是春光明媚、鸟语花香的明朗景象。后两句写诗人想起昨天夜里又刮风又下雨，不知园子里的花被打落了多少。在读“花落知多少”时，要想象出落花满园的景象。可重读“落”字，再逐渐减轻“知多少”三个字的音量，表现出诗人对落花的惋惜心情。

（三）学习诵读贺敬之的诗歌《三门峡——梳妆台》选段

这是一首自由诗。由于自由诗节奏比较自由，节拍的划分既要考虑词和词组合关系的疏密，又要照顾到整节节拍数的匀称，不宜根据字数机械地划分。

梳妆来啊，梳妆来！//
百花任你戴，/
春光任你采，/
万里锦绣任你裁！//
三门闸工正年少，/
幸福闸门为你开。//
并肩挽手/唱高歌啊，//
无限青春/向未来！/

（四）学习诵读朱自清的散文《匆匆》

这是现代著名作家朱自清的一篇脍炙人口的散文。文章紧紧围绕着“匆匆”二字，细腻地刻画了时间流逝的踪迹，表达了作者对虚度时光感到的无奈和惋惜，揭示了旧时代的年轻人已有所觉醒，但又为前途不明而感到彷徨的复杂心情。因此，文章的总体基调低沉忧伤，节奏为紧张型，但不时与低沉型相间。

匆　匆

朱自清

燕子去了，有再来的时候；杨柳枯了，有再青的时候；桃花谢了，有再开的时候。但是，聪明的，你告诉我，我们的日子为什么一去不复返呢？——是有人偷了他们罢：那是谁？又藏在何处呢？是他们自己逃走了罢：现在又到了哪里呢？

我不知道他们给了我多少日子；但我的手确乎是渐渐空虚了。在默默里算着，八千多日子已经从我手中溜去；像针尖上一滴水滴在大海里，我的日子滴在时间的流里，没有声音，也没有影子。我不禁头涔涔而泪潸潸了。

去的尽管去了，来的尽管来着；去来的中间，又怎样地匆匆呢？早上我起来的时候，小屋里射进两三方斜斜的太阳。太阳他有脚啊，轻轻悄悄地挪移了；我也茫茫然跟着旋转。于是——洗手的时候，日子从水盆里过去；吃饭的时候，日子从饭碗里过去；默默时，便从凝然的双眼前过去。我觉察他去的匆匆了，伸出手遮挽时，他又从遮挽着的手边过去；天黑时，我躺在床上，他便伶伶俐俐地从我身上跨过，从我脚边飞去了。等我睁开眼和太阳再见，这算又溜走了一日。我掩着面叹息。但是新来的日子的影儿又开始在叹息里闪过了。

在逃去如飞的日子里，在千门万户的世界里的我能做些什么呢？只有徘徊罢了，只有匆匆罢了；在八千多日的匆匆里，除徘徊外，又剩些什么呢？过去的日子如轻烟，被微风吹散了，如薄雾，被初阳蒸融了；我留着些什么痕迹呢？我何曾留着像游丝样的痕迹呢？我赤裸裸来到这世界，转眼间也将赤裸裸地回去罢？但不能平的，为什么偏要白白走这一遭啊？

你聪明的，告诉我，我们的日子为什么一去不复返呢？

第3章

演讲口才

学习目标

知识目标

了解演讲的基本知识，掌握演讲的基本技巧。

能力目标

掌握演讲稿的写作方法，学会写作演讲稿；

能够运用演讲的有声语言和态势语言技巧进行演讲；

掌握即兴演讲的构思技巧，能根据现场特点发表演说。

案例导入

阅读下面三个案例，根据后面的提示进行分析、思考、讨论。

葛底斯堡演说

87年前，我们的先辈们在这块大陆上创立了一个新国家，它孕育于自由之中，奉行一切人生来平等的原则。

现在我们正从事一场伟大的内战，以考验这个国家，或者任何一个孕育于自由和奉行上述原则的国家是否能够长久存在下去。我们在这场战争中的一个伟大战场上集会。烈士们为使这个国家能够生存下去而献出了自己的生命，我们来到这里，是要把这个战场的一部分奉献给他们作为最后安息之所。我们这样做是完全应该而且非常恰当的。

但是，从更广泛的意义上来说，这块土地我们不能够奉献，不能够圣化，不能够神化。那些曾在这里战斗过的勇士们，活着的和去世的，已经把这块土地圣化了，这远不是我们微薄的力量所能增减的。我们今天在这里所说的话，全世界不大会注意，也不会长久的记住，但勇士们在这里所做过的事，全世界却永远不会忘记。毋宁说，倒是我们这些还活着的人，应该在这里把自己奉献于勇士们已经如此崇高地向前推进但尚未完成的事业。倒是我们应该在这里把自己奉献于仍然留在我们面前的伟大任务——我们要从这些光荣的死者身上吸取更多的献身精神，来完成他们已经完全彻底为之献身的事业；我们要在这里下定最大的决心，不让那些死者白白牺牲；我们要使国家在上帝福佑下得到自由的新生，要使这个民有、民治、民享的政府永世长存。

阅读提示：《葛底斯堡演说》是美国第16任总统亚伯拉罕·林肯先生于1863年11月19日在葛底斯堡烈士公墓落成仪式上所作的演讲。全文500多字，用时2分15秒，演讲期间五次被热烈的掌声打断，演说结束，全场爆发出经久不息的掌声，新闻媒体给予高度评价，美国中学课本将其收录，成为美国中学生的必读经典之一。

案例二

某校一开学就组织了一次以“诚信”为主题的演讲比赛。老师和同学们都说张晓梅的形象好、嗓音好，动员她参加这次比赛。于是，张晓梅就到校团委报了名。

参赛前，张晓梅做了充分的准备，演讲稿倒背如流。比赛时，她虽然很紧张，但还是顺利地完成了演讲，中间没有卡壳，非常流畅地完成了。

可当比赛结束后，主持人公布评选结果，张晓梅名落孙山。她感到很疑惑，自己的演讲到底是哪里出了问题呢？她找到了评委老师，评委老师指出了张晓梅的不足：“你的声音很好，讲得也很流畅。但你没有很好地运用态势语言来表情达意。你在演讲时，眼神不灵活，神情呆板，手势动作也不自然，不但没有增强语言表达的效果，反而影响了整个演讲的表现力。”

张晓梅第一次听到“态势语言”这个词，什么是态势语言？如何运用态势语言？张晓梅一脸的疑惑，满脑子都是问号。

案例三

在一次即兴演讲比赛中，有这样一个命题——阅读下面这个小故事，你从中得到什么启示，请发表你的看法，时间2—3分钟。

暴风雨后的一个早晨，一个男人在海边散步，沙滩上有许多被海浪卷上岸的小鱼被围困在浅水洼里。忽然，他看见一个小男孩正在一条一条地拾起这些小鱼，用力地把它们扔回大海里。这个男人对小男孩说：“孩子，这水洼里有成百上千条小鱼，你救不过来的。”“我知道。”孩子头也不回地回答。“那你为什么还要继续呢？谁在乎啊？”小男孩边扔边回答：“这条小鱼在乎！还有这条……”

头脑风暴

- 案例一这篇著名的演讲词为什么能够成为经典？
- 通过这篇演讲词，你认为演讲具有什么特点？又有何作用？
- 这篇演讲词的语言有什么特色，你认为演讲稿的写作应注意什么问题？
- 通过案例二，你认为演讲的“演”是什么意思？
- 什么是态势语言？在演讲中态势语起到什么作用？
- 态势语包括哪些内容？如何运用态势语？
- 看了案例三的小故事，你认为可以从哪些角度去立意呢？
- 选定立意的角度后，如何快速进行构思？
- 要想取得演讲成功，应该如何做好相关准备？
- 一位优秀的演讲者，应该具备哪些方面的良好素质？

知识介绍

第一节　演讲概述

一、演讲的含义

演讲在古希腊被称为“诱动术”，其含义是劝服鼓动听众。

演讲也称“演说”或“讲演”，是指在特定的公众场合，演讲者面对广大听众，运用有声语言为主要手段、态势语言为辅助手段，针对某个现象、情况或问题，阐述或发表自己的见解和主张，从而达到感召听众，促使其行动的一种现实的信息交流活动。

演讲是一门综合艺术，它是有声语言与态势语言的结合，集播音、朗诵、讲故事、相声小品、作报告、做主持等艺术于一身，却又不同于它们中的任何一种。演讲不是播音，但要求发声吐词要字正腔圆、流畅准确；演讲不是朗诵，但要求表达要抑扬顿挫，要激情饱满；演讲不是讲故事，但要求有声语言及态势语要绘声绘色、形象生动；演讲不是表演相声小品，但要求内容和语言要有适当的戏剧张力及幽默风趣的特点；演讲不是作报告，但要求演讲者要有政治家或社会活动家的风度和气质；演讲不是做主持，但要求演讲者要有驾驭会场、即兴表达、临场发挥以及与观众互动的能力。演

讲者作演讲和从事社会现实活动一样的真实，演讲者表达的是自己的观点和思想，不是任何艺术舞台上扮演的角色，不需要做演员表演的装扮。

二、演讲的作用

欧美发达国家都非常重视演讲口才的作用，他们把“舌头、金钱、电脑”并称为世界三大武器。演讲与口才已成为现代人，特别是年轻人的必修课和必备修养。1911年辛亥革命成功后，革命者、爱国者的演讲成了唤醒民众的战斗号角，孙中山、秋瑾、鲁迅、闻一多、毛泽东、周恩来等都是当时杰出的演讲家。

演讲作为一种社会实践活动，之所以从古至今发展得越来越兴旺，就因为它有着不可估量的社会作用和社会价值。这种作用可以从演讲家个人和社会两个方面来看。

(一)对个人的作用

1.演讲是促进演讲者迅速成才的有效途径

一个人虽然学识渊博，思想精深，但如果在公众面前说话发言时，说不清，讲不明，茶壶煮饺子，有货“道”不出，那就未免太遗憾了。

中华几千年的文化文明史也可以说是一个演讲人才辈出的历史。演讲这一形式在先秦时代就已经广泛盛行。中国最早的一部历史文献《尚书》中的演说词，春秋战国时代“百家争鸣”、游说成风的局面，孔子讲学的风范，荀子、韩非子对演讲心理、技巧和语言风格的详细论述，战国末期，苏秦一人佩六国相印，以雄辩的口才一一说服六国联合抗秦，张仪凭三寸不烂之舌为秦国统一立下了汗马功劳，诸葛亮“舌战群儒”赢得孙刘联合抗曹等，正是这些出色的口才家们创造了一个个辉煌的时代。

2.演讲是创建融洽社会交际关系的必备技能

人们常说：“只有良好的人际关系，才有良好的经济关系。”在现代社会中，无论是个人交际场合，还是团体交际场合，都可以进行演讲，而社交中的演讲可进一步地加深人与人之间、团体与团体之间、国家与国家之间的友谊和亲密关系。

参加演讲活动可以广泛地接触各阶层、各地区人士、扩大自己的交际面。演讲家不仅可以在台上表现他们优雅的举止和出众的口才，而且在日常的社会交际中，他们丰富的学识、敏捷的应对能力、良好的修养都能助其轻松地冲破人际关系的障碍，比一般人能更迅速有效地进行交往和沟通。

3.演讲是不断充实自我和完善自我的方法

在当今社会，人与人之间的关系和交往日益密切，思想文化、科学技术的交流日益广泛，知识、信息的传播日益频繁，传播技术和交流手段也日益现代化。这种形势下，一个思想平庸、知识浅薄、口齿不清的人无法适应时代的发展。一个品德高尚、学识渊博的人，如果不善言谈、词不达意也无法充分施展自己的全部才智。演讲需要综合知识，不管在哪个领域、哪个阶层、哪个时代，在学识、思想、技能等相差无几的情况下，既能写又能说的人，远比只能写不能说的人更有作为，更能适应社会、时代发展的要求，人生的舞台也会更宽阔。

（二）对社会的作用

1. 演讲是宣传鼓动、舆论引导的典型方式

演讲活动是一种社会现象，源远流长，始终伴随着人类文明的发展而发展。古今中外，凡是在历史发展的重要关头，凡是社会激烈变革之时，演讲的特殊功能就表现得格外突出，成为鼓舞士气、激励斗志的战斗号角。

一次成功的演讲，除了启迪人心、传播真理、培养情感外，最终目的是通过宣传和鼓动，唤起听众的行动和实践。我国伟大的民主主义革命先行者孙中山先生在致力于民主革命的40年间，始终以演讲作为武器启迪和呼唤民众投身于民主革命。正如后来许多参加辛亥革命的老人回忆道，他们之所以参加辛亥革命，就是因为听了孙中山先生激动人心的演讲。

2. 演讲是传播知识、交流信息的重要手段

20世纪80年代以来，许多高等院校开设了演讲课，各种类型的群众性演讲活动通过大众传播媒体走进人们的生活，人们通过各种类型的演讲活动传递丰富的信息，进行思想教育，唤起群众的觉悟。

我国古代演讲家盘庚为了迁都所作的演讲，将旧都比作被砍倒的树木，把新都比作刚生出的新芽，使民众深刻了解了迁都的意义而欣然接受。可见，正确的演讲可以启迪人心，传播文化，宣传真理，推动人类社会走向理想的境界。

3. 演讲是培养人才的有效途径和人才考核的重要尺度

尽管社会对不同人才能力的要求不尽相同，但演讲能力却是各种人才都必须具备的。许多政治家、实业家的卓越才能不仅表现在他们的文韬武略、理论创造和经济实践中，同时还表现在他们的演讲魅力中。

美国的大学不管是文史类还是理工类，都把演讲学规定为必修课。日本、新加坡等国家规定：政府工作人员要进行三个月到半年的演讲训练才能上岗工作。2004年11月28日《北京青年报》、《京华时报》等众多媒体以“面试副局长，首次考演讲”为标题，报道了北京市2004年公开选拔副局级领导干部活动，这个做法引起了社会的极大关注。

三、演讲的特征

作为演讲者，只有了解和掌握演讲的特征，才能有效地提高演讲水平，达到演讲的目的。具体来说，演讲的特征有以下几点：

(一)"讲"、"演"同步,"声"、"形"结合

演讲必须具备三个要素:演讲者、信息和听众。演讲的基本形态是"一人讲,众人听"。对于演讲者来说,要靠有声语言和态势语言来传递信息;对于听众来说,不仅要听,而且要看,听与看同时起作用来接受演讲者所传达的信息。由此可知,演讲必然是"讲"、"演"同步,"声"、"形"结合的。

讲:即陈述,是把经过组织的语言,通过声音清楚地传达给听众的听觉,是"声"。

演:包含着"演绎"和"表演"两层含义。演绎是指讲话的内容有一定的逻辑推演过程,讲话必须运用逻辑方式或事实依据把道理说得清楚明白;表演是指讲话者要调动一定的态势语言为所讲的内容服务,这种态势语言作用于人们的视觉,是"形"。

演与讲之间,要以讲为主,以演为辅,但是这种"讲"又要体现着"演"。它不仅要把事理讲清楚,让人听明白,而且还要通过直观性言态的表达,把事物和道理讲得生动、形象、感人,既有情感的激发力,又有声态并作的审美感染力。

(二)说服力强,鼓动性大

演讲活动一向被喻为进行宣传教育、政治斗争的有力武器,人们通过演讲来宣传真理、统一思想、赢得支持,从而引导他人的行为。所以,没有鼓动性的演讲,不能说是成功的演讲。说服力和鼓动性是演讲的重要特征,也是演讲的最终目的。

(三)时代感强,时效明显

演讲是一种针对性很强的社会实践活动,它所面对的听众是社会各阶层、各民族的成员,演讲者的观点和材料也应来源于社会生活,有一定的社会价值,才能引人深思、发人深省。这就决定了演讲具有明显的时效性——时代感和时间性。比如某个特殊的时代、某个有意义的时刻、某种特定的情境等,人们所关心的焦点往往会集中在某个问题上,它体现了人们的愿望和要求,那么演讲者就应该因地制宜、有的放矢。

(四)艺术性高,感染力强

演讲是一门口头语言表达的艺术,它的艺术性在于它具有文学、戏剧、曲艺、舞蹈、雕塑等艺术门类的某些特点。精彩的演讲应该具有诗歌般的激情、相声般的幽默、戏剧般的冲突和优美的态势动作,以达到启迪心智、感人肺腑的目的。

如演讲活动在舞台上进行时,它带有戏剧艺术形式的特点;演讲者在讲台上发表演讲时,具有相声语言的生动形象、诙谐幽默和诗歌语言的丰富情感的特点;演讲者在叙述事件和描绘任务时,兼备小说和戏剧创作的艺术特点;演讲者运用面部表情和手势动作,具有舞蹈与雕塑般的美感。古今中外,优秀的演讲者无不运用多种艺术门类的表现手法,增强演讲效果,这一切有机的统一,就会形成特定的审美效果和较高的艺术性,产生综合的艺术感染力,使演讲具有丰富的表现力。

四、演讲的分类

根据不同的标准，演讲的分类各有不同，可从演讲的内容、形式、功能等不同角度进行分类。

（一）按演讲内容划分

1. 政治演讲

政治演讲是指为了一定的政治目的，出于某种政治动机，就某个政治问题以及与政治有关的问题而发表的演讲，如外交演讲、军事演讲、政治宣传演说、政府工作报告等。政治演讲是一种高度严肃的演讲，它要求演讲者具备一定的政治见解，有一定的政治远见和政策水平，并有高度的社会责任感。演讲者对所述的观点应深思熟虑，用严密而深刻的论证，增强自己演说的可靠性和鼓动性。

例如：周恩来的《中美友好的大门终于打开了》、张学良的《我们要利于抗战第一线》、闻一多的《最后一次演讲》等。

2. 社会生活演讲

社会生活演讲是指就社会生活中所存在的社会问题、社会现象、社会风俗等而发表的演讲。它表达了演讲者对这些问题的看法、见解和观点。生活演讲的特点是题材广泛、形式多样、时代感强。既可以歌颂亲情友谊的宝贵、讴歌生活中的真善美，也可以鞭挞生活中的假恶丑；既可以采用命题方式的演讲，也可以采用即兴或者论辩的形式等。

例如：梁启超的《为学与做人》、爱因斯坦的《悼念玛丽・居里》等。

3. 学术演讲

学术演讲是指演讲者就某些系统、专门的知识和学问表达自己观点的演讲。学术演讲的运用范围比较广泛，包括专题讲座、学术报告、学术发言、学术评论、学位论文答辩、各种治学或创作的经验报告等。它必须具有内容的科学性、论证的严密性和语言的准确性三大要素。

例如：赫胥黎的《进化论与伦理学》、王守武的《从晶体管说起》等。

4. 竞选演讲

竞选演讲是指在一定的组织形式中，凭口才自荐，竞争某一职务或者某项工作的一种演讲。它要求演讲者具备良好的心理素质和较高的语言表达水平，还应事先对可能提出的问题做好充分的准备。竞选演讲实际上就是一种自我推销，用据理力争的方式，巧妙地说明“他不行，我行”，或者“他行，我更行”；用展望未来的理想蓝图诱导选民：“投我一票吧，我将达成你们的愿望！”

当然，竞选演讲中的自我推销要有艺术性，切忌为了竞争而贬低对手。要遵循：唯真唯实，感人肺腑，具体可信，动情入心。

5. 法庭演讲

法庭演讲起源于古希腊，它是指公诉人、辩护人、诉讼代理人在法庭上发表的讲话。法庭演讲的特点和要求是：(1)公正性。法律面前人人平等。在法庭上，无论是公诉方还是辩护方都要遵循公正的原则。(2)针对性。无论是公诉人还是辩护人，都是针对具体的犯罪事实的，所以说法庭演讲具有极强的针对性。(3)准确性。法庭辩护要求以事实为依据，以法律为准绳。

6. 宗教演讲

宗教演讲是指一切与宗教仪式、宗教宣传有关的演讲。它主要包括布道演讲和一些宗教会议的演讲。这种演讲在我国影响不大，听演讲和作演讲的人都不多。

(二)按演讲形式划分

1. 命题演讲

命题演讲是根据指定的题目或限定的演讲范围，事先经过充分准备后所作的演讲。它包含两种形式：全命题演讲和半命题演讲。

全命题演讲一般是由组织者确定一个固定的题目；半命题演讲是演讲者根据演讲活动限定的演讲范围，自己拟定具体的题目而进行的演讲。

2. 即兴演讲

即兴演讲是指演讲者在事先没有准备或无法进行准备的情况下，就眼前的场面、情境、人物、事物有感而发、临时起兴发表的演讲，如婚礼祝词、欢迎致辞、聚会演讲等。

3. 论辩演讲

论辩演讲是指由两方或两方以上，就某一问题的不同意见和冲突的观点而展开的面对面的语言交锋。其目的在于坚持真理、批驳谬误、明辨是非，如法庭论辩、外交论辩、赛场论辩以及生活论辩等。

(三)按演讲作用划分

1. "使人知"演讲

是指以传达信息、阐明事理为主要功能的演讲，其目的是知识性强、信息量大。例如：美学家朱光潜的演讲《谈作文》，讲述了作文前的准备、文章体裁、构思、选材等知识，使听众明白了作文的基本知识。

2. "使人信"演讲

这是一种以使人信服其理论或观点为目的的演讲，其特点是观点鲜明正确，论据翔实确凿，论证合理严密。例如：高震东的演讲《做人的道理》，以具体翔实的例子告诉青年们，爱国是"天下兴亡，我的责任"，爱国是"勿以善小而不为，勿以恶小而为之"。

3.“使人激”演讲

这种演讲意在使听众激动起来，在思想情感上产生共鸣，从而产生行动的欲望。例如：美国黑人运动领袖马丁·路德·金的《我有一个梦想——在林肯纪念堂前的演说》，用“梦想”激发广大黑人听众的自尊感、自强感，激励他们为“生而平等”而奋斗。

4.“使人动”演讲

这比“使人激”的演讲更进了一步，它可以使听众产生一种欲与演讲者一起行动的想法，鼓动性、号召力很强。例如：闻一多先生的《最后一次演讲》，以对国民党特务大义凛然的痛斥，以及慷慨激昂的正气与勇气，吹响了战斗的号角，给人以极强的鼓舞，“你们杀死一个李公朴，会有千百万个李公朴站起来！”

5.“使人乐”演讲

这是一种以活跃气氛、调节情绪，使人快乐为主要功能的演讲，多以幽默、笑话或调侃为材料，一般常出现在喜庆的场合，可以和谐关系，融洽感情。

（四）按其他标准划分

1.按演讲场所划分

有会场演讲、课堂演讲、法庭演讲、广播演讲、电视演讲、战地演讲、街头演讲、宴会演讲等。

2.按演讲主题划分

有爱国演讲、励志演讲、节约演讲、安全演讲等。

3.按演讲目的划分

有说服性演讲、鼓动性演讲、传授性演讲、娱乐性演讲等。

4.按演讲语言风格划分

有激昂型、深沉型、严谨型、幽默型和谈话型等。

演讲的种类很多，但不管是哪一种演讲，都是以讲为主，以演为辅，讲演结合。“讲”即有声语言，其运用的主要技巧包括语气、语调、语速、节奏、情感表达等方面，其基本要求与朗读、朗诵大体相同，这里不再详述。

第二节　演讲的态势语言

在有声语言产生以前，非言语表达是人类交流思想感情的唯一途径，并且一直伴随着有声语言的产生和发展。态势语言曾是人类主要的交际手段，可以表达丰富的思想情感。据统计，在人们的交流中，有声语言传达的信息只是一小部分，非言语因素传递的信息竟达到65%—93%。在演讲活动中，态势语言能有效地配合有声语言传递信息，起到补充和强化的作用。

心理学家曾经做过一个十分有趣的实验：在一所大学挑选68位自愿实验者。这些实验者，在口才、知识方面没有太大的区别，但是在风度、仪表方面则有明显差距。根据事先的安排，这68位实验者必须征求四位素不相识的过路人的意见，并得到他们的支持。结果，风度翩翩者稳操胜券，仪态平平者则屈居人后。

实验表明，人的仪态仪表、言行举止是不容忽视的交流工具，有些思想情感通过声音难以完整地表达，但加上正确的肢体态势语言的配合，则可以顺利、完整地表达陈述者的意思。

一、态势语言概述

（一）什么是态势语言

态势语言是指通过仪表、体态、手势、表情、眼神等方式传递信息的一种辅助性语言。由于它具有与有声语言相同的表情达意的功能，所以又称为“第二语言”。

古人说：言之不足，则“手之舞之，足之蹈之”，有意识地通过态势语言传递信息，可以达到感染听众、增强表达效果、活跃气氛的目的。

（二）态势语言的作用

尽管态势语在言语交际活动中起到的只是辅助作用，但这种作用是不容忽视的。特别是在演讲活动中，它的作用尤为突出，主要有强调作用、替代作用、辅助作用和审美作用。

1. 强调作用

在演讲中，有的意思在有声语言中已表达得很清楚了，但为了突出这层意思的重要性，常常使用手势动作来辅助表达，以加深听众印象，强化表达效果。

2. 替代作用

态势语可以替代有声语言来传达信息，进行交流。如在演讲活动中，经常要面对嘈杂的会场，有些演讲者声嘶力竭，甚至拍案示意肃静；而有经验的人则会运用态势语言，或缄口不言，或脸色严峻、目光直逼听众。从实际例子来看，往往后者收效更大。

3. 辅助作用

在言语表达活动中，态势语言作为一种辅助性语言，自然地伴随着有声语言的表达，发挥着配合、辅助、加强有声语言表达的作用。一位成功的演说家，一定不会忘记充分利用目光、表情、手势等态势语言来加强表达效果。

4. 审美作用

态势语言不仅是演讲者思想情感的外化，同时也是演讲者风采、气度、风度的展示。

准确、简洁、优雅和富有个性的态势语言，既有助于演讲者更好地表达自己的思想情感，又能给听众以美好和谐的审美愉悦。

二、态势语的训练

每一种表情、每一种动作都是一种特殊的语言，都在反映着一个人的内心世界，我们不仅要学会看懂这些态势语言，还要学会如何运用它们。

（一）演讲者的仪表要求

演讲者的仪表指经过修饰之后的外表，演讲者要使自己容貌清新整洁。

人的仪表是一种特殊的交际语言。“三分相貌，七分打扮”，形象地说明了发型、化妆、着装等在日常生活中的作用。在演讲中，一个人的外在形象，具有传递信息的功能，它能在一定程度上显示出一个人的职业、社会地位、性情、气质、品味、爱好、文化修养、生活习惯等无声的信息。

演讲者应该提前做好修饰自己仪表的准备工作。一是要考虑与个人的年龄、职业、身份、地位及形体相协调，做到整洁合体，突出个性；二是要考虑符合不同的场合，或选择庄重大方，或选择轻松活泼。

1. 发型

发型是个人形象的核心组成部分，它反映着一个人的修养和品位。头发整洁、发型大方是对演讲者的基本要求。发型要与脸型、性别、年龄、气质、职业等吻合，才会给人留下生机勃勃的印象。

2. 化妆

化妆可以掩饰面部的缺点，凸显面部的优点。通过化妆可以使演讲者精神焕发、神采奕奕，让演讲者本身拥有良好的自我感觉，表现得更自信和洒脱。演讲者的妆容要符合自然、得体的原则，切记不可浓妆艳抹，过分修饰。

3. 着装

通过着装，可以反映出个人的精神风貌和文化素质。演讲者着装打扮要得体自然，要与自己的性别、年龄、职业相符，还要与演讲的主题、内容、场合、气候相适应。得体的着装，可以增加个人亲和力，给人留下大方美好的印象。

（二）演讲者身姿的训练

在演讲中，身体态势语主要包括行姿和站姿。演讲者应根据演讲场地、主题及目的的不同，选择恰当的行姿和站姿，以自然、优雅、协调的身势动作赢得听众好感。

1. 行姿的训练

行姿是通过行走的步态来传达信息的。在演讲中它是演讲者亮相时给听众留下良好的第一印象的第一步，也是演讲结束时画上圆满“句号”的最后一步。

根据人们行走时的步态和演讲场地、主题及目的的不同，行姿大体分为以下四类：

自然型：步伐稳健，步幅不大不小，速度不快不慢，上身直立，两眼平视，两手自然摆动，表现出轻松平静的状态。

高昂型：昂首挺胸，步态轻盈，表现出愉悦和自信的状态。

思索型：步速稍缓，步伐迟疑，表现出心事重重的状态。

沉郁型：步伐沉重，且又小又慢，表现出沮丧和痛苦的状态。

2. 站姿的训练

站姿可以通过肩、腰、腿、脚等动作的变化来传递信息。演讲中站姿的基本要求为抬头挺胸、两腿站直、双手放在两旁自然下垂，手指自然弯曲，不可握成拳状或绷直。演讲中常见的站姿有：

跨立，又称自然分列式。演讲者两脚平行，自然分开，重心在两腿之间，男士距离与肩同宽，女士距离比肩稍窄，双手或自然下垂，或叠放于腹前。采用跨立站姿时，两脚之间的距离过小，就显得拘谨、呆板；距离过大，不但会降低身高，还会显得不雅、笨拙。

稍息，又称前进式。演讲者一脚向斜前方迈出半步，两脚跟之间距离保持在10—15 厘米，身体重心放在后面的那只脚上，双手自然下垂即可。

“丁字步”。有左丁字与右丁字之分，一脚在前，一脚在后，站得像一个“丁”字，两脚不要靠得太近。此站姿比较适合女性演讲者，注意要挺胸收腹，双手可自然交叉放在腹前，也可以稍抬高至小腹部。

(三)演讲者面部表情的训练

面部表情是人类最常用，也是最有效的表情手段，是人们心灵的一面镜子。它主要由脸色的变化、肌肉的收展，以及眉、眼、鼻、嘴的动作组成，是人的心理活动及情绪变化的寒暑表，能够充分、快捷、准确地把人的各种情感，如高兴、悲哀、恐惧、愤怒、失望、忧虑、烦恼等表现出来。据心理学家研究，面部表情在人类传达的信息量中独占鳌头，它可对有声语言起到解释、补充、强化、纠正等作用。这里主要就微笑和眼神进行训练。

1. 微笑的训练

笑是人类最具魅力的表情，是一种不学就会的世界通用语。若是人们都擅长运用这种语言，将会有意想不到的交际效果。善意、真诚的微笑，给人如沐春风的感觉。它可以缩短彼此之间的心理距离，打破交流的障碍，为沟通创造条件。

(1)演讲中的微笑。

演讲登台时，落落大方的微笑，向听众表示尊重。演讲前轻松自然的微笑，向听众传达的是自己的从容和自信。演讲时贯穿着微笑，激励听众的热情。演讲结束时的微笑是一个最佳的“句号”，给听众留下深刻而美好的印象。

(2)演讲中微笑应注意的问题。

微笑要发自内心:演讲时微笑是发自内心的表情,是愉快心情的外露,是美好心灵的外现。如果微笑不是发自内心,就会显得生硬、矫揉造作、虚情假意,这样的微笑只会让听众觉得反感。

微笑要得体:演讲中的微笑要和讲稿的内容相应,要随演讲内容的变化而变化。在讲述高兴的情境、渲染轻松的气氛、表示诚恳坦率的时候,应面带微笑;在讲述悲伤的故事,描述沉重的气氛时,就不能面带笑容。

微笑要把握分寸:如果一笑即收,一闪而过,没把"笑意"明确地表达出来,也收不到应有的效果。所以,演讲时要学会控制微笑,让听众领会你的意图,增加演讲时的个人魅力。

2.眼神的训练

表情中最重要的是眼神。在人的各种感觉器官获得的信息总量中,眼睛占80%以上。眼睛是心灵的窗户,演讲者要学会用眼睛说话,把自己的真情实感流露在眼神里。

(1)演讲中眼睛视线的变化。

环视法:演讲者登上讲台,站定之后,立即有意识地环顾全场的听众。一是向听众打招呼,是尊重听众的一种表现;二是从听众的各种神态中了解和掌握现场的情况,便于把握讲话的方式与重点;三是帮助控场。

点视法:指演讲者把目光集中投向某一部分或者个别听众,是一种时效性很强的方法。有的听众聚精会神,频频点头,演讲者投去一缕亲切的目光,这是表示赞许、感谢;发现哪里不安静,立即投去严肃的目光,加以制止;对有疑问的人,投以询问的目光,征求听者的意见;对犹豫不决、欲言又止的提问者,投以赞许的目光,以示鼓励。

虚视法:指演讲者的眼神好像在注视着某些听众,实际上什么也没看到,即"目中无人,心中有人"。这种方法可以克服紧张心理,把精力集中在演讲内容上来,它是初学者经常使用的方法。

闭目法:人的眨眼一般是每分钟5—8次,若眨眼时间超过1秒钟就成了闭眼。在演讲过程中,根据演讲内容恰当地运用这种方法。如讲到英雄人物壮烈就义,心情激动难以平静时,可运用这个方法进行情绪的延伸或者过渡,表现悲伤或思念。

仰视法和俯视法:在演讲时,不要总是注视听众,可以根据内容运用仰视法和俯视法。如表现长者对后辈的爱护、怜悯与宽容时,可选择视线向下;表示尊敬、崇拜或思索、回忆时,可选择视线向上。

(2)演讲中要学会用眼睛说话。

眼神的功能体现在复杂的细微动作上,演讲中这些细微的变化能加强听众对演讲者表达内容的理解及双向的沟通。常见的情况有:高兴时,睁开眼睛,让它散发出兴奋的光芒。愤怒时,瞪大双眼,固定眼珠,让眼睛直射出逼人的光芒。愉快时,松开眉眼,让眼睛充满令人喜悦、轻松的光彩。充满信心时,眼睛生辉、目光坚定、炯炯有神。希望得到听众的认同和重视时,可无声地、冷静地用期待的目光注视着听众。

(3)演讲中运用眼神应注意的问题。

一般来说,眼神应该坦率地与听众接触,正视表示庄重,斜视表示轻蔑,行注目礼表示尊敬,双目大睁表示吃惊。演讲中最忌讳自始至终用一种眼神,也不能漫无目的地乱转、仰视房顶、斜看窗外等。眼神的变化要与有声语言或手势密切配合。

(四)演讲者手势的训练

演讲中手势是一种无声的语言,是演讲者运用手掌、手指、拳和手臂的动作变化来辅助有声语言表情达意的一种方式。它是一种特殊的语言,手势的方向、位置、速度和力度都与情感紧密相连。

手势变化的形态很多,表达的内容十分丰富,不同的手势,表达不同的含义,在演讲中具有极强的表现力和吸引力。

1. 手势的形式

(1)手掌的运用。

手心向上,胳膊微曲,手掌稍向前伸,主要表示请求、欢迎、赞美、贡献等意义。例句练习:

让我们张开双臂,迎接这个灿烂的春天吧!(左右两手分别向斜前上方伸出)

看着这些孩子在网吧中一天天堕落,家长伤心、气愤却无可奈何。(两手摊开)

你和我都是未来的人民教师。(右手分别指向听众和自己,拉近与听众的距离)

手心向下,胳膊微曲,手掌稍向前伸,表示神秘、压抑、否认、制止、不喜欢等意义。例句练习:

政府有关职能部门,该拿出一些有力措施,来制止这种恶果的蔓延了。(手心向下,胳膊微曲,手掌稍向前有力地伸出,或用切手来表示阻止)

那些害民害国的东西,必须彻底清除!(左小臂向胸前,然后迅速向斜下方打出,表示厌恶、憎恨)

两手由分而合,表示团结、亲密、积极等意义。例句练习:

五十六个民族的兄弟姐妹,团结起来一家亲。(双手掌心向上,向前伸出,然

后慢慢靠拢到胸前）

这一番真诚的话语，一下子就融化了我的心。（双手掌心向上，稍向胸前伸出，然后双手重叠靠拢到胸前）

两手由合而分，表示空虚、失望、消极等意义。例句练习：

我死盯着刚发下来的成绩单，心想，这下全完了。（双手掌心向上靠拢在胸前，然后自然的坠落）

指向人或身体的某一部位。例句练习：

我有一颗忠于祖国和人民的心。（右臂抬起，手抚心区）

(2)手指的运用。

伸出拇指，表示赞扬、崇敬。食指可以指示事物或方向，但不能指人。表示数目，中指不能单独使用。手指的组合还可以比划事物的形状、大小等意思。例句练习：

苹果树上挂满了这么大的苹果。（用双手拇指和食指围成一个立起的圆形）

飞机的发动机里哪怕仅仅混进这么一小点的铁钉，也会造成机毁人亡的灾难啊！（用拇指和食指比划）

(3)拳头的运用。

拳头多运用在政治、法律道德等方面的演讲，可以表示愤怒、破坏、决心、警告等意义，也可表示团结、有力之意。例句练习：

这个仇，我们一定要报！（将右手握拳过肩并颤抖，表示愤怒和决心）

一个有志青年，就要为中华崛起而读书。（有力地举起右拳）

2. 手势的活动区域

手势活动的区域分为上、中、下三个区域。在不同区域，有不同的意义。

手势在上区（肩部以上）活动，多表达积极、宏大、抗议的内容或殷切的希望、坚定的信念、胜利的喜悦、幸福的祝愿、美好的前景等情感。例句练习：

让我们扬起理想的风帆，向着光辉的未来前进吧！（右手向前上方伸出）

中国人民是无所畏惧的，就是天塌下来，我们也能顶起来！（手心向上猛力推项）

手势在中区（肩部至腹部）活动，多是叙述事物或说明事理，表达亲切、平静的心情。例句练习：

亲爱的朋友们，（右手伸出，右前方指向听众）你一定知道诚信是可贵的，但你想到过诚信的脆弱吗？（用右手食指表示）是啊，诚信很可贵，也很脆弱！（用右手在胸前点击）

手势在下区（腹部以下）活动，多表示憎恶、不屑、不齿等否定内容与情感。例句练习：

我们要把邪恶势力彻底铲除。（右手伸出左胸前，快速地向右下方甩出）

3.运用手势应注意以下问题

合适：一是指手势和演讲的内容与形式相符，即说的意思与手势表示的意思相符合；二是指手势的数量要适量，演讲中手势过多、过频会让人眼花缭乱，甚至给人留下装腔作势、缺乏涵养的印象。

自然：演讲时手势都要舒展、大方，以产生美感和愉悦。不能欲做不做，表意含糊，给人一种胆小拘谨、畏畏缩缩的印象，当然也不能夸张造作。

协调：演讲时手势应该和声音、姿态、表情等密切配合，节奏一致。避免出现消极手势，比如搔头、掏耳、抠鼻等，或在演讲台上乱写乱画。

（五）演讲者举止礼仪的训练

演讲作为一种社会活动，面向的是公众群体，从演讲者步入演讲会场的那一刻开始，其一言一行、一举一动无不反映出个人的性格与修养，因此演讲者在会场中举止礼仪的表现就如社交一样，具有无法预计的后续效应。下面着重就演讲比赛这一形式，说说参赛时应遵守的礼仪。

1.进入会场时

落落大方地，按秩序入场。按组织者指定的地方落座，不要东张西望，也不要大声打招呼、攀谈。

2.台下等待时

集中精神听主持人讲话或其他选手演讲，不要躲在一边看稿、读稿或与他人谈笑。

3.走上讲台时

挺胸抬头，目视前方，双手自然摆动，迈着稳健有力的步子，边走边向观众微笑示意。面向听众站好后，不要急着开讲，要正面扫视全场，先用微笑的目光与听众交流，以吸引听众的注意力。用恰当的称呼向全场听众问好，接着以诚恳、恭敬的态度向听众鞠躬。

4.站姿

要收腹挺胸，做到“松而不懈，挺而不僵”。不管哪种方式，都以自然、舒适、精神为宜。

5. 演讲结束时

面向听众鞠躬，然后和上台时一样，从容镇定地下场。不可面对听众的掌声，边说“谢谢”边向听众挥手。

6. 公布成绩时

要泰然自若，不能喜形于色，向观众举手示意，或与他人拥抱雀跃，也不要表现出沮丧、痛苦的神情。总之，要表现出“胜不骄，败不馁”的气度。

第三节　演讲稿的写作

一、演讲稿的概念

演讲稿，也叫讲演稿，又称演讲词或演说词。它是在公众场合或重要的集会、会议上进行演说或讲话时使用的文稿，是进行演讲的依据，体现着演讲的目的和手段、内容和形式。演讲稿的质量如何，将直接关系到演讲的成败，古今中外著名的演讲家都非常重视演讲稿的撰写和准备。

典型的演讲稿属于议论文的范畴。它包括演说稿和讲话稿两种，两者没有严格的区别，但用途和作用不同。讲话是在集会或会议上的发言，能准确地表达意思即可，不追求语言表达的艺术性。演讲，则是以“讲”为主，以“演”为辅，更讲究有声语言的抑扬顿挫和表情、姿势、动作的配合，更富于激情和感召力。讲话稿的内容侧重于汇报性、指导性和表态性，演讲稿则侧重于论证性、鼓动性和艺术性。

二、演讲稿的特点

（一）论证性

演讲的主要目的是交流思想，表达主张见解，传播信息或理念，因此，演讲具有很强的论证证明特点。体现在演讲稿中，就是要求观点鲜明、材料具体、内容真实、结论可靠。

（二）有声性

演讲稿是为演讲服务的，演讲必须借助有声语言这一载体来传递信息。通过有声语言，把演讲者的思想感情表达出来，传递给听众。所以，写讲演稿就要注意语言的口语化，简明扼要，通俗易懂，生动形象，富有节奏感。

（三）鼓动性

演讲的目的是让听众接受自己的观点和主张，使听众得到感奋，按照演讲者的思路去感受、去思考、去行动。因此演讲稿本身就应该具有新颖独到的思辨力量、丰富

翔实的事实力量、无可辩驳的逻辑力量、生动幽默的修辞力量，从而达到感召听众、鼓舞听众、激励听众的目的。

（四）抒情性

演讲稿不是一般的应用文，它具有浓厚的抒情性。“情者，文之经也”，情感是演讲稿的生命线。好的演讲稿必须写出作者的心里话，要有感而发，写真情实感。“动人心者莫先乎情”，唯有感情真挚，才能打动听众。

（五）临场性

演讲是面对听众的讲话，这就要求演讲者要注意临场性。所谓临场性，就是要注意演讲的社会环境、现场环境、听众心理、文化层次、兴趣爱好、年龄特征等，以此来确立演讲的选题和观点，选择演讲的方式，决定材料的取舍，设计演讲的进程，运用演讲的技巧，使用适当的态势语等，以达到更好的现场效果。否则就会影响与听众的交流与共鸣，更谈不上打动听众、征服听众了。

三、演讲稿的写作技巧

从文章体裁的范畴来看，演讲稿并不是一种完全独立的文体，比较典型的演讲稿属于议论、抒情性的文体，具有议论文的属性，其结构和写作特点也与议论文大致相同，基本上是按“提出问题——分析问题——解决问题”的结构思路来布局谋篇的。但由于演讲具有临场性的特点，演讲稿是以“写”来体现说的艺术，因此演讲稿的写作又有其自身的结构规律和写作特点，它由标题、称谓、正文、结束语四部分组成。

（一）标题

标题是演讲稿的重要组成部分，在演讲中起着画龙点睛的作用。好的标题能够准确概括演讲的主要内容或论题，有的标题本身就是演讲的中心论点。鲜明、简洁、生动、新颖是演讲稿拟题的基本原则。如“人的命运是不可能被注定的”、“人格是最高的学位”、“明星，请慎重代言”、“别让抱怨毁了你的成功”、“不要为眼前的得失抓狂”等，都是演讲的好标题。当然，演讲标题还可以有其他丰富多彩的形式，如采用比较含蓄的文学式标题，同样具有独特的艺术魅力。如“含笑的泪水”、“决战人生”、“为自己播下一粒种子”、“榜上无名，脚下有路”、“在眺望的日子里，认真选择”等。

（二）称谓

演讲的称谓要根据听众构成的特点来确定，一般用泛称、统称，可在称呼前使用敬词，但要注意亲切、自然、得体。也可以在称呼后面加上礼节性的问候，如“大家好”、“晚上好”。

（三）正文

正文包括开头、主体和结尾三部分。

1. 开头部分

演讲的开头，也叫开场白。心理学家指出，人的记忆力呈马鞍型，对于演讲来说，听众最关注的是两端，即开头和结尾。演讲稿的开头如戏剧演出的“镇场”，它是演讲者与听众之间架起的第一座情感桥梁。

瑞士作家温克勒说：“开场白有两项任务，一是建立说者与听者的同感，二是要打开场面引入正题。”好的开场白，往往能一下子抓住听众的注意力，激发听众的兴趣，给听众留下良好的第一印象。俗话说“好的开头是成功的一半”，因此，古往今来许多著名的演讲家都非常重视开场白，精心设计开场白，以追求引人入胜的效果，为演讲的成功奠定基础。

开场白的写法很多，常见的方式有：

直说式——表明观点，直入正题。例如：

> 你们好！能和大家面对面的交流，我感到非常荣幸！今天，希望和各位朋友一同分享我的一段经历，告诉大家一句影响我终生的话——“人的命运是不可能被注定的！”(《人的命运是不可能被注定的》)

设问式——自问自答，激发思考。例如：

> 亲爱的朋友们，你一定知道诚信是可贵的，但你想到过诚信的脆弱吗？是啊，诚信很可贵，也很脆弱！如小树一样经不起风雨，如新生婴儿般一旦失去呵护就岌岌可危，也和爱情一样是一件易碎的瓷器珍品。(《诚信，脆弱的珍贵》)

疑问式——只问不答，引发疑问。例如：

> “大学里什么最美?”这是当了一辈子农民的阿爸在写给我的一封信中提到的问题。大概是“不识庐山真面目，只缘身在此山中”吧！我一时竟也说不上来，是校园早晨琅琅的书声吗？还是图书馆深夜不息的灯光呢？好像都是，又好像都不是。大学里究竟什么最美呢？(《含笑的泪水》)

议论式——议论事物，引发观点。例如：

> 青春是人一生中最灿烂、最绚丽的经历，人们对它有不同的看法。说青春美丽，因为那有美好的梦想；说青春浪漫，因为那有真挚的友谊；说青春苦涩，因为那有不解的困惑；说青春无悔，因为那有年轻的自信。(《青春的价值在于奉献》)

陈述式——陈述事例，导入论题。例如：

> 大家好！今年9月，我们听到了一个惊人的消息：全国驰名商标，有着几十年辉煌历史，市场占有率高居全国第一的中国名牌——三鹿牌婴幼儿奶粉竟然含毒！9月11日晚，三鹿集团总部发表声明，今年8月6日前该厂生产的700

吨三鹿婴幼儿奶粉，曾受到三聚氰胺的污染。(《食品安全大于天》)

描述式——描述现象，导出看法。例如：

来贵阳参加演讲比赛已经好几天了，这几天，选手们说得最多的一句话就是"压力好大"。如果说这个压力来自比赛，那么下面这句话的压力将来自生命——"五分钟后将会有一个中国人死于车祸"，这不是在诅咒，而是事实，一个不争的事实。据统计，2000年以来，我国平均每年有10万多人死于车祸，也就是说，平均五分钟就会有一个中国人因为车祸而失去生命。(《交通安全无小事》)

名言式——引用名言，引发感想。例如：

大家好！我记得有一位哲人曾经说过：只有尊重别人，别人才会尊重你。我们每个人都希望得到别人的尊重，但我们不要忘记，尊重是相互的，我们要想得到别人的尊重，首先就要学会尊重别人。今天我为大家演讲的题目就是——《学会尊重》。(《学会尊重》)

故事式——叙述故事，引出话题。例如：

晚上好！最后一个上台演讲，大家听得有点不耐烦了吧！昨天想了很久该说些什么，还是想与大家分享一个小故事。

两个不如意的年轻人，一起去拜望老师，问道："老师，我们在办公室被欺负，太痛苦了，您说，我们是不是该辞掉工作？"老师闭着眼睛，隔半天，吐出五个字："不过一碗饭。"两个年轻人听了各有所悟，回到公司后，一个人递上了辞呈，回家种田，另一个决定留在公司。

日子过得很快，转眼10年过去了。回家种田的年轻人以现代方法经营，辛勤劳作，居然成了富翁。留在公司的年轻人，不再抱怨，努力学习，渐渐受到器重，也成了经理。(《眺望的日子里，认真选择》)

2. 主体部分

这一部分的内容是演讲稿的核心，典型的演讲稿属于议论文的范畴。因此，主体部分的结构规律与一般议论文基本相同，可按照"提出问题——分析问题——解决问题"的逻辑思路来进行安排。常见的结构方式有以下几种：

并列式——围绕演讲的中心论点，从不同角度、不同侧面进行论证，各层次之间的关系是平等的、并列的。如演讲词《青春是什么》的主体结构就分为以下四个方面：青春是一粒种子；青春是一轮朝阳；青春是一部著作；青春是一首乐章。这种结构安排，脉络清楚，层次井然，听众一下子就能把握住要领。

递进式——将演讲主旨进行分析解剖，然后逐层进行论证，从而形成层层深入的剥笋式论证步骤，它的层次一般是不可调换的。如演讲词《为了孩子的明天》在开头指出当前学生“高分低能”的现象以后，第一层分析了出现这种现象的外部和内部原因；第二层论述了过分追求分数对孩子们的种种危害；第三层指出了将学生从“苦海”中解救出来的具体措施。全文由现状分析到追根究源，又由根源再谈到危害，最后提出解决问题的办法。由表及里，由浅入深，逐步推进，具有很强的逻辑性。

对比式——将不同事物或同一事物的不同方面进行对照，通过分析对比其相同或相异处，从而表明观点，说明道理，事物的前后与正反都可以形成对比。如演讲词《诚信，做人之本》，从诚信者如何步入成功，失信者如何走向失败的正反两方面进行对比论述，从而给人以启示。

此外，有的演讲内容是以叙事和抒情为主的，在夹叙夹议中引发思考，表达感悟、见解和主张，这种演讲稿的结构方式，可以参照记叙文或散文的结构写法。

3. 结尾部分

如果说演讲稿的开头是送给听众的一束美丽的鲜花，主体是送给听众的一幅精美的织锦，那么，演讲稿的结尾则是送给听众的一杯甘醇的美酒。写文章讲究所谓“凤头豹尾”，写演讲稿同样要重视结尾。好的演讲结尾既能升华主旨，又能发人深省；既能鼓舞听众，又能感召听众，从而引起听众的共鸣，大大增强演讲的说服力和艺术魅力。

结尾常见的方式有：

总结结论式——总结全文，作出结论，突出主题，加深印象。

同学们，我们年轻，我们没有资格轻视自己。我们都是雏鹰，都可以展翅高飞。泰戈尔说过，天空没有留下翅膀的痕迹，而我已飞过。我们可以有不同的形式和方向，但不可以拒绝飞翔！来世间走一回，如果什么也成就不了，我们将多不甘心！有人说，大学是一生之中唯一一段可以最自由、最尽兴、最本色的生活时光，真的，这是你最好的机会！请辨认出你最鲜亮的部分，抓住这最好的年华，创造你自己的特色。请记住翅膀属于天空，请记住年轻只有这一次，请记住——你，与众不同！（《你，与众不同》）

首尾呼应式——前后呼应，回答问题，强调主旨，深化主题。

最后，我送给大家一句话，这句话就是我演讲的开头告诉大家的——“人的命运是不可能被注定的！”让我们扼住命运的咽喉，做一名生命的强者！愿各位年轻朋友都挺起胸膛，勇敢去追，去追求幸福的生活，去创造辉煌的人生！（《人的命运是不可能被注定的》）

希望号召式——提出希望，发出号召，鼓舞斗志，促人行动。

南宁是我家，人人都爱她。让我们树立起“人人都是南宁形象”的主人翁意识，积极投身到建设“诚信南宁”中去，从我做起，从身边的一点一滴做起，以诚待人，以信做事，高举诚信旗帜，共同建设我们美好的家园。(《高举诚信旗帜，建设美好南宁》)

立言立誓式——表达决心，表现信心，坚定信念，使人感奋。

努力学习吧，同学们！为了祖国，为了人民，为了我们的父亲。(《为了我们的父亲》)

名言激励式——引用名言，启发思考，激励信心，引发共鸣。

因此，虽然每个人的经历不可复制，但我仍旧怀着一份良好的愿望，把列夫·托尔斯泰的一句名言送给大家以共勉：“选择你所喜欢的，爱你所选择的。”(《眺望的日子里，认真选择》)

引人深思式——深化主旨，引人深思，敲响警钟，令人回味。

总之，善待他人就是善待自己！为了公众和自身利益，明星在代言广告时必须慎之又慎，别让利益蒙蔽了双眼，别让金钱泯灭了良知。要知道，世上没有免费的午餐，获取不义之财者，必被世人所唾弃，甚至身败名裂。(《明星，请慎重代言》)

(四)结束语

表示感谢，如“谢谢大家！”等。

四、演讲稿的写作要求

(一)立意要新颖

文贵创新，一篇演讲稿的优劣，主要看它是否有新意，有创见。听众更愿意听的是新情况、新事物、新思想、新观点，最忌老生常谈。因此，演讲稿的立意要新颖，才能更好地启迪听众，引导听众，感召听众。

同时，演讲稿还要注意主题集中。一般来说，一篇演讲稿只能有一个主题。如果贪多求全，势必使主题分散，造成演讲内容头绪纷繁、结构松散。德国著名演说家海因兹·雷曼说：“在一次演讲中，宁可牢牢地敲进一个钉子，也不要松松地按上几十个一拔即出的图钉。”

(二)选材要典型

紧扣主题来选择和取舍材料，材料必须能充分地表现主题，是演讲稿选材的基本原则。在此基础上，要尽量选择典型、真实、生动的材料。

1. 伟人、名人事迹故事，借助名人效应，说服力强。

2.新闻热点事件,真实而新鲜,知识性强、时效性强。

3.亲身经历或亲眼所见之事,富于真情实感,有利于打动听众。

4.旧事新议,赋予人们所熟悉的事物以新意,增强吸引力。

5.站在听众的立场选择材料,容易唤起听众的切身感受。

6.幽默风趣的材料能够寓教于乐、雅俗共赏,有助于活跃现场气氛。

(三)感情要真实

演讲者声情并茂的演讲是打动听众的主要原因,但演讲时感情的表达和抒发并非空穴来风,如果没有演讲稿本身字里行间饱含的热情与激情,就没有演讲时澎湃的激情,更何谈感染听众。

(四)语言要上口

演讲稿虽是书面文稿,但它是供口头演讲用的。因此,语言表达要朗朗上口,要注意多用完整句,少用省略句;多用简短句,少用复杂长句;多用通俗易懂的词语,少用生涩拗口的术语;多用形象生动的修辞,少用抽象难懂的概念原理。

例文赏析

人的命运是不可能被注定的

王　杰

各位青年朋友:

你们好!能和大家面对面地交流,我感到非常荣幸!今天,希望和各位朋友一同分享我的一段经历,告诉大家一句影响我终生的话——“人的命运是不可能被注定的!”

说起这句话,还得从我15岁那年讲起。那时我还是半工半读的少年,有一次在茶楼打工,肚子太饿了,客人买单离开后,我趁人不注意偷吃了客人剩下的一个叉烧包。谁知被经理看见了,他硬说我偷吃了茶楼的食物,我死不承认,经理恼羞成怒,给了我一个耳光。当时我一阵眩晕,眼泪不受控制地流了下来,我也因此被开除了。

我一边哭一边走回自己租住的地方,其实那只是一个两层铁架床的上层,香港称之为“笼屋”。我跟住在我隔壁床位的老伯哭诉,他慈祥地安慰我。我问老伯:“为什么我的命这么苦?12岁爸妈就离婚不要我了,上学受人欺负,打工也被人冤枉,难道我注定要一辈子这么倒霉吗?”

老伯看着我好一会儿,突然笑出了声:“嘿!小鬼头,胡说八道!谁告诉你人的命运是要被注定的？要是这样，那还有什么惊喜？连做百万富翁也没什么意思了。你这个小笨蛋!”说完他便去上班了。他是个当夜班的保安员，平时总是喋喋不休，我向来把他的话当耳边风，但他的这一句“人的命运是不可能被注定的”却一下子把我惊醒了。

是的，人的命运是不可能被注定的！回想过去，我和妻子离婚后，她把女儿留给我。为了养活女儿，我做过侍应、厨师、调酒师、民歌手、出租车司机……开出租车的时候，没人帮着照看女儿，我只能把她带在车上，有些客人看着心酸，给我不少小费。为了生活，性格刚强的我不得不无奈地收下别人的恩惠。后来，我又当上了电影特技演员，每天和死神面对面，先后拍过200多部电影，却没有一部拍过我的正面，打过我的名字。

虽然生活如此艰辛，但我从来没有放弃对音乐的热爱和追求。从写下第一首歌——《娃娃在哭了》开始，一路走来，其间有嘲笑、有怀疑、有诋毁，无论路有多么难走，我都会坚持下去，用音乐去记录自己的心路历程和人生感悟，若是有人问我为什么要这样做，答案很简单，因为我热爱音乐，因为隔壁老伯的那句“人的命运是不可能被注定的”，已经像钉钉子一样钉进了我的心坎！我认为只有这样坚持，才可以一生无悔。由坚持开始，我的执着和信心来了，10年之后，《一场游戏一场梦》面世了。

《一场游戏一场梦》是我的第一张唱片，它也见证了我生命的转折点。记得唱片推出上市的第一天，公司的一位“前辈”讽刺我：“王杰，你的唱腔实在是太奇怪了，你觉得你的唱片能卖出多少?”他的眼神不太友善，但我还是很坦诚地说：“应该可以卖到30万张吧。”没想到，不到半天，我的回答就被当成笑话传遍了公司。甚至有人见到我就开始叫我“30万”。在他们眼里，我是想一夜成名想疯了。看着他们的嘲笑，甚至连唱片的制作人都不帮我说一句话。我只有在心里默念着老伯曾经说过的话，告诉自己：人的命运是不可能被注定的，能否改变命运，就靠这一次了。唱片推出的第七天晚上，我下班后坐计程车回家，车窗外不断流逝着美丽的夜景，闪烁的霓虹灯照耀着街上的夜归人，我却无心欣赏，一想到将来，想到自己夸下的30万的海口，我的心就一阵阵刺痛。

隐约中，计程车的收音机里传出了一个悦耳的声音：“接下来播放的是本周流行榜冠军歌曲。”一阵音乐的前奏响起，熟悉的旋律让我的心开始狂跳，主持人继续说：“本星期的流行榜冠军歌曲，就是王杰的《一场游戏一场梦》。”那一瞬间，我泪流满面。

第二天，我推开唱片公司大门，所有人的脸都在看到我的那一瞬间挂上了笑容。之后，我听到很多恭喜的话语，我不断向他们说着“谢谢”，我不知道，这算不算是一场游戏一场梦。改变命运的时刻虽然已经过去了，但我却彻底地相信了

“人的命运是不可能被注定的”!

到现在为止,《一场游戏一场梦》的销量已经超过了1800万张。可能大家不相信,其实,我从没有感觉自己怎么走红过,而后来的感情突变,甚至在官司中家财散尽,一切从头开始,我也没有觉得有多么气馁。

在世事动荡中,我对那位老伯的话有了更加深切的体会,人的命运是不可能被注定的,人来到这个世上,就是为了体验惊喜与激情的;同时,遭遇跌宕和低谷也是在所难免的。有过不一样体验的人,才是真正幸福的人。就像那位老伯,他只是个守夜的,可是谁能想到他心里的快乐与富足呢?所以,尽一切可能改变自己,丰富自己,享受生活中的各种惊喜,这才是我们来到这个世界的真正目的!

最后,我送给大家一句话,这句话就是我在演讲的开头告诉大家的——“人的命运是不可能被注定的!”让我们扼住命运的咽喉,做一名生命的强者!愿各位年轻朋友挺起胸膛,勇敢地去追求幸福的生活,去创造辉煌的人生!

谢谢在座的每一位朋友!

——摘自《演讲与口才》2009年第2期

【例文导读】 该文作者是港台著名歌星王杰,他曲折的经历,坎坷的人生,不折不挠、永不言弃的奋斗精神,令人钦佩,叫人感动,成为许许多多平凡青年心目中的英雄。作者紧扣“人的命运是不可能被注定的”主旨,选取自身生活经历为主要材料,运用通俗亲切,富于口语色彩的语言表达出来,感情真挚自然。在构思上,巧妙地使用呼应的手法,文题呼应、首尾呼应、文中呼应相结合,使整篇演讲稿观点鲜明,论证有力,具有无可辩驳的说服力。

人格是最高的学位

白岩松

各位青年朋友们:

大家好!很多年前,有一位学大提琴的年轻人去向20世纪最伟大的大提琴家卡萨尔斯讨教:我怎样才能成为一名优秀的大提琴家?卡萨尔斯面对雄心勃勃的年轻人,意味深长地回答:先成为优秀而大写的人,然后成为一名优秀而大写的音乐人,再然后就会成为一名优秀的大提琴家。

听到这个故事的时候,我还年少,对老人回答中所透露出的含义理解不多。然而,在以后的工作生涯中,随着采访接触的人越来越多,这个回答在我脑海中便越印越深。

在采访北大教授季羡林的时候,我听到一个关于他的真实故事。有一年秋天，北大新学期开学，一个外地来的学子背着大包小包走进了校园，实在太累了，就把包放在路边。这时刚好一位老人走来，年轻学子就拜托老人替自己看一下包，自己则轻装便服去办理手续，老人爽快地答应了，近一个小时过去，学子归来，老人还在尽职尽责地看守着，学子谢过老人，两人分别。几日后北大举行开学典礼，这位年轻的学子惊讶地发现，主席台上就座的北大副校长季羡林，正是那一天替自己看行李的老人。

我不知道这位学子当时是一种怎样的心情，但我听过这个故事之后却强烈地感觉到：人格才是最高的学位。后来，我又在医院采访了世纪老人冰心。我问她：您现在最关心的是什么？老人的回答简单而感人：是老年病人的状况。

当时的冰心已接近自己人生的终点，而这位在"五·四"运动中走上文学之路的老人，对芸芸众生的关爱之情历经80年的岁月而仍然未老。这又该是怎样的一种传统！

冰心的身躯并不强壮，然而她一生却用自己当笔，拿岁月当稿纸，写下了一篇篇关于爱是一种力量的文章，在离去之后给我们留下了一个伟大的背影。

当你有机会和经过"五·四"或受过"五·四"影响的老人接触，你就知道，历史和传统其实一直离我们很近，这些世纪老人身上所独具的人格魅力是不是也该作为一种传统被我们延续下去呢？

不久前，我在北大又听到一个有关季先生的清新而感人的新故事，一批刚刚走进校园的年轻人，相约去看季羡林先生。走到门口，却开始犹豫，他们怕冒失地打扰了先生，最后决定每人用竹子在季老家门口的地方留下问候的话语，然后才满意地离去。

这该是怎样美丽的一幅画面！在季老家不远，是北大博雅塔在未名湖中留下的投影，而在季老家门口的问候语中，是不是也有先生的人格魅力在学子心中留下的投影呢？

听多了这样的故事，便常常觉得自己像只气球，仿佛飞得很高，仔细一看却是被浮动的气流托着；外表看上去也还饱满，但肚子里却是空空，这样想着就不免有些担心，这样怎么能走更长的路呢？于是"渴望老年"四个字，对于我就不再是幻想中的白发苍苍或身份证上改成60岁，而是如何在自己还年轻的时候，能吸取优秀老人身上所具有的种种优秀品质。于是，我也更加知道了卡萨尔斯回答中所具有的深义，怎样才能成为一个优秀的主持人呢？心中有个声音在回答：先成为一个优秀的人，然后成为一个优秀的新闻人，再然后就会成为一名优秀的节目主持人。

——摘自林宗源编著《应用文写作》

【例文导读】 该文作者白岩松系中央电视台著名新闻节目主持人，本文荣获"演讲与口才杯”全国新闻界“做人与做文”演讲比赛特等奖。全文构思巧妙，立意新颖而又深刻，善于选取生活中的名人小事，以小见大，娓娓道来，亲切自然。于平实之中见生动，随意之中见真情，平凡之中见智慧，充满了哲理的思辨，耐人寻味，启人心智，给人教益，使人感奋。

为了我们的父亲

佚　名

亲爱的同学们：

大家好！你们见过青年画家罗中立的油画《我的父亲》吗？如果见过，还记得这位感人的中国农民的形象吗？让我们再看一看这幅画，再看一看我们的父亲吧！这是一张忠厚善良、朴实慈祥的老年人的脸，在那一道道深深的皱纹中，仿佛隐藏了一生的艰辛，眼睛有些昏花，但却安详，没有悲哀和怨恨，有的却是无限的欣慰和期望。你看，他这双勤劳的大手，青筋罗布，骨节隆起，虽然粗糙得像干枯的树皮，但却很有力量。他把自己一生的精力和满腔心血都交付给了祖祖辈辈劳作生息的土地，交付给了正在茁壮成长的儿女子孙。他已经到了安度余生的晚年，却仍然头顶烈日，在田里耕作，用他那仅有的精力，换来背后满场金谷；他勤苦一生，创造了生活的一切，编织着美好的未来。

面对这样一位父亲，怜悯、同情、崇敬、热爱，万般思绪，一下子在我心头翻滚起来。特别是父亲那双欣慰、期望的眼睛，深深地印在我的心上。他为什么在历尽人间忧患之后，却感到无限的欣慰呢？他还热烈地期待着什么呢？

去年夏天的一个中午，我去书店，那天天气很热，我身上穿着清凉的夏装，走在林荫路上。这时，我忽然看见，马路上一位老人推着一车钢筋，正在艰难地行走着。沉重的负载使老人不得不把自己的腰深深弯下，太阳烤着老人紫红色的脊背。老人的脸上、背上淌着汗水，路是上坡，老人咬紧牙，非常吃力地推着车。我赶忙跑过去，帮着老人把车子推上坡，老人抹了把汗水，喘息着向我道谢。当他看到我胸前佩戴的校徽时，眼睛一亮，露出了赞许期望的目光。他满脸笑容，欣慰地说：“孩子，好好念书吧！我也有一个孩子，和你一样在上学呢。”看着满车的钢筋、老人弯曲的脊梁、满脸的汗水和欣慰的笑容，听着老人这亲切的嘱咐，我的眼泪一下子涌了出来。

此刻，也许他的孩子正在舒适的宿舍里午休，或者正在清凉的大学教室里学习呢。而无数个像他这样的平凡的父亲，却正在烈日下一身汗水的辛苦劳作！但那不正是父亲们所期待的吗？他们期望的就是让我们能接受更好的教育，就是让我们用现代科学知识武装起来，走出一条与他们不同的崭新的人生之路。

大家知道，在我们国家里，培养一个大学生需要五个农民一年的劳动收入。可是，当我们戴上校徽时，当我们领取助学金时，有谁想到了我们的父亲，又有谁想到了工人、农民？想想吧，同学们！发奋学习是人民对我们的期望，也是时代赋予我们的光荣使命，更是我们每个大学生的职责。

同学们，我们应该牢记父辈欣慰的笑容和期待的目光，当我们埋怨祖国贫穷和落后，羡慕舒适安逸的生活时，当我们为了个人的得失和苦恼迷失方向时，父辈期望的目光将像鞭子一样，狠狠地鞭挞我们的无知和糊涂、懒惰和轻浮、私欲的污染和灵魂的癌变，让我们在鞭挞中立志，在鞭挞中不懈地追求和勇敢地攀登吧！

父亲欣慰的笑容和期许的目光，像光芒四射的明灯，永远照耀在我们的心头。革命先烈李大钊说："无限的'过去'都以'现在'为归宿，无限的'未来'都以'现在'为渊源，'过去'、'未来'的中国全仗有现在。"我们是承前启后的一代，我们是继往开来的一代。革命先烈和我们的父辈用筋骨和鲜血凝成的精神财富，要在我们这一代人身上化作永不枯竭的前进的力量。

努力学习吧，同学们！为了祖国，为了人民，为了我们的父亲。

【例文导读】 本文立意深远，角度新颖；内容深刻，分析透彻；感情真挚，以情动人；语言凝练，富有文采。从父亲谈起，然后深化开去，联想到千千万万个工人、农民——我们民族的父亲。从油画开始，引入正题，新颖独特。通过感人的分析，不仅赞美了我们民族的脊梁——以父亲为代表的人民，而且告诫一代大学生应该不负众望，为父亲、为人民而努力学习，用双手建设起父亲梦想的乐园。

今天我十八岁

佚　名

各位领导，各位老师，亲爱的同学们：

大家好！

今天，我想借花献佛，为我们的十八岁唱一首赞歌。

小时候，总是那样的天真、那样的幼稚，总以为靠着自己的天赋，即使种下一粒石子，也能收获一座巍峨的大山。登上十八岁的舞台，才知道要实现理想，还需要许许多多现实的土壤。成功的路上，也不总是鲜花铺地，还有恼人的风雨、刺人的荆棘……

但你畏惧了吗？退缩了吗？不，登上十八岁的台阶，我们应该比任何时候都更感到时间的滚滚流逝。岁月匆匆，难道你真的愿意做一名匆匆过客？青春年少，难道你真的愿意人生如梦？

苦恼悲观的日子，鲜花凋零的日子，也曾仰头问天，冥冥中，也曾想起妈妈那颤抖的话：外面风大，要早些回家。是的，外面风很大，雨也很急。但我不再害怕，因为我已经十八岁了。我的肩膀虽然稚嫩，但我的心中，却有一枚辉煌的太阳！

十八岁，明白了一个道理：花有开有落，人有离有合；十八岁，记住了那个道理：只有得失两忘的人，才会执着追求，风雨兼程；只有宠辱不惊的人，才能得失两忘，勇往直前。十八岁，把那个道理，刻在心里，坦然地面对成功和失败，坦然地面对眼泪和笑容，因为我们已经十八岁了。十八岁，这个火一样的年龄啊！失败和险阻又能将我奈何？

十八岁，我们不具有“山舞银蛇，原驰蜡象”的磅礴气势，却具有“欲与天公试比高”的精神，只要奋斗，就能成功，正所谓“自古英雄出少年”，何况社会上洪流滚滚，我们不用担心“英雄无用武之地”。

十八岁，我们脚踏大地，头顶青天；十八岁，我们仰望明月，追赶太阳。十八岁，不畏艰难，不畏险阻，敢踏出荆棘泥泞；十八岁，倾热血为江，以信心筑船，证明自己便是远方的航标灯。

同学们，我的同龄人，我的朋友们！不为别人，就为自己，就为岁月赐给我们年轻的臂膀和一腔热情，伸出你年轻的双手吧，擎起希望的火炬，让我们劈风斩浪，走向辉煌的明天！谢谢大家！

【例文导读】 本文紧扣主旨，以诗歌般精练生动的语言，抒发18岁的人生感悟，颂扬18岁的青春勃发，表达18岁的人生豪情。全文自始至终洋溢着强烈的责任感与自信心，感情真挚热烈，有很强的感染力，是一篇抒情性比较强的演讲稿。

你，与众不同！

赵彩婧

同学们：

站在台上来，面对着一双双“雪亮”的眼睛，我的样子可能显得有点呆头傻脑，可是我没有一丁点儿的紧张，反而带有几许兴奋。因为我知道，我不见得是最好的，但肯定与众不同！今天我演讲的题目就是——“你，与众不同！”

“你，与众不同！”这话谁听了都觉得舒服。第一次听别人这么说时，我眉飞色舞了好多天，差点儿就把自信膨胀成自负！今天我这么讲给你们听，我想除了得意之外，你肯定有那么点儿吃惊。一定有很久了，你躲在自己没有波折的日子

里，将平庸美丽成平淡，将淡泊自足成安然；一定有很久了，你不再为自己的勇气感动，不再有厉兵秣马的兴奋；可是我们这么年轻，谁没有梦呢？

老早以前卢梭说过：“上帝是用模型来造人的，他在塑造了我之后，就把那个模型捣碎了。”你看，在这个世界上，你是唯一的，你，与众不同！单凭这一点，就不该放任性情滋长，只有傻瓜才胆小和自卑！

我是当过傻瓜的，我既不擅长逻辑，也不善于艺术，曾经因为相貌平平而倍感沮丧，但后来想，没有人能替代我。虽然我没有歌唱的天分，但我至少可以成为一名聆听者；没有听者，何来唱者，我依然重要。

艺术大师柯罗，因为他相貌丑陋，他的母亲几乎陷入绝望。然而柯罗以他独特、卓越的技巧，以他异常精致、复杂的画风超过了同时代的人。你猜他怎么对母亲说？他说：“您知道不知道，自打创世以来，世间一共只有三个智者：苏格拉底，耶稣基督和我。”人活着，就该有这份自信！

没有令人赏心悦目的外貌，你可以有丰厚的精神积累；没有左右逢源的性格优势，你可以有坚强的人格力量；即使你无貌无才，不还可以有我们的传统美德“温柔敦厚”？就算你不温柔不贤良，活泼起来吊儿郎当，我还可以说：“你这人特有个性！”

年年岁岁花相似，相似而已；英雄所见略同，不还只是略同？

你肯定有许多自己独有的宝贝，你肯定能在某个方面干得很出色，任何人都没有理由妄自菲薄！当然，我不是鼓励你为了哗众取宠而着奇装异服，举止反常却说是标新立异；不是说别人大乐你皱眉，别人上课你睡觉，别人说“逗死了”你说“真可笑”是与众不同。我所说的与众不同蕴涵着一种向上的力量，它是与高尚的价值取向相应相和的出类拔萃。认识到自己与众不同，仅仅是一个前提和基础，我们借此达到一种牢靠的平衡。接下来要做的是热情十足地挖掘潜能，坚忍不拔地优化劣势，以持之以恒的积累，期待石破天惊的萌发，迎接脱颖而出的时刻，完成一份接近完满的人生！

看看梵·高，他做过店员，学过牧师，当过福音传教士，27 岁开始学画画。从海牙到阿姆斯特丹，从巴黎到阿尔到奥维尔，除了弟弟提奥，几乎所有的人都认为这个与众不同的“红头发疯子”一无是处、一事无成。可是我们来看梵·高是如何看到自己的，他说：“是的，在我的头脑里，在我大脑的墙背后，存在着巨大的事物，我将能够给世界某些东西，那也许会使人们关心一个世纪，也许需要一个世纪去思索。”在他诞生一百余年后，这高度自信的语言被公正地证实了！

同学们，我们年轻，我们没有资格轻视自己。我们都是雏鹰，都可以展翅高飞。泰戈尔说过，天空没有留下翅膀的痕迹，而我已飞过。我们可以有不同的形式和方向，但不可以拒绝飞翔！来世间走一回，如果什么也成就不了，我们将多不甘心！有人说，大学是一生之中唯一一段可以最自由、最尽兴、最本色的生活时光，真的，这是你最好的机会！请辨认出你最鲜亮的部分，抓住这最好的年华，创造你自己的特色。

请记住翅膀属于天空，请记住年轻只有这一次，请记住——你，与众不同！

——摘自《演讲与口才》1994年第4期

【例文导读】 本文立意新颖，观点鲜明，选取“在这个世界上，你是唯一的，你，与众不同”的独特角度，深刻地分析了每个人都是独一无二的道理；并以一些名人成才的例子作证，告诉我们，即使我们没有出众的容貌，没有天赋的才华，但我们可以“热情十足地挖掘自己的潜能，坚忍不拔地优化劣势，以持之以恒的积累，期待石破天惊的萌发，迎接脱颖而出的时刻”。感情真挚自然，语言通俗凝练，富有文采。

第四节　演讲的实战技巧

一次成功的演讲，离不开事前认真而充分的准备，其中最重要的准备当然是写作演讲稿。一篇优秀的演讲稿是演讲成功的基础，但要想使演讲富有吸引力、说服力和感染力，达到演讲的最佳效果，演讲前的心理准备和实战演练也是必不可少的。

一、演讲前的心理准备

王莹代表本单位参加演讲比赛，一站到讲台上，脸就涨得通红，两腿微微颤抖，说话的声音变了调儿，呼吸也显得急促起来……她刚说了几句，突然就忘词了。她越发感到恐惧，好像所有人的目光都像利箭一样射向她。她想尽快躲避，但又不甘心临阵脱逃。她不能当众出丑，给本单位丢脸，可她唯一能感觉到的是心跳加快，越来越快，而脑子里一片空白，早已背熟的词句全都飞得无影无踪。她好像落入了回旋加速器，头晕目眩，丧气地跑回自己的座位坐下……直到演讲会结束，她也没敢把头抬起来……

美国总统罗斯福说过：“每一个新手，常常都有心慌病。心慌并不是胆小，乃是一种过度的精神刺激。”

由此可见，大多数演讲者，包括一些著名的演说家，在初次演讲时也普遍存在着怯场心理。所以演讲前的心理准备，主要就是指通过适当的心理调控，克服怯场心理。

(一)正确认识怯场心理

怯场心理是一种正常的心理和生理现象。在演讲中，从广义来看，演讲是一种双

向交流活动，但演讲效果的好坏优劣，评价却是单向的，也就是说，听众、评委是“裁判”者，所以演讲者自然忧虑就多，心理负担就重，这是造成怯场心理的主要原因。有的人会因为紧张害怕而导致脸红、心跳、胃痉挛、出汗等生理上的变化，从表面上看，似乎是因为害怕当众表现，或是缺乏临场经验，其实这种怯场并不是所处环境造成的压力，而是一种害怕自我形象受到威胁和损害的消极心态。所以，要正确认识怯场心理，正确对待怯场心理，正确看待演讲的名利得失，怯场心理就一定能逐步克服。

（二）做好演讲前的必要准备

不少人怯场是由于缺乏准备造成的，即便是久经沙场的演讲高手，如果演讲前不做好充分的准备，也会陷入手足无措的慌乱之中。除了要准备好讲稿之外，演讲前的必要准备还包括以下两个方面：

1.注意了解演讲的环境

演讲的具体环境是指演讲的规模、规格、会场条件、时间安排等。演讲者通过对演讲环境的充分了解，有针对性地组织运用材料、构思主题、选择语言风格、合理安排演讲时间。

2.注意了解听众的情况

了解听众是演讲者的首要任务，要想打动听众、影响听众，必须事先了解听众。如果演讲者能站在听众的角度思考问题、分析问题，就能更有针对性地进行演讲的准备，最大程度地满足听众的心理需要，从而使两者心理相容。

一是了解听众的基本情况：即要对听众的年龄、性别、文化程度、职业状况、经济地位、政治倾向等有一个大致的了解，便于量体裁衣、对症下药。

二是了解听众的喜好：也就是要了解他们的感情、想法、愿望和要求。只有充分地了解了听众的情况，才能使演讲者有的放矢、从容自如。

总之，演讲前的准备工作越充分、越认真，就越有助于克服怯场心理。

（三）选择恰当的放松方法

调节紧张情绪，克服怯场心理有许多具体方法，可以根据时间、场合、对象的不同，选择恰当的方法，怯场的毛病就可以得到有效控制。

1.呼吸调节法

利用深呼吸给自己提供充足的氧气，可帮助在演讲中更好地控制自己的声音。这里所讲的“呼吸”指的是腹式呼吸而不是肺呼吸。反复进行深呼吸，能让演讲者从心理到精神都会有一种放松感。

2.松紧交替法

条件允许的话，可以取立姿或者卧姿，双手笔直地伸向前方，手指大大地张开，指尖、脚尖向内，吸气、屏息，全身肌肉尽量绷紧；稍停，大喊一声“哈”，指尖、脚尖同时向外摊开，全身肌肉放松。反复进行3—5次之后，再用腹式呼吸进行调整。如果现场条件不允许的话，也可以简单地收缩、放松肌肉交替进行。此法对减轻精神压力有特效。

3. 调节心境法

如果感到紧张，千万别握紧拳头、皱着眉头，否则只会加重紧张情绪。可以用调节心境法来处理，比如听一段轻松的音乐、翻阅幽默的画册、开个小玩笑等，都有助于缓解紧张情绪，使演讲者心情舒畅。

4. 表情扮演法

面对镜子凝视自己，练习各种夸张的表情动作，扮扮鬼脸，反复数次。这时你可能会忍俊不禁笑起来，镜子中出现的将是你自己轻松愉快的形象，紧张的情绪自然就会放松了。

5. 心理暗示法

运用积极的心理暗示，克服自卑感和胆怯心理，增强自信心。这种心理暗示实质上就是调节自我感觉。比如你可以对自己说："我是最好的演讲者。"也可以回想过去一些成功的经验，暗示自己在这次演讲中也会有出色的表现。卡耐基说："你要假设听众都欠你的账，正要求你多宽限几天；你是神气的债主，根本不用怕他们。"上台后，要把注意力集中在自己的演讲上，可以用虚视法，回避听众的视线和表情，假设台下一个人都没有，是你一个人的舞台，也叫"无视"法，效果也很不错。

二、脱稿演讲技巧

演讲者有了理想的演讲稿，并不能保证演讲就一定获得成功。这中间还有一个由演讲稿向演讲转化的过程，即熟悉演讲稿、熟记演讲稿、反复演练等阶段。有的演讲者以为只要把讲稿记牢背熟就可以了，其实不然，演讲稿只是把演讲者的想法用文字记录下来了，其中暗含的精心设计，如语气、语调、节奏、表情、身姿、手势等，在文字稿中都是无法体现的，这些内容都需要演讲者在演练阶段细心揣摩，精心处理，合理设计。

（一）记稿与演练

1. 听审修改

将演讲稿读一遍并录音，复听时检查是否有什么不妥之处，包括语音是否和谐、语言的分寸是否恰当、语句是否通顺、表意是否严谨、条理是否清楚等，然后整体估计一下这样讲的效果，再进行反复修改，加深印象，便于记忆。

2. 分段记忆

千万不要将演讲稿死"背"进头脑里，这样反而会导致上台后因忘词而更加紧张，而且面对观众时因为要想词，眼神会毫无光彩。分记，就是分段大声朗读，读一段录一段，然后再反复放听；接着再读下一段，再录音，如此循环往复，一段一段地进行，使

演讲内容印在自己的脑子里，演讲时就不会轻易忘记了。

3. 纲目记忆

就是抓住演讲稿的主要内容，只记住“骨架”的方法。例如，在记忆议论型的讲稿时，可以从内容和结构方面，按照提出了什么观点、采取了哪些分析方法、使用了哪些论据、提出了哪些解决办法的思路进行记忆。再如记忆叙事型讲稿时，一般都不离开事件发生的时间、地点、原因、结果、个人认识等要素，只要抓住这些要素，就能迅速、高效地记忆讲稿内容。

4. 反复演练

先将各个段落串起来，自言自语地说一遍，然后独立进行试讲。这时大镜子和录音机就是最好的“批评者”，演讲者依据反应对自己的表现不断作出校正。然后将试讲范围不断扩大，在家人、朋友和同学中试讲，听取意见继续修改。最后可穿上为演讲准备的衣服，进入角色，模拟实地进行演讲，想象面前有许多观众，大声地试讲几遍。

5. 联想记忆

在练习和试讲时，把经常“卡壳”的地方做上标记，然后采用联想法记忆。联想是记忆不可缺少的因素，也是一个重要的记忆方法。

6. 临场备战

可以将整篇演讲稿的开头、结尾或内容段落分成片段，抄写成卡片，以备急需时用。上场前再听一遍自己的演讲录音。如能提前半个小时到场，在无人的现场大声地讲一段或讲一遍则更好。

(二)情感基调的把握与态势语的设计

演讲者在熟悉演讲稿的基础上，先从整体到部分，逐段、逐句、逐词地边讲边揣摩，然后再按词、句、段、篇的顺序反复地读、讲和分析研究，要在整篇中找出中心段，在段中找出中心句，在句中找出中心词，在词中找出重音字。在反复的朗读和演练中，对演讲中思想观点的表达、语调的安排、情感的抒发、态势的配合、声音的润色等进行总设计，使演讲的各种因素各就其位、各尽其职、各展其能，形成一个完美的艺术整体。记得要用符号将总体设计在演讲稿上标注出来。

在演练阶段，演讲者对演讲内容的情感基调要仔细琢磨，深切地体验并能准确地把握，要进入角色，使自己完全沉浸在演讲的情境之中。根据有声语言表达的特点，对态势语言进行设计与安排，并将两者有机地结合起来进行反复的演练。

三、演讲实战技巧

演讲的根本目的在于影响听众的思想意识，促使某种行为或行动的出现或改变。要达到这一目的，临场演讲必须实施有效的控制。这种控制分为演讲者的自我控制和演讲者对演讲现场的控制。

（一）情感的自我调控

1959年，赫鲁晓夫在联合国演讲台上发表演说，台下听众有的喧闹，有的吹口哨。他被激怒了，居然脱下皮鞋，用力地敲打讲台。这个臭名昭著的丑闻就是源于情感的失控而导致的行为失态。

演讲需要投入情感，但情感需要调控。失控的情感是不堪设想的。好的演讲者的首要条件就是要有良好的演讲心态。

过激情绪是指演讲者在演讲时不能冷静、适度地运用情感，使自己的演讲情绪无法控制。如有的演讲者讲到兴奋处，手舞足蹈，声嘶力竭；说到伤心处，泪流满面，泣不成声。这些都是情感失控的表现，这种过激的情绪，如不加以控制和调节，就会影响演讲者演讲才能的发挥，不利于取得演讲的成功。

情感应该服从理智，服从动机和目标，服从演讲的表达。避免情感的失控除了要加强修养、培养坚强的意志和毅力、克服情感的随意性之外，还要懂得尊重听众，礼貌待人，有时还要有适当的处变能力和应变技巧。

（二）现场控制的技巧

现场控制，是指演讲者在整个演讲过程中把控现场、把握主动，对现场情况进行有效控制的能力。因为在演讲过程中，可能会出现一些自己无法预料的情况，如果不能够实施有效的控制，就会影响演讲的顺利进行。

1.控制冷场的技巧

冷场是指在演讲中，听众因不感兴趣，而注意力分散，或者根本不愿意听下去，只是由于纪律或礼貌被动地扮演“接受者”的角色。冷场的出现当然是演讲者的失败，所以演讲者要想办法扭转这种不利局面。常用的控制方法有：

控制演讲时间：演讲中一旦出现冷场，临时缩短时间是最简单但也是比较消极的一种有效手段。例如：

> 在一次演讲比赛中，会场内听众们昏昏欲睡，有一位演讲者上台后慷慨激昂地说：“我演讲的题目是‘说坚守岗位’。”说完，便走下了讲台。听众们十分不解，甚至开始有些气愤地议论时，演讲者又转身回到讲台上，继续说道：“如果我在演讲时离开讲台是不能容忍的话，那么，在工作时间擅离职守的人难道就不应该受到谴责吗？我的演讲完了，谢谢大家。”这时，听众报以热烈的掌声。

这段演讲算得上是短中之最了，听众的掌声说明他的演讲是成功的。因为演讲者的话虽然不多，但他能借助离开讲台这个行动，来说明自己演讲的主题，虽然很短，却非常有力，而且给听众留下了极其深刻的印象，让会场沉闷的气氛为之一振。

转换话题法：演讲中话题的变换是暂时的，所变的话题是为了吸引听众的注意力，调动他们的兴趣。一旦达到目的后，仍要回到原来话题的轨道上。例如：

有位演讲者在演讲中插入了这样一个故事："有一个个子特别矮小的人，住在大楼的20层，可他每天坐电梯回家，总是坐到第10层就走出来，步行回家了。你们说说这是为什么？"讲到这里，演讲者停了下来，并向听众投去询问的目光。于是听众议论起来，有的说，这个人肯定是为了减肥；有的说，这是一位心脏病患者，步行有利于早期心脏病康复等。正当议论纷纷的时候，演讲者笑容可掬地说："因为他太矮，最高只能按到第10层的按钮，再往上就够不着了。"于是现场哗然，观众的兴趣上来了，开始关注演讲者的讲话。

有意提问法：在适当之处进行提问，促使听众产生积极的反应，然后用自己对问题的独到见解征服听众；有的提问还可以起到设置悬念的作用，激发听众的兴趣，调动听众参与的积极性，从而达到控场的目的。例如：

演讲者在《愿为天下先》的演讲中问道："各位朋友，我想冒昧地问一句，在当今汹涌的改革大潮中，谁是改革的弄潮儿？"由于听众不能明确、迅速地知道答案，所以乐意听下去。

幽默自嘲法：在演讲中利用风趣幽默的语言进行适当的自嘲，也是调节现场气氛的一种好方法。例如：

美国黑人领袖约翰·罗克在面对白人听众作关于解放黑人奴隶的演说时，开场白是这样说的："女士们，先生们——我来到这里，与其说是发表讲话，还不如说是给这个场合增添了一点'颜色'。"

罗克轻松的自嘲，引得听众哄堂大笑。笑声冲淡了由于种族差异而造成的心理隔阂，使沉重的话题变得轻松。又如：

台湾影视艺术家凌峰在一次晚会上的一段开场白："我很高兴又见到了你们，很不幸你们又见到了我。在下凌峰，我和文章不同，虽然我们都得过"金钟奖"和最佳男歌星称号，但我是以长得难看而出名的，一般来说，女观众对我的印象不太好，她们认为我是人比黄花瘦，脸比煤炭黑。"

这一番自嘲妙趣横生，令观众捧腹大笑之余，给人以坦诚、幽默的良好印象，自然会打破观众的陌生感，赢得观众的认同和欢迎。

2. 行为失常的应对技巧

行为偶然失常也是演讲者容易遇到的问题，如上台时不小心摔了一跤、扣子扣错了、帽子戴歪了等，这种情况往往会令演讲者十分尴尬。简单的化解方法是，演讲者可以自嘲、调侃自己，或者跟着听众一起笑，在笑声中恢复常态。演讲者甚至可以借题发挥，巧妙开场。例如：

一位演讲者上台时不小心被话筒线绊倒了。只见他站起来后，不慌不忙地走到话筒前，轻松地微笑着对听众说："朋友们，我确实为大家的热情所倾倒啊！谢谢大家！"

1952年奥斯卡最佳女主角获得者雪莉·布丝莱上台领奖时，由于过于激动，跑得太快，上台阶时被绊了一下，差点摔倒。她在致词时说道："我经历了漫长的艰苦跋涉，摔过跤，吃过苦，才到达这事业的高峰。"巧妙的语言，既化解了行为失常引起的尴尬，又与演讲内容、现场气氛紧密结合，融为一体，可谓一举两得。

当然，演讲中，临场出现的问题是千变万化的，调控的技巧也不限于上述几种。一个高明的演讲者应该"眼观六路，耳听八方"，善于根据听众对演讲信息的反馈情况，有针对性地采用不同的调控技巧，从而实现对演讲现场的有效调控，取得最佳的演讲效果。

3.应变的技巧

应变技巧是指演讲者对演讲过程中出现的阻碍或干扰，及时进行恰当处理的方法。当有意外状况发生时，能沉着冷静、机智灵活地进行处理。

(1)忘词的应对技巧。在演讲中，有时偶尔会出现短暂遗忘的现象，可以用插话或重复的方法来补救。

提问。在中断的地方插上一句"朋友们，我这样讲不知道大家能否听得清楚？"或者"后排的听众们，我的音量合适了吗？"等，利用征询听众的意见，观察听众反应的瞬间迅速回忆。

重复。在出现短时遗忘后，将前面最后一句话重复一遍，以表示强调；或者可以说"是的……这个问题应当引起我们的重视。"经过重复容易引起联想。

跳跃。自己写的演讲稿，一般不会忘得一干二净，总会有记得起的地方。当上述方法仍不能奏效时，可以采用跳跃补救法，想到哪里就从哪里接下去。当然，为了衔接自然，不露痕迹，可以适当加一些关联词。如果演讲途中又回忆起来，可以根据情况在某一层次补进去。比如可以巧妙地加以重述"我要特别强调的是"、"这里需要着重提出的是"等。如能如此补救，整个演讲就应该不会有多少破绽和漏洞了。

(2)说错的应对技巧。演讲中一旦讲错了某句话，并且当即有所察觉，可以根据事物的性质、程度，采用一定的方法进行补救。

将错就错。如果只是说错了某个数字或丢词漏字、不符合语法等现象，听众没有听出来，又不影响对问题的阐述，可以不必纠正。

重复纠正。对比较关键或原则性的失误，或者听众已经产生反应的小错，可以用正确的话重复一遍刚才的内容。但一般没有必要声明“对不起，刚才我讲错了”。

随机应变。有时候，一些较大的失误单靠重复一遍已很难挽回影响，应当及时果断地处理，巧妙灵活地圆场。可以把讲错的话当做反面论题批驳，或者通过提问等技巧加以掩饰。

第五节　即兴演讲口才

随着人们交际范围的日益扩大和演讲水平的逐渐提高，即兴演讲已经广泛应用于生活、社交、文化活动、经济活动，甚至是政府工作和外交活动的各个方面，如答记者问、会议、论坛致辞、竞选、就职演说、获奖感言、婚礼祝词、宴会、酒会、聚会祝词等自由发言的场合。

即兴演讲是各种演讲形式中难度最大的，它要求演讲者学识渊博、思维敏捷、反应迅速，同时，对演讲者语言的逻辑性和口头表达的雄辩性等方面都有更高的要求。例如：

> 2000年8月举行南部非洲发展共同体首脑会议，曼德拉作为南非前总统出席了开幕式，主要是为接受南非共同体授予他的“卡马勋章”而来。他走到讲台前说：“这个讲台是为总统们设立的。我这位退休老人今天上台讲话，抢了总统的镜头。我们的总统姆贝基一定很不高兴。”话音刚落，笑声四起。这时，主持人为他搬来一把椅子，请他坐下演讲。他在谢过主持人后说：“我今年82岁，站着讲话不会双手颤抖得无法捧读讲稿；等到我百岁讲话时，你再给我把椅子搬来。”会场里又是一阵笑声。曼德拉在笑声后开始正式发言。讲到一半，他把讲稿的页次弄乱了，不得不来回翻看。他脱口而出：“我把讲稿页次弄乱了，你们要原谅一位老人。不过，我知道在座的一位总统，在一次发言时也把讲稿页次弄乱了，而他自己却不知道，照样往下念。”这时，整个会场哄堂大笑。结束讲话前，他说：“感谢你们把用一位博茨瓦纳老人的名字（指博茨瓦纳开国总统卡马）命名的勋章授予我这位老人。我现在退休在家，如果哪一天没钱花了，我就把这个勋章拿到大街上去卖。我肯定在座的一个人会出高价收购的，他就是我们的总统姆贝基。”这时，姆贝基情不自禁地笑出声来，连连拍手鼓掌，会场里掌声一片。曼德拉即兴的、一连串妙语连珠的幽默话语征服了上千名与会者。

一、即兴演讲口才概述

（一）什么是即兴演讲

即兴演讲是指在一定的场合下，演讲者事先没有准备或者准备不充分的情况下，只是根据眼前人物、事件、场景、氛围等临时起兴，主动或被动发表的讲话。

即兴演讲也叫即席演讲，“即兴”的“兴”是“兴致”、“兴趣”、“感触”，强调的是演讲者兴之所至，有感而发；“即席”强调的是演讲者事先未做准备，临场发挥。

（二）即兴演讲的特点

1. 临时性

临时性是即兴演讲最重要的特征，演讲者可能在事先没有任何准备，没有讲稿，甚至来不及列出提纲，只能临场发挥。演讲者必须快速构思，联系现场的人、事、物、氛围，结合当时的具体情况，加以引申，发表演讲。

2. 灵活性

即兴演讲在话题、内容、形式等方面，往往都不是事先规定的。即席而谈，随兴而发，具有高度的灵活性。演讲者对话题，对内容都可以灵活安排。如果有必要的话，还可以在演讲过程中改变最初打算，按照即兴发挥的内容讲下去。

3. 针对性

即兴演讲的内容是对近期或临场的事、情、景、理有感而发的。它的内容和题旨往往是由当时的情境所制约和决定的，因此，即兴演讲具有很强的针对性。要针对与现场、与听众有密切关系的人或事展开演讲。

4. 精炼性

在一般情况下，即兴演讲都是临时决定的，所以演讲的时间不宜过长，内容不宜过多，否则，很容易引起听众的厌烦及反感。但时间虽短，内容虽少，谋篇布局、遣词造句依然要讲究。开头结尾要简短、精炼，最重要的内容要精确恰当、形象生动，有独到之处，做到短小精悍、言简意赅，内涵丰富。

5. 口语性

即兴演讲的表达具有鲜明的口语特色。实践经验表明，演讲者只有运用通俗明快、朴实自然的口语来表情达意，才能在即兴演讲中创造一种喜闻乐见的现场氛围。

6. 广泛性

即兴演讲在日常生活中使用面非常广泛，如小范围社交聚会中的欢迎、欢送、竞选、答谢等场合下的发言，教师在主题班会、迎接仪式、毕业典礼等场合下的讲话等。随着生活节奏的加快，即兴演讲越来越受到各方面的欢迎。

（三）即兴演讲的分类

按即兴演讲的内容不同，可分为五类：

1. 说明情况的即兴发言

这种讲话通常是剖析性或解释性的发言。既可以摆事实，指出问题的真实情况；也可以分析事理，以深刻的洞察力透彻地剖析利害关系，达到以理服人的目的。例如：

学生会主席刘颖将要带领环保小组的同学们去某居民区调查居民垃圾的处理情况，为了叮嘱同学们注意形象，刘颖在出发前作了强调发言：

"同学们，人们往往会依据一些细节来判断一个团体的整体状况和精神风貌。在出发前，我先给大家讲两个小故事。

第二次世界大战结束后，战败的德国千疮百孔。一个外国记者在柏林市区闲逛时，发现那些家徒四壁的德国居民，家家户户的窗台上都摆满了鲜花。记者由此感慨：这是一个热爱生活的民族，他们一定会创造经济奇迹。果然，战后德国经济迅速崛起。

再说一下历史上的北洋水师。当时清朝的海军在世界排名第三位，日本排名第七位。日本间谍考察北洋水师后，说北洋水师必败无疑，因为他们看到炮台上居然挂着衣服，由此得出清朝海军纪律松弛、没有战斗力的结论。然后悍然发动甲午海战，北洋水师果然惨败。

以上正、反两个例子说明，细节决定成败。而我们这次去调查，人们也会通过观察大家的细节，对我们整个学校作出评价。所以每个去调查的同学，都是我们学校的形象大使，希望大家能够注意自己的一举一动。"

2. 激情迸发时的即兴发言

激情迸发指触景生情。这种发言多在讨论会上、酒宴上、各种聚会上遇到。这种讲话往往由别人的一席话引发联想，或借景生情引出思绪，打开话匣。这种即兴发言通常要看场合、情境，内容多以感怀、幽默、风趣、逗乐为主。例如：

一位教师在参加春游的学生整装待发时的发言：

"同学们，我们每天看到的都是白墙黑板灰泥地，我们应该去饱览一下那透着生命的绿色，去欣赏一下那蓝天下的红花绿柳、青山白水，去领略一下大自然的风采，去聆听一下泠泠作响的激石和嘤嘤成韵的百鸟争鸣！不然，高考的硝烟就快要把我们烤焦了，单调的'作息时间表'快要把我们驯化成'机器人'了。明天，就是清明，山明水秀、地清天明，让我们到水光潋滟的崂山去度过令人心醉的两天——出发！"

3. 被人发问时的即兴发言

这种发言通常是在会议上、法庭上或者学术性的讨论、答辩会上的被动式发言。这种答复式发言受发问内容或发问主题的限定，应做到问一答一、问二答二，将所需回答的问题，做条理清楚、内容完整而又是非曲直分明的阐述就可以了。例如：

在一次记者招待会上，一位西方记者问周恩来总理："请问，中国人民银行有多少资金?"周总理知道他是在讥笑我国贫穷。对此，周总理没有作正面回答，而是巧妙迂回、避实就虚地说："中国人民银行的货币嘛，有18元8角8分。"这一回答使全场愕然，周总理接着解释道："中国人民银行发行面额为10元、5元、2元、1元、5角、2角、1角、5分、2分、1分，共10种主辅人民币，合计为18元8角8分。中国人民银行是由全国人民当家做主的金融机构，有全国人民作后盾，信用卓著，实力雄厚，它所发行的货币，是世界上最有信誉的一种货币。"周总理的一席话语惊四座，人们对他的机敏应变才能佩服得五体投地。

4. 被人邀请时的即兴发言

这种发言在各种场合里经常遇到。发言时一是要谦逊，可以感谢听众的热情；二是要使听众通过讲话内容有所收获和启迪；三是要正确估计听众的心理要求，可根据对象选择话题。例如：

一位老同志在某市新闻界举办的新春联欢会上即兴演讲的一段话：

"唱爱情流行歌曲？这我倒是没有准备。不过，假如我唱上一段'这就是爱，糊里又糊涂……'岂不是对我一辈子严肃认真执着专一的爱情的亵渎么？老婆听了，肯定要抗议的！假如我喊上一嗓子'你悄悄蒙上我的眼睛，让我猜猜你是谁……'，不得把在座的男女老少吓趴下么？假如我唱上一段'让我一次爱个够，给你我所有……'岂不是有人要把我送进疯人院么……对于这些爱情流行歌曲，我既没有相符的年轻潇洒的气质，也缺少那软绵绵甜丝丝的嗓音，是不能也，亦是不为也。为此，美好的爱情歌曲，还是留给风华正茂的年轻朋友们唱吧。"

5. 主持人的即兴讲话

这种讲话内容要根据主持人在活动中所担负的职责而定。主持人的即席发言一定要有恰当的连接、灵活应变的特点，应打破千篇一律的格式，因境制宜，灵活设计。例如：

某校邀请话剧《光绪政变记》中慈禧太后的扮演者郑毓芝作演讲，主持人是这样开场的：

"同学们，今天，我们好不容易把'老佛爷'慈禧太后给请来了！老佛爷郑毓芝同志在戏台上盛气凌人，皇帝、太监、大臣见了都诺诺连声，磕头下跪。而在台下，她却和蔼可亲，热情诚恳。她方才和我谈起，还曾经扮演过《秦王李世民》中的贵妃娘娘、话剧《孙中山》中的宋庆龄。那她到底是怎样把这些截然不同的人物表演得出神入化的呢？下面就请她来给我们大伙说说吧。"

二、即兴演讲技巧

(一)即兴演讲的准备

生活中,很多人经常会遇到在事先没有任何思想准备的情况下,临时被邀请出席某个会议或活动,并作即兴的演讲。与命题演讲相比,即兴演讲无法事先拟就讲稿,也更无法进行反复修改、反复试讲和排练等。但即兴演讲的"没有准备",并非真的是一点准备也没有。即兴演讲的准备,多是长期的素质方面的准备和短时间内技术上的准备相结合。

1. 预测性心理准备

在参加一个会议或者活动之前,可以先设想一下自己是否有可能需要讲话。如何讲,讲什么,怎么讲。有了这种心理准备,就可以避免突然被"点将"后的那种慌乱、尴尬或其他恐惧心理,能够迅速地实现角色转换,快速进入演讲状态,保证自己呈现出情绪饱满、从容镇定、思路通畅的良好状态。

2. 知识素养准备

"巧妇难为无米之炊",丰厚的知识储备是成功演讲的基础,是一个演讲者必须具备的条件。没有一定的知识积累,就无法加强个人思想、道德、情感等各方面的修养,很难获得演讲的成功。知识素养的准备是一个长期积累的过程,重点可以从以下几方面入手:

收集临时性资料。如果事先已知道会议或活动的内容和主题,可以简单翻阅一下相关资料,临时扩大知识储备量。这样,在被突然"点将"发言时,就可以对某一问题旁征博引,讲得头头是道,从而使听众对你刮目相看。

收集历史资料。日常生活中通过广泛地阅读,对那些重要的历史事件、人物的有关情况要熟记,特别注意收集那些并不为听众所熟知的材料,这样才能给听众以新鲜感。

收集现实资料。对当今国内外发生的重大政治、经济、文化、科技等各个领域的事件、人物的有关情况,多加了解和分析,并进行独立思考。

熟记名言警句、寓言故事。多记些名言警句、俗语谚语、古典诗词、经典文学、寓言故事、时文政评等。做到信手拈来,为我所用。

3. 临场观察准备

演讲者要尽快观察、熟悉演讲现场,及时收集捕捉现场的所见所闻,包括现场环境、听众、其他演讲者的演讲情况等,以确定自己的话题能够吸引听众,产生共鸣。

4. 调整好心理状态

积极暗示,微笑开路。站起来准备发言时,做深呼吸,对自己进行积极的心理暗示,如对自己说:镇定,不要紧张。面带微笑,可降低紧张程度甚至消除紧张。

喝水压慌，迅速联想。就是利用动作来拖延时间，如站起来之前先喝口水，拉拉椅子，整理仪容仪表，向听众点头或招手致意等，放慢动作，用沉稳的动作使慌乱的情绪归于平静，过程中迅速找到发言的话题，调整自己的心理状态，让大脑迅速进行工作。

袒露自我，以“熟”克慌。用自己最擅长的方式讲话，在自己最了解的领域里寻找发言的材料。如巧妙的用自己的经历、心境、观点等作内容发表讲话，由于材料熟悉，自然就不会紧张了。

酝酿腹稿，快速构思。如果时间和情况都允许的话，演讲者还可以酝酿一下腹稿，形成一个大体的框架，如迅速概括演讲的主题、组织演讲结构等，明白自己要讲一个什么问题、先讲什么、后讲什么、如何结尾等。当然，要注意观察现场和他人的演讲情况，可对自己原有的设计及时做出调整。

（二）快速确定主题及构思技巧

即兴演讲是即时即地进行的发言，仓促之间常常会让人不知该说些什么。其实话题就在你身边，话题来源于人们对生活的真实感受，只有热爱生活，关注生活，提高对生活的感悟性，才能真正掌握捕捉话题的技巧。现场中的人、事、物、情、景等，都是我们可以借题发挥的对象。确定主题是即兴演讲最重要、最关键的内容。因此，即兴演讲要善于寻找触发点，临场发挥，及时提炼新颖典型的主题。

1.借景发挥

景，即地点、景物、场合。所谓“触景生情”，场景往往最能引发人们回忆，激发人们联想。演讲者在演讲现场，可以根据场地的布置、景物、标语等引发话题，捕捉现场景物，与自己的演讲内容巧妙结合。这样既可以突出演讲的主题，又可以讲出特色。例如：

> 1863年，美国葛底斯堡烈士公墓竣工。落成典礼那天，国务卿埃弗雷特站在主席台上，一眼望去，人群、麦田、牧场、果园、连绵的丘陵和高远的山峰历历在目，他心潮起伏，感慨万千，立即改变了原来准备的讲词，而从眼前的景物谈起：
>
> “站在明净的长天之下，从这片经过人们终年耕耘而今已安静甜憩的辽阔田野放眼望去，那雄伟的阿勒格尼山隐隐约约地耸立在我们的前方，兄弟们的坟墓就在我们脚下，我真不敢用我这微不足道的声音打破上帝和大自然所安排的这意味无穷的平静。但是，我必须完成你们交给我的责任，我祈求你们，祈求你们的宽容和同情……”

这段开场白语言优美，节奏舒缓，感情深沉，人、景、物完美而又自然地融合在一起，使不少听众泪水盈眶。

2.借人发挥

听众是演讲者最好的题材。可以根据听众的特点，如年龄、性别、职业、爱好等方面，有目的地作出一些分类，归纳其特点，进而分析这些特点与演讲主题的内在联系；选择大家感兴趣的话题切入，选择最能打动听众的演讲内容或者讲一些与听众有关的事情，让听众倍感亲切，经久难忘。例如：

北京大学朱苏力教授在2006年北大法学院毕业典礼上的一段话，没有临别赠言的豪言壮语，没有要学生勤奋刻苦或自强不息之类的老生常谈，而是像知心朋友一样说了一些"心里话"，并且在演讲中很自然地点出了在场同学的名字，拉近了彼此的距离。

"在这个市场竞争日益理性和匆忙的年代，说实话，我希望你们保持这样一份真性情：有所追求但不刻意，渴望成功但也接受平凡；无论是在学业上还是在事业上，无论是从政还是经商，无论是面对爱情还是面对功名。我在其他地方说过，不是一切努力都没有结果，但也不是一切努力都有结果；不是最努力的就一定最有结果，更不是努力就有一个确定的结果；不要把生活变成一项志在必得的竞赛，因为生活不是竞赛。

"因此，不要总是拿自己同别人比，无论是昨天的同学还是明天的同学，除非你想把自己往死路上逼，把自己变成别人的影子，把生活变成自己的炼狱。每个人的天分和机会都有差别，你是戴昕，你是游艺，你们都不是刘翔；而且，即使你就是刘翔，你真的愿意天天比赛——哪怕是奥运会？我们当然希望，也相信，你们有骄人的成就；但如果没有，只是做好了自己的事，问心无愧，那就是够好了，那就是有出息。不要仅仅生活在他人的期待中，或者被北大的牌子压得喘不过气来，也千万不要把'明天北大为我而自豪'太当真，什么地方规定了北大的毕业生就不能平凡、平庸，甚至失败？请记住你父母的话，记住老百姓的话'平平安安就是福'。"

3.借物发挥

演讲者在演讲现场，有时会有某样物品一下子吸引了你甚至大家的注意，不要犹豫，马上抓住这条线索，即时展开，以物品的属性，或某方面特点为出发点，与要阐述的道理巧妙结合，触物生情，借物抒情。例如：

在某地举办的"春蕾工程"基金筹措动员会上，一位领导把儿童比喻成祖国的花朵，由此联系到需要资助的贫困学龄儿童。语言生动形象，情感真挚淳朴，收到了显著的效果。

"首先请大家看看摆在讲台上的这盆鲜花，它色彩鲜艳、形态美丽，还发出诱人的芳香，它的美丽和芳香是怎么来的呢？如果没有肥沃的土壤、充足的阳光和雨露，没有人们的精心呵护，它会这样美丽吗？怕是早就枯萎凋谢了。在我们生活的这个贫困地区，有一些学龄儿童，他们聪明活泼，渴望读书，就像这盆花一样可爱。

但是，贫困使他们失学，他们就像失去了土壤、阳光、雨露的花儿一样，不能正常地生长。他们聪明却不能学习，不能学到谋生的技能，不能学到建设祖国的本领……让我们都来献出自己的一片爱心，为他们做一点好事吧！谢谢大家！”

在中山大学毕业生欢送会上，一位老师的祝词给学生留下了深刻的印象：

“在同学们即将离开母校、奔赴社会的时刻（顺手拿起茶几上的一块西瓜）我送给大家一块西瓜，愿大家对祖国、对民族‘一片红心’；（放下西瓜，抓起一把花生）我送给大家一把花生，祝愿大家在新的岗位上‘落地生根’；（放下花生，抓起一串新鲜的荔枝）我送给大家一串荔枝，祝愿大家在不久的将来‘硕果累累’。”

4. 借言发挥

前面发言者所谈的话题、说话的内容、观点，或现场听众的言谈等，都可以成为即兴话题的触发点，从而引出自己的观点，抒发自己的情感。这样的导入很自然，有现场感，会更加生动，引人入胜。例如：

抗日战争时期，在某次会议中，主持人邀请陈毅发表演讲，主持人介绍说：“今天，请一位将军给大家讲话。”陈毅信手接过主持人的话头，一段精彩的开场白，为演讲主旨作了铺垫，有力地鼓舞了抗日将士的斗志。

“我姓陈，耳东陈的‘陈’，名毅，毅力的‘毅’。称我将军，我不敢当，现在我还不是将军。但称我将军也可以，我是受全国老百姓的委托，去‘将’日本鬼子的军。这一‘将’，一直到把他们‘将’死为止。”

5. 借事发挥

各种聚会都有其不同的主旨、内容和目的，即兴发言时，可根据会议的主旨、内容和目的来选择和构思讲话内容，也可以就现场发生的某一件事为出发点，展开议论，揭示主题。这样的发言可以让听众觉得亲切，产生令人叹服的现场效果。例如：

大家下午好，很对不起，我来晚了。其实我来早了也没有用，因为我也不懂日语。（笑声）我好佩服吕万山会长和张步宁主任，他们一开始就坐在这里聚精会神地听你们的演讲比赛，好像他们也很懂日语。（笑声）上次日语比赛时，我已表态今后要学几句日语，遗憾的是，到现在还没开始学。所以，一想到你们要举行演讲比赛我就上火。（笑声）当然，我在日常工作中天天接触日语，也学了几句。很不好意思，主要集中在饮食方面，例如，生鱼片、海胆、辣根、拉面、涮牛肉、好吃。（大笑）我觉得，日语比赛越办越好，今年的规模比去年的又扩大了，大礼堂里坐满了人。看到这么多人，我有两个完全相反的想法：一个想法是这么多人都懂日语，说明日语很好学，我也应该学；另一个想法是这么多人都学，那我还学什么，到处都是我的翻译。（大笑）尽管我对日语不懂，但我还能感觉出来，大连

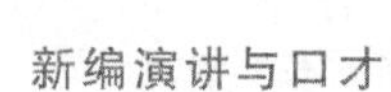

同日本经济、文化界的联系日益加强，这对学日语很有好处。我可以用一句话来概括我今天对你们演讲比赛的评价——斯巴拉西（好）。（大笑，长时间鼓掌）我想起来了，我还会一句日语，并以此结束我的讲话——撒优纳拉（再见）。（笑声、掌声）

薄熙来以日语演讲比赛一事为起点，结合自身谈了比赛的意义以及大连同日本经济、文化界的联系等。语言风趣幽默，谈笑间可以看出他对此次比赛的肯定以及对日语的掌握和使用。

6. 借情发挥

“感人心者，莫先乎情”，演讲者从与听众沟通感情入手，选择与听众息息相关或最为听众所关注的话题，娓娓道来，以期引发听众的共鸣。例如：

在一次计划生育大会上，某县妇联主任进行宣讲：“当前，我国人口已达13亿多，世界人口膨胀，四海茫茫往哪里逃？土地减少，大人小孩儿吃什么？中国人口等于美、法、德等16国人口之和。中国人并排站，能绕赤道15圈，排成一排往天上接，最上层那个人能摸到月亮的脸。你说这是好事还是坏事呢？如果有五张饼，一家五口人，每人可吃一张，如果有10口人呢，20口人呢？老百姓有句俗话，叫‘人多挤倒房，崽多吃死娘’。现在，我们面临的情况是，越穷越生，越生越穷，你们说是不是这样啊？”“是。”听众已不知不觉地参与到她的“家常话”中来了。会后，人们都管她叫“笑星”主任。

这段演讲，用通俗浅显的语言，说明事关国计民生的大道理，语言风趣，亲切生动，群众听来入耳顺心，句句在理，效果自然不会差。

例文赏析

祖国在我们心中

刘德强

尊敬的校长，各位老师，同学们：

今天我很高兴能够到上海大学担任以“祖国与我”为主题的即兴演讲比赛的评委，我和在座的师生一样受到了一次深刻的教育。

刚才，突然听到主席宣布要我对这场演讲赛作个小结，我感到有点茫然。

今天即兴演讲赛的主题是“祖国与我”，刚才好几位选手都提到“祖国是个抽象的名词……使我感到茫然了”。起初我也有些轻微地“茫然”，可是通过刚才

10位选手的演讲，柳暗花明又一村，我豁然开朗了。我想"祖国"虽然是一个抽象的名词，但是"我"却是一个具体的人。有谁不知道自己的名字，有谁不认识自己呢？"祖国"与"我"，一个抽象，一个具体，在哲学里是一对矛盾。那么，我们应该如何报效祖国呢？

这里我想起一个故事。河北承德市有一位男青年谈了一个对象，没有几个月这姑娘患了严重的瘫痪症，可是这位男青年并没有抛弃她，而是汤汤水水、日日夜夜照顾了五年。在这个姑娘要做大手术，弄得不好有可能会全身瘫痪时，这位男青年在手术的前一天，借来一辆平板车，拖着姑娘去进行结婚登记，好让姑娘放心地去接受手术。

同学们，讲到这里我想问一问：我们应该给这位男青年怎样的评价呢？从刚才热烈的掌声中，我们非常高兴地知道，我们大学生的爱憎是多么的鲜明！是的，真正的爱就应该像这位男青年一样，是无私的奉献，而不是一味地索取。对待恋人的爱是如此，那么对待我们伟大祖国母亲的爱不也应该如此吗！那么祖国在哪里呢？通过同学们的演讲，我明白了：祖国就是生我养我的母亲；祖国就是抚育我成长的土地；祖国就是无私奉献的先烈；祖国就是辛勤耕耘的园丁啊！祖国一直都在我们的周围，祖国就在我们的身边，祖国就在我们的心中。

同学们，让我们刻苦学习，以优异的成绩报效我们伟大的祖国吧！

【例文导读】 刘德强，上海市委党校教授，上海市演讲学研究会会长。本文是他应邀赴上海大学担任"祖国与我"即兴演讲赛评委时的即兴发言。作者从比赛的主题"祖国与我"入手，抓住选手们的共同点进行发挥，从恋人的爱谈到对祖国的爱，然后对大学生提出希望，自然贴切。

在迎新生大会上的即兴演讲

张海铭

同学们：

作为你们的一名老师，我理解你们踏入校门后的复杂心情，我也在校园中听到了你们关于成功与失败这个话题的讨论。考入我们学院，有些同学认为是人生的成功，有些同学则认为是人生的失败。高考已经尘埃落定，这其中的酸甜苦辣固然值得我们咀嚼和回味，这其中的经验和教训固然需要我们反思和总结，但是，如果仅仅以此评定人生的成败，未免失之于浅薄，以此放弃人生的追求，未免显得浮躁。

关于成功和失败，这无疑是一个十分有意义的话题，值得我们从各个视角和不同层面进行深入的探讨，但是，我在今天既无意武断地评价谁是谁非，更不想简单地褒贬哪种看法，我想把当代青年都非常喜欢的著名作家林清玄关于“成功”的一段话送给大家，也许我们在短时间内不能透彻地领悟这段话的含义，但如果能够引起大家一些理性的思考，就说明我们已经有了一个良好的开端。什么是成功的人？林先生回答说：“就是今天比昨天更有智慧的人，今天比昨天更慈悲的人，今天比昨天更懂得爱的人，今天比昨天更懂得生活的人，今天比昨天更懂得宽容的人。”希望同学们都能成为一个成功的人！

【例文导读】 本文借人发挥，从刚入学的新生身上寻找触发点，以新生共同关心的关于成功与失败的话题为核心，阐述了自己的看法，同时也是与新生们共勉。主题集中，观点鲜明，表达简明扼要。

竞选班长成功后的即兴演讲

贾锋昌

亲爱的同学们：

大家好！

承蒙大家的信赖，选我担任班长一职。在这里，我对大家对我的信任表示感谢，对大家对我的支持表示感谢，对班主任的信赖表示感谢，我在此以鞠躬的形式表达我现在的心情。

我担任班长已经好几年了，深知作为一班之长的重要性，也知道它的特殊性。首先，我要纠正一点错误。在选举结果出来后，有的同学对我说：“当官了，别忘了照顾一下兄弟们。”听到这句话时，我的心猛地一惊。并不是照顾他们有什么难处，而在于在他们心中，班长就是一个“官”，就是第二个班主任。其实，这种认识是错误的，我觉得班长不是什么“官”，和大家都一样是一个学生，更谈不上拥有什么特权。

当了班长就应该为大家服务，“服务于大家”是我今后开展工作的出发点。当然，作为班长也有许多优势，比如有些事班主任首先会听我的意见，所以，在班主任面前有得天独厚的优势。但这些并不能改变班长的工作性质，并不能说明我就是一个有特权的人。

作为班长，我会从自我做起，自己没有做到，哪还有要求别人做到的资格呢？车尔尼雪夫斯基说：“班长想把学生造成一种什么人，自己就该当是这种人。”班长的表率作用，就是将自己一丝不苟的工作态度、工作热情和不断进取的精神，勇于克服困难的决心和毅力，潜移默化地转移到其他同学身上。“喊破嗓子不如做出样子。”孔子曰：“其身正，不令而行，其身不正，虽令不从。”我相信，以身作则，会收到“无声胜有声”的效果。

一个良好的班风，一个宜人的小气候，就能够使同学们团结和睦，奋发向上。若要达到这种效果单凭班主任辛勤工作是不够的，必须得到各位同学的大力支持。许多同学在刚才的投票选举中投了我一票，我真诚地期待着同学们在此后的日子里继续以实际行动帮助我。你们的支持与理解，就是对我最好的帮助！

在日常的学习生活中，我们要相互关照，相互督促，如果我有什么错误，也希望大家指出来帮助我改正。如果在管理中有什么不得当的地方大家也提出来，我将不胜感激。

班级是我们大家的班级，荣誉也是我们大家的荣誉。我们应该爱护我们这个班级，珍惜这个集体，为这个集体而努力。谢谢大家！

——摘自《演讲与口才》2005 年第 4 期

【例文导读】 本文是借事论理的典型，说话条理清晰，逻辑严密。首先由同学议论的话引申开去，表达自己对班长这个职位的理解与担当，然后对班风班貌提出希望和要求，号召大家一起为建设好班集体而共同努力。感情真实自然，礼节周到得体，遣词造句分寸感把握得比较好。

舞会开场词

李　俊

尊敬的各位来宾，年轻的朋友们：

大家晚上好！

虽然最近一段时间都是阴雨绵绵，似乎很少有放晴的日子，但此刻我的心却有如阳光般灿烂，晴朗无比。因为今晚相聚于此的都是一群年轻的朋友，看着大家一张张充满青春活力的面庞，我不仅为之陶醉，为之感染，思绪似乎一下子被激活了许多，此情此景似乎又让我回到了学生时代。记得在学校念书时，每年到了“五・四”前夕，校团委也要举办这样的舞会，促进同学间的交流，增进彼此间的友谊。

我想今晚局团委举办这样一场舞会，其目的也是这样。我知道，在座的许多朋友在工作上是能手，在业务上是骨干。在生活中的您又是怎样的呢？不妨在今晚的舞会上尽情地展示一下，让我们看一看您的另一面吧！

年轻的朋友们，音乐已经响起，还犹豫什么呢？让我们抛开一切的羞涩与隔阂，唱起来，跳起来，舞起来，让幸福和快乐伴随我们度过一个美好的良宵！

——摘自《演讲与口才》2002 年第 12 期

【例文导读】 舞会开场词,即舞会开始前有关领导或主持人的致词。本文善于借助现场的人和情境寻找触发点,抒发了演讲者此时此刻的感受与感慨,点出了舞会的目的和意义,也渲染了舞会热烈的气氛,起到了很好的热场作用。表意简洁,感情浓烈,感染力强。

林肯告别家乡的演讲

朋友们,任何一个人,不处在我的地位,就不能理解我在这次告别会上的忧伤心情。我的一切都归功于这个地方,归功于这里的人民的好意。我在这里已经生活了四分之一个世纪,从青年进入了老年。我的孩子们出生在这里,有一个孩子埋葬在这里。我现在要走了,不知道哪一天能回来,或者是不是还能回来,我面临着的任务比华盛顿当年担负的还要艰巨。没有始终伴护着的华盛顿的帮助,我就不能获得成功。有了上帝的帮助,我绝不会失败。相信上帝会和我同行,也会和你们同在,而且会永远是到处都在,让我们充满信心地希望一切都会圆满。愿上帝保佑你们,就像我希望你们在祈祷中会求上帝保佑我一样,我向你们亲切地告别。

【例文导读】 1860 年 11 月,林肯当选为美国第 16 任总统。次年 2 月 11 日,他离开家乡斯普林菲尔德前往华盛顿就职。这天,天气寒冷,烟雨蒙蒙,林肯一行人准备在早晨 8 点启程。告别的场面是极其动人的,家乡人民面容庄重而严肃,林肯在车站转身环顾送行的乡亲时,再也克制不住内心的激动,慢慢摘下帽子,在蒙蒙细雨中发表了满怀激情、意味深长、迎接未来的演讲。

口才实训

(一)态势语训练

1.坐姿练习。

在高低不同的椅子、沙发上,练习各种坐姿。

要求:自然、大方、优雅。

2.站姿练习。

贴墙站立:要求脚跟、小腿、臀、背、头贴墙。

背对背站立:要求两人一组,背对背站立,两人的小腿、臀部、背、后脑紧贴。小腿之间夹一张小纸片,不能让其掉下。

3.亮相训练。

演讲者自上场至开口前的态势语训练。

目的:克服怯场心理,培养得体的行为举止习惯。

内容:仪表、表情、走姿、站姿、鞠躬、环视、正视。

要求:仪表——服饰整洁、得体,适度淡妆。表情——精神饱满、落落大方、从容镇静、面带微笑。走姿——轻快、稳健、目视前方,头部可侧转35°—45°。站姿——抬头、挺胸、收腹、两臂自然垂于身体两侧。鞠躬——上身前倾45°,目视下方点头,然后抬头起身,目视听众。环视——以正视方向为起点,眼睛从左至右扫视全场。正视——目视正前方,面带微笑与听众交流。

4.根据动作提示,练习态势语言。

“0”的断想

(1)0是谦虚的起点,骄傲的终点。

(右手掌心向上,抬起小臂微伸指向左,然后移动指向右。)

(2)0的负担最轻,但任务最重。

(双手握拳抬至肩下,做背物状。)

(3)0是一面镜子,让你认识你自己。

(手掌向前伸,掌心对向自己做持镜状。)

(4)0是一只救生圈,让弱者随波逐流。

(双手举高,掌心向前,两手分开比划大圆,回合后又向前向旁用力推开。)

(5)0是一面敲响的战鼓,让强者奋勇前进。

(右手抬起带动手臂一震,然后向前上方用力伸出。)

5.请给下面的句子或语段设计适当的手势,然后结合手势进行练习。

(1)伟人之所以看起来伟大,只是因为我们自己跪着,站起来吧!

(2)有人想这么办可不行,这是触犯法律的,绝对不行!

(3)有一位哲人说得好:当你得意的时候,你别忘了,你命运的一半是上帝给予的;当你失意的时候,你别忘记了,你命运的一半还掌握在自己手中。

(4)请相信我——一个新兵的誓言。让我们扬起生命的风帆,乘风破浪,奋勇前进吧!

(5)十八岁,我们脚踏大地,头顶青天;十八岁,我们仰望明月,追赶太阳;十八岁,我们不畏艰难,不惧险阻,敢踏破荆棘与泥泞;十八岁,我们倾热血为江,以信心筑船,证明自己便是远方的航标灯。

(6)同学们,我的同龄人,我的朋友们!不为别人,就为自己,就为岁月赐给我们年轻的臂膀和这一腔热情,伸出你年轻的双手吧!擎起希望的火炬,让我们劈风斩浪,走向辉煌的明天。

(二)将下面各组词语连缀起来,赋予它们新颖的主题,设计一段讲话

1. 草坪　衣服　火星　水
2. 国家　家庭　父母　我
3. 小草　大树　土地　阳光
4. 时间　书籍　生活质量　工作
5. 历史　现实　过去　未来

(三)从下列题目中任选一个,准备两分钟左右的即兴演讲

1. 我的一个愿望
2. 我最尊敬的人
3. 我的爸爸(妈妈)
4. 假如我是×××
5. 家乡的风光
6. 由时钟联想到的
7. 路是人走出来的
8. 永远不要说放弃
9. 留在我心中的一首歌
10. 一句格言给我的启示

(四)从下面的逆向思维题中任选一题,准备两分钟左右的即兴演讲

1. 言多未必就失语
2. 铁杵何必磨成针
3. 有志未必事竟成
4. 开卷未必有益
5. 移山莫如搬家
6. 后悔来得及
7. "亡羊补牢"已晚矣
8. 就是要这山望着那山高

(五)请根据下面的材料,作三分钟的即兴演讲

1. 在大学校园里"60分万岁"的思想经久不衰,一届传给一届。玩世不恭者说:"若是不考试,一切皆可抛。"有的振振有词:"60分足矣,多一分浪费,少一分犯罪。""不是我们不想好好学习,也不是不想取得好成绩,问题在于学得再好,分数再高,也没用,到毕业工作时知识又老化了。"对诸如此类的观点论调,你是怎样看的?

2. 人对人要尊重,人对自然也要尊重。尊重表现在各个层面——同学之间,朋友之间,同事之间,亲人之间,都有一个互相尊重的问题。就是国与国之间也是如此。就拿日本来说吧,日本侵华多少年,中国人对这段历史是不会忘记的。如今,促进中日关系的友好发展,我们是诚心诚意的。但是,既要尊重历史,又要面对现实。如果日本违反国际准则,肆意篡改历史,伤害中国人民以及其他亚洲国家人民的感情,我们则是坚决不答应的。请以"尊重"为话题,发表即兴演讲。

3. 在社会生活中,人人都扮演着不同的角色。有的是编剧,有的是导演;有的是主角,有的是配角。你扮演的是什么角色?是主角,还是配角?是生活的主人,还是附庸?你的亲人、朋友,又是怎样的角色?请以"角色"为话题,进行即兴演讲。

4. 曾经有某杂志在中学生中进行过一次问卷调查,题目是"谁是你最崇拜的男子汉"。答卷统计结果最崇拜的前10位男子汉分别是:周恩来、毛泽东、爸爸、周杰伦、自己、秦始皇、诸葛亮、李嘉诚、成龙、李连杰。你的看法呢?请以"我心目中的男子汉”为题作即兴演讲。

5.3 月 15 日是消费者权益日。每年的这一天都很热闹：电视台在播放“3・15”晚会，商场在让利销售，有关部门在街头巷尾摆出了咨询台，消费者可以现场投诉，工商、税务、消协……各部门忙得不亦乐乎……面对此情此景，请你以“3・15”与“365”为题作即兴演讲。

（六）请根据下列各种生活场景，作两到三分钟的即兴演讲练习

1. 慕名已久的李老师将要来做你们的辅导员，在李老师到来的欢迎班会上，请你代表全班同学致欢迎词。

2. 做了你们两年辅导员的刘老师因为工作关系，即将离开学校，请你在欢送会上代表全班同学向刘老师致欢送词。

3. 你的同学举办 18 岁的生日派对，请你结合他本人的特点，发表简短的讲话，表示祝贺。

4. 你的老师举行 60 岁生日酒会，即将退休。请你在会上发表讲话，为老师祝寿。

5. 新学期开学不久，班上举行班干竞选会。你参加了某班干职位的角逐，请你发表简短的竞选演说。

6. 即将告别熟悉的校园、亲爱的老师和朝夕相处的同学，在班级举行的毕业聚餐会上，请你发表感言。

（七）阅读下列命题，完成下面的任务

1. 任选三题，为每一题设计一段演讲开场白。

2. 任选一题，写作一篇演讲稿，字数 800 字左右。

(1)放飞梦想　　(6)我的大学生活

(2)学会感恩　　(7)我的精神家园

(3)青春的宣言　　(8)祖国在我心中

(4)真诚无价　　(9)命运靠自己掌握

(5)理想与择业　　(10)要勇于推销自己

（八）自测题，培养提高自己的演讲素质和演讲能力

演讲智力素质小测验

演讲者必须具备一定的智力素质，这种素质有先天的因素，但主要还在于后天的锻炼与培养，主要包括记忆力、想象力、分析力、概括力和应变力等。下面六组题中每组第 1 题，根据自己的感觉，填“上”、“中”或“下”；每组第 2、3 题，肯定的打“√”，否定的打“×”；每组第 4、5 题，请回答“能”或“否”。

第一组：

1. 良好的记忆力与理解力是演讲者的必备素质，你的记忆力怎么样？　（　　）

2. 你能否记起小学五年级的同桌？（　）
3. 你记得你成为少先队员或团员的确切时间和介绍人吗？（　）
4. 下面几个字母，看一遍后请默写
CGQJNM（　）
5. 你能否在两分钟之内背诵下面这首诗？（　）
城上斜阳画角哀，沈园非复旧池台；伤心桥下春波绿，曾是惊鸿照影来。

第二组：
1. 分析是思维的重要组成部分，你的分析能力如何？（　）
2. 你觉得你很有主见吗？（　）
3. 你喜欢自己思考问题吗？（　）
4. 遇见一件你从未经历过的怪事，你能迅速作出自己的判断吗？（　）
5. 一杯牛奶酸了，你会想一想是什么原因吗？（　）

第三组：
1. 概括力是提纲挈领表述问题的关键，你的概括力如何？（　）
2. 你常会有一些深刻的话引起别人注意吗？（　）
3. 别人说过你言语表述不清吗？（　）
4. 你能用几句话就把刚看完的一部电影的大意讲出来吗？（　）
5. 你喜欢数学甚于喜欢语文吗？（　）

第四组：
1. 演讲中需要推理和演绎能力，你以为自己的演绎能力如何？（　）
2. 你说话常给对方留下把柄吗？（　）
3. 你阅读推理小说，能在中间部分就猜出故事的真相吗？（　）
4. 你能在五秒钟之内回答下面问题吗？（　）
姑姑哥哥的儿子的父亲是什么人？
5. 你认为喝冷水可能导致腹泻吗？（　）

第五组：
1. 丰富的想象是能使你演讲更精彩的重要条件，你的想象力如何？（　）
2. 你平时爱做梦吗？（　）
3. 你喜欢耍贫嘴吗？（　）
4. 你阅读小说时，能找出作者构思失败的地方吗？（　）
5. 你爱编故事讲给别人听吗？（　）

第六组：
1. 演讲者必须具备良好的应付突发事变的能力，你的应变能力如何？（　）
2. 别人用言语讥笑你，你能在瞬间找到言词反击吗？（　）

3. 一个球向你飞来，你会抱脑袋吗？ （ ）
4. 朋友来了，你正生气，你能笑着去开门吗？ （ ）
5. 在混乱的场合，你能让大家安静下来吗？ （ ）

测试结果分析：

如果累计有一个“中”，五个“上”，十个以上的“√”，十个以上的“能”，那就说明你演讲智力比较出色。

如果累计有两个“上”，四个“中”或更少，六至九个“√”，六至九个“能”，说明你演讲智力一般。

如果累计只有一个“中”，五个“下”以上，五个以下的“√”，五个以下的“能”，说明你演讲智力较差。

演讲修养小测验

演讲修养是演讲素质最重要的组成部分，主要包括以下几方面的内容：演讲者的仪表气质是否大方得体，演讲者的知识结构是否全面，表情是否自然亲切等。下面是六组测试题，分别有上、中、下三种情况，得分分别为2分、1分和0分。请根据自我感觉回答问题，计算得分，最后累计为总分。

第一组：
1. 你平时看书的时间多吗？ （ ）
2. 你关心自己专业以外的问题吗？ （ ）
3. 同事们常向你请教问题吗？ （ ）
4. 你常与同事讨论新闻吗？ （ ）
5. 你认为学习是一种乐趣吗？ （ ）

第二组：
1. 你说话有幽默感吗？ （ ）
2. 你讲话时，同事们爱听吗？ （ ）
3. 你对理论问题感兴趣吗？ （ ）
4. 你能在别人找不到确切的语言表达时代替他说吗？ （ ）
5. 你善于讲故事吗？ （ ）

第三组：
1. 你漂亮吗？你有气质吗？ （ ）
2. 你认为世上好人多吗？ （ ）
3. 别人说你比较和气吗？ （ ）
4. 你经常一个人生闷气吗？ （ ）
5. 你经常会原谅别人吗？ （ ）

第四组：

1. 你爱观察演讲主持人的形象吗？ （ ）
2. 你喜欢模仿别人说话的语气吗？ （ ）
3. 你对你自己的音质欣赏吗？ （ ）
4. 你总是爱照镜子吗？ （ ）
5. 别人很少发现你的不良习惯吗？ （ ）

第五组：

1. 你会老觉得别人不如你吗？ （ ）
2. 家里来了客人，你会主动跟他攀谈吗？ （ ）
3. 有人说你爱出风头吗？ （ ）
4. 你经常发现别人与你说话时紧张吗？ （ ）
5. 你不在乎别人的评价吗？ （ ）

第六组：

1. 不高兴的时候，你能不让别人发现吗？ （ ）
2. 看电影时，你比别人更投入吗？ （ ）
3. 你是一个讨孩子喜欢的人吗？ （ ）
4. 你认为当今人情味太淡吗？ （ ）
5. 你有心事，愿意向别人倾诉吗？ （ ）

测验结果分析：

满分为60分。如果你积分在45分以上，说明你的演讲修养很好；30分至45分为一般；而30分以下则较差，尚需努力提高。

命题演讲评判标准

演讲比赛的评分大多采用10分制，具体评判标准及分值分配如下：

评价项目	评价要点
演讲内容 （4分）	1. 主旨：演讲能紧紧围绕主题，观点正确鲜明，有针对性，见解独到，内容充实具体，生动感人。 2. 材料：材料要准确可靠、新颖典型、事例生动，具有普遍意义，体现时代精神。 3. 结构：讲稿的结构要完整、严谨，构思巧妙，引人入胜。 4. 文字：简练流畅，通俗易懂。

续表

评价项目	评价要点
语言表达 （3 分）	1. 脱稿演讲，普通话发音准确规范、吐字清晰，声音洪亮圆润。 2. 语言表达准确、流畅、自然，具有形象性与生动性，能准确表达出演讲内容。 3. 语言技巧处理得当，语速恰当，语气、语调、音量、节奏符合思想感情的起伏变化，富有抑扬顿挫的美感。
举止风度 （2 分）	1. 演讲者能较好地运用姿态、动作、手势、表情等态势语言技巧，自然大方，恰当适度。 2. 演讲者着装朴素、端庄、大方；仪表庄重、整洁；举止自然得体；精神状态良好，富有艺术感染力。
整体效果 （1 分）	1. 把握好时间，不超也不少。（命题演讲时间以 5—7 分钟为宜，为了让演讲比赛有序地进行，超时或过短都应作适当扣分处理。） 2. 演讲具有较强的吸引力、感染力和号召力，能较好地与听众产生感情共鸣，演讲效果良好。

第4章

求职口才

学习目标

知识目标

了解求职口才的特点及表达技巧。

能力目标

掌握应聘面试应答技巧，提高口才水平；

学会制作求职简历，写作求职书信。

案例导入

阅读下面两个案例，根据后面的提示进行分析、思考、讨论。

面试官：你带简历了吗？

求职者(男生)：之前我在网上投过了，不用再带了吧？

面试官：你能做什么呢？

求职者：我喜欢的我都能做好，我不喜欢的我就不会去做。

面试官：你以前做过什么工作吗？

求职者：什么都没做过，我是个应届毕业生，我是来找工作的。

面试官：那你凭什么觉得你能把工作做好呢？

求职者：我觉得只要有信心就能把工作做好。

面试官：你的信心来自哪里？

求职者：来自我的能力，来自我的信念。

面试官：你的人生目标是什么？

求职者：做第二个马云。

面试官：你为什么觉得你能像马云那样成功呢？

求职者：因为他长得那么别致都可以成功，我觉得我更有能力超过他。

面试官：这跟他的长相无关吧？

求职者：开个玩笑啦！我觉得每个人做事都是靠信心完成的！马云能有这样的志向，我也有志向完成我的人生目标。

面试官：你对工资待遇有什么要求？

求职者：试用期你们可以随便给，如果正式录用我要求每月4000元以上。

面试官：我们公司的薪酬达不到这个要求，你为什么要求这么高呢？

求职者：因为到时候你们会看到我的能力，你们会觉得物超所值。

面试官：你对工作还有什么要求？

求职者：我要求自由的上班时间，每天只要我完成了公司布置的任务就可以下班了；我还要求用QQ与外界联系，方便我调用各方资源；我还希望不要让我与外面的客户面对面打交道，因为我不喜欢。

面试官：你之前去其他公司应聘也是这样吗？

求职者：是的，我这个人就是这样的。

案例二

面试官：你是学国际贸易专业的，你能简单介绍一下你所学的专业吗？

求职者(女生)：我主要学习了国际贸易实务、国际商法、贸易英语等课程。

面试官：请简单介绍一下大学四年你在专业及个人能力方面有哪些主要收获？

求职者：通过四年的学习，我感觉国际贸易专业需要掌握的知识很多，除了要掌握专业知识外，还要了解相关财务、税务、法律等方面的知识，知识面要广。

面试官：你应聘的是商务员，你为什么要来应聘这个岗位？你的优势是什么？

求职者：首先我觉得商务员这个岗位跟我所学的专业比较对口，能够把我所学的知识应用到实践中；其次，根据我对贵公司的了解，我觉得贵公司各方面的管理都是比较规范的，我如果能够在贵公司就职，一定能学到很多东西。

面试官：你在学校的综合排名是多少？

求职者：中等。

面试官：你如何看待这个名次呢？

求职者：我觉得每个人的努力程度是不一样的，有的人尽了100%的努力，我认为我只尽了80%的努力。

面试官：你在校期间主要参加了那些社团活动？

求职者：我参加了学校的合唱团和宣传组。合唱团主要是参加校内的联欢和校外的联谊活动；宣传组主要是负责出版学校的板报和广播站的宣传。

面试官：在社团活动中你感觉最大的收获是什么？

求职者：参加合唱团要经常参加各种演出，锻炼了我的胆量；在宣传组则让我学会了做事目的要明确，然后根据每次宣传的要求和目的去找材料，去完成任务。

面试官：你能用几个词描绘你的性格特征吗？

求职者：我的性格特征主要是稳重、开朗、随和。

面试官：我看你挺自信的，你能不能举出一个在校期间你哭过的例子，为什么哭？

求职者：有一次出板报的时候，在从选题到收集材料的过程中，与其他组员产生了矛盾，对方说了一些比较过激的话，我觉得很委屈，所以哭过。

面试官：你与同学的关系怎么样？

求职者：我觉得是比较融洽的，特别是与同宿舍的同学，大的摩擦没有，小的生活习惯上的不适应还是有的。

面试官：如果与同学产生冲突的话你会怎么办？

求职者：首先我会从自己身上找原因，是不是我真的做错了；然后我会换位思考，站在对方立场想一想找出原因，再去和对方沟通；如果沟通也无用，我会采取一些措施来尽量减少摩擦。

面试官：你对我们公司有什么要求吗？

求职者：我想问一下，如果我能入职的话，公司会安排些什么培训呢？

面试官：我们公司会有很系统的培训，包括新员工培训、专业知识培训、岗位培训。

求职者：好的，我知道了，谢谢！

面试官：如果我们聘用你的话，你对待遇有什么要求？

求职者：我没有特别的要求，按贵公司的规定给就可以了。

面试官：感谢你今天到我们公司应聘，让我们之间有个互相的了解和沟通，我们会在一周内给你答复的。

求职者：非常感谢贵公司能给我这样一个面试的机会！希望能等到贵公司的好消息。

头脑风暴 

- 看完这两个案例，你的第一感觉怎么样？
- 案例一中这位男生应答的语言有什么特点？体现出了这位男生什么样的

性格？

- 如果你是面试官，你对这位男生有何评价？你会给他工作的机会吗？为什么？
- 案例二中这位女生应答的语言有什么特点？给人留下什么样的第一印象？
- 这位女生哪些问题应答得比较巧妙，体现出了怎样的技巧？
- 这位女生哪些问题应答得不够完善得体？主要原因是什么？怎样进行修改？
- 如果你是面试官，你对这位女生有何评价？你会给她工作的机会吗？为什么？
- 看完这两个案例，你有什么收获和体会？
- 你认为面试应答技巧最重要的是什么？
- 应聘面试时求职者一般比较容易犯哪些错误？

知识介绍

第一节　求职口才概述

一、求职口才的重要性

求职，就是找工作，就是在就业市场上寻找自己理想的工作单位和工作岗位。

求职之举，事关“饭碗”，更事关事业、前途和人生理想。对许多人来说，求职是人生的大事，又是人生的难事。在当今社会，不仅下岗职工再就业需要求职，落聘、转岗和竞聘上岗者需要求职，“下海”打工者需要求职，每年高达100多万的大学毕业生实行自主择业、自谋出路，更需要求职。面对严峻的就业形势和竞争激烈的现代社会，求职不仅需要具备较强的个人竞争实力，更需要出色的口才和掌握求职的方法、策略及技巧。

卡耐基说：80%的成功人士靠一根舌头打天下。然而根据对北京29所高校所做的调查发现，有31%的毕业生因口才不好，不懂得如何在面试中展示自己，推销自己，要么唯唯诺诺，要么夸夸其谈。而在招聘和求职的场合，羞羞答答、唯唯诺诺者被认为是无能；口若悬河、滔滔不绝者又可能被认为是目中无人、自我感觉太好；而一本正经、实话实说者则有可能被视为“脑子不活”或“心眼太死”等。因而常常听到有人感叹：求职难，难于上青天，难倒英雄汉。面对日益饱和的人才市场，谋职困难是无可辩驳的事实，这对即将面临毕业的大学生来说，既是一场考验，也是一种挑战。因此，如何使自己在强手如林的人才市场竞争中脱颖而出，迈进理想的职业大门，这是我们

每个人都要认真考虑的问题。成功求职的一个重要的条件，就是具备良好的自我推销术，掌握求职的方法、策略和技巧，做好求职的充分准备，用求职面试的金口才打动考官，从而赢得就业的机会。

二、求职口才的特点

求职应聘中，招聘方除了要综合考察求职者各方面的条件和素质之外，常常都要通过双方之间的面谈来进一步确定取舍。这种面试往往是在一定的特定场合进行的，因此，求职者在应聘面谈时要善于根据这一特定场合的特点，充分展现自己的素质和能力，而真诚自信、条理清晰、大方得体的谈吐就显得尤为重要。

（一）真诚自信

真诚，就是要实事求是，尊重事实，以诚实的态度展示自己，不要恶意隐瞒、欺骗或编造虚假材料。自信，就是应聘者对自己的实力有充分的估计和坚定的信心。相信“天生我材必有用”，相信自己的水平和实力，相信自己能够干出一番事业，相信自己有实力胜任某项工作，从而表现出坚定的态度和从容不迫的谈吐，以赢得考官们的赏识和信任。例如：

> 一位考官询问某考生为什么本科学习成绩平平，是否也赞同“及格万岁”？这位考生平静地说：“我自小父母双亡，只有爷爷、姐姐与我相依为伴。在党和政府以及众多热心善良的人的帮助下，我才能够长大成人。考上大学后，为了不再给所有关心我的人添麻烦，我坚持参加各种勤工助学活动，用自己的双手扶助自己完成学业。成绩不好，是我本科生活中的最大遗憾，但我想只要我有足够的时间，甚至只要有普通学生的一半学习时间，我相信自己的学习成绩一定会非常优秀。”这位应试者真诚自信的话语传达出他身处逆境却不气馁、自强不息顽强奋斗的精神，赢得了考官的赞许。

（二）不卑不亢

不卑不亢是人际交往的一条基本原则，它不是简单地表示自己友好的交际态度，它有着丰富的内涵。这是一种胸有成竹的风格和进退自如的交际策略。

面试中不卑不亢的态度对考生尤为重要。有的考生自恃学历高或工作经验丰富或其他成绩骄人，在面试考场上不注意基本的交际礼节，随意打断考官的话，或者不遵从考场工作人员的指挥等。这样的考生展现的并不是自己的风采与锋芒、信心与勇气，而是目空一切、恃才自傲。这样的处世风格不仅在面试考场上不被喜欢和接受，在任何交际场合都将处处碰壁。相反，另外一些考生过分强调对考官的尊重，一味低声下气、唯唯诺诺、小心翼翼、畏畏缩缩。这样被动的应试风格，也会让考官提不起兴趣，甚至故意拿起架子，而考生只会给考官留下无趣、无味、无风度、无魅力的印象。

考生为了面试的顺利进行，必须保持自己的谦虚和对考官的尊重，但若因此放弃人格尊严，百般讨好考官，则始终会处于劣势。一位考官深有感触地说："言词表情上的卑微，比实力弱更糟。谁把自卑写在脸上，谁就注定要失败。"

(三)简洁有序

开门见山、有话直说、通俗易懂、口齿清楚、表述准确，不过分讲究和刻意加工、不卖弄学问、不转弯抹角，这些简洁的语言风格同样具有相当大的表现力和感染力。当考生以简洁明白的语言，清晰准确地表达自己的意思时，考生的老练和稳重的形象就树立起来了。我们时常能体会到，一个满嘴"名家名言"，谈话中术语、成语满天飞的人，有时还没有那些语言朴实的人表达得深刻。这就是藏巧不拙、大巧若拙的面试口才艺术。

(四)严谨缜密

面试中尽管要求考生善于张扬个性，充分发挥，但适当的谨慎还是必要的。没听清、没听懂的问题完全可以请考官重复一遍，而不要急着回答。自己不懂或懂得很少的，就不要拿来自我炫耀了。请看下面一段对话：

考官："你是学中文的？"

考生："对，除了中文专业，我还辅修了一些管理学的课程。"

考官："你认为你的专业知识能用在这个职位上吗？"(国家环保局计划司的职位)

考生："环境保护是关系到可持续发展的大事，我平时自学了这方面的很多材料，如环境噪音监测等。"

考官(上身前倾，很感兴趣)："唔？你可不可以谈一谈我们日常生活中什么样的声音算是噪音呢？"

考生："这个……噪音不就是很吵的声音嘛……"

从这段对话中，我们看得出，考生不谨慎的言行会自断退路，自己让自己下不了台。

另外，考官提出的有些问题可能略显刁钻，或者似是而非，有的问题背后隐藏着考官的真正意图，这些都需要考生以冷静的态度谨慎思考后，再做回答。也许这就是对考生的"应变性"、"机敏性"等的测评。

(五)幽默诙谐

无论在哪里，幽默的人都能左右逢源，得心应手。一个谈笑风生、幽默风趣的人，会给人精明强干、精力充沛的良好印象。面试同样如此，庄重、严肃的考场上也可以有亲切随和、活泼风趣的气氛。如有位考生应试某市文化局一职位时，被问及是否知道本市地方志上记载的某名人的雅事，该考生不甚了解，就坦然回答，然后幽默地模仿古人补充了一句“相信几百年后拿我做面试考题,会难倒考生”。考官们被他的俏皮所吸引,自然就淡化了他没能回答出问题的窘迫。

(六)热情有礼

考生面试时态度热情积极,大方主动地与考官们进行交流,会使自己易于被考官接受和喜欢。但考生的热情要有度,开放自己的精神空间也要有度。考生的角度使其必须要与考官保持一定的距离,如果考生与考官过分地亲密,容易让人产生动机不纯或交际态度不稳重的看法。有些考生想与考官“见面熟”,急于求成可能适得其反。既要主动接近,又要保持一定距离,这就是“热情”的含义。

在应聘面试的场合,考生不仅待人接物要彬彬有礼,与考官的交谈更要注意礼貌礼节,这样才有可能给考官留下良好的印象。如果考生经常打断考官的话,或在考官说话时,老想插入几句,或者“踊跃”地指出考官念错的字,那么即使考生在礼仪上表现得再礼貌,也会让考官感到考生对自己的不尊重。面试中的礼貌作为人才的一项非智力因素,它会把你的尊重准确而直接地传达给考官,让他们在情感上满足的同时,将礼貌及时地反馈给考生,这样考场上双方的支持协作就开始了。

三、求职面试前的准备

面试就像考试一样,是需要事先做好准备的。每一个求职者都必须高度重视面试,全面细致的准备往往会让你在面试当中有超常水平的发挥。如何使自己轻松地通过面试关,不妨按照以下建议去准备。

(一)求职材料的准备

面试之前要针对用人单位的招聘条件和应聘岗位备齐相关的证明材料。比如个人简历或推荐表、照片、学业证书或学历证明、获奖证书以及其他材料,放进随身携带的公文袋里,以备面试时供考官查看或佐证你的陈述。需要特别注意以下几点:

1. 将照片端正地贴在指定栏中。
2. 写地址时不要遗漏邮政编码。
3. 不要写错入学和毕业的年份。
4. 切记填写大学的院系名和专业名称。
5. 不要让兴趣和特长一栏留空白。
6. 写资格证书和获奖证书的正式名称。
7. 不要因错别字、油墨和指纹使资料有失整洁。
8. 保留一份复印件以备再用。

(二)了解情况的准备

面试时考官提问的出发点,往往与招聘单位或拟录用的岗位有关。因此,在参加面试之前,最好是通过学校就业部门或招聘单位网站了解用人单位的基本情况。比如公司性质、规模、经营范围、生产商品种类、经济效益、企业文化、发展前景，以及拟应聘岗位的要求等。对这些方面情况的了解和掌握程度，将会对面试时的自信度与从容度成正相关。一般来说，毕业生要学会通过招聘单位的现场宣讲会、宣传资料等渠道了解情况，在宣讲会上学会利用公司给毕业生答疑的时间，问一些自己想了解但公司没有说明的情况，以便能够更加了解相关情况。

（三）面试提问的准备

1. 回答考官问题的准备

在面试前，要对面试过程中可能会被提问的问题做好应答准备。比如两分钟的自我介绍、你的特长、你的家庭情况、你为什么来应聘、你期望的薪资福利等问题。对于这些常见的面试问题，建议求职者要事先做好书面准备。回答要求：切题、简短、语速平稳、吐字清楚、态度诚恳。

一般到学校做校园招聘的用人单位规模大小不一，知名程度也不同，但是招聘考官们提出的问题大体上有一定规律可循，多数问题都是从求职者的推荐表和自荐材料中提炼出来的。通常有：

关于教育培训：毕业院校、专业概况、学习成绩、考试名次、英语能力、计算机水平以及你最感兴趣的课程等。

关于求职动机：你想从事什么样的工作？你未来的志向是什么？你为什么要应聘我们单位？你对应聘的职位有哪些了解和要求？你期望的工资是多少？是否能够服从加班？

关于相关经历：在学校期间是否担任过学生干部？是否参加过社团活动？是否有过短期实习的经历？

关于未来目标和其他：如果你被录用了你怎样开展工作？遇到主管训斥或者晋升不利时，你是否能够自我调节？你准备在我们公司干几年？

2. 向考官提问的准备

面试是双向交流活动，求职者既要做好回答考官提问的准备，也要做好向考官提问的准备，但求职面试是以招聘方为主动的，所以求职者提出问题要谨慎，把握好哪些问题可以问，哪些问题最好不问。考官通过求职者的提问，从中可以知道你已经掌握什么？你想了解什么？你在关心什么？所以，求职者在准备时一定要注意以下三点：(1)只能询问招聘单位发展与待聘岗位的事，对待遇、福利等个人要求尽量回避。(2)对在招聘信息或介绍中已了解的情况不要再次提问。(3)不要问特别简单或复杂的问题，简单的问题会显得你幼稚无知，复杂的问题会使面试官不知从哪里回答。

比较合适的问题是：贵单位近期和远期的发展规划是什么？贵单位对拟招聘岗位有什么具体要求？

(四)形象仪表的准备

给面试考官第一印象的好坏往往会影响你的面试效果,甚至会失去一次理想的就业机会。因为你的形象不仅代表你自己,还代表学校形象,以后还要代表公司形象。为此,很多单位都力求找到能够提升公司形象的候选人。作为求职者千万不能在面试时大大咧咧、自以为是、不修边幅。在穿着打扮方面要遵循以下三原则:

符合职业身份。对将在办公室工作的人而言,男性服装应严肃、稳重、大方,表明你对事业的执着追求;男性求职者可以穿一件深色的、传统式样的西上装,注意皮鞋要擦亮。女性穿职业套装,不要过于艳丽和时髦,以纯色清雅为主,裙子不宜太短,不穿太紧、太露、太薄的衣服;指甲不染色,不带夸张饰物;略施淡妆,切忌浓妆艳抹;不擦过多香水;穿中、高跟鞋,不穿平跟鞋、大头鞋。

符合单位形象。有些公司对着装有严格规定,如男性须穿西装,女性须穿职业套装。有些公司文化是比较休闲的,员工可以不必选择正式的服装,休闲合体即可。

符合自己的个性。在着装上,要能够体现学生良好的精神风貌和审美素养,在符合上述两个要求的基础上,可以穿符合自己个性的着装。

(五)面试状态的准备

当求职者得到面试通知后应尽力调整好心态,以积极、自信、平静又谨慎的态度迎接面试。面试前尽量放松休息,保持充沛的精力,使自己能够以最佳的状态应试。面试过程中应注意以下几点:(1)避免迟到。准确掌握面试时间、地点、路线,一般应提前10分钟到达。(2)准备问题。温习一遍你认为可能被提问的问题,备好记事本和笔。(3)准备好面试服装及其他随身物品,以简单、轻便为主。(4)注意个人卫生。千万切记不要衣冠不整、满身异味地去见面试官。

第二节 求职口才技巧

一、自我介绍技巧

一段短短的自我介绍,其实是为了揭开更深入的面谈而设计的。一两分钟的自我介绍,犹如商品广告,在有限的时间内,针对“客户”的需要,将自己最美好的一面毫无保留地表现出来,不但要令对方留下深刻的印象,还要及时引发起“购买欲”。

(一)自我认识

要想成功进行自我介绍,首先必须要认清自我,弄清以下三个问题:(1)你现在是干什么的?(2)你将来要干什么?(3)你过去是干什么的?这三个问题不是按时间顺序从过去到现在再到将来,而是从现在到将来再到过去。其奥妙在于:如果你被雇用，雇主选中的是现在的你，他希望利用的是将来的你，而这将来又基于你的历史和现状。这三个问题的内在联系点一定会体现在自我表述的整体感觉中，使你的形象栩栩如生。

所以，第一个问题："你现在是干什么的？"回答这个问题，要点是：你是你自己，不是别的什么人。除非你把自己与别人区别开来，在共同点的基础上更要强调不同点，否则你绝无可能在众多的应征求职者中夺魁。

随后，着手回答第二个问题："你将来要干什么？"如果你申请的是一份举足轻重的工作，用人单位肯定很关注你对未来的自我设计。你的回答要具体合理，并符合你现在的身份，最好是有一个更别致的风格。

然后，再着手回答最后一个问题："你过去是干什么的？"你的过去当然都在履历上已有反映。你在面试中再度回答这个问题时，不可忽略之处是：不要抖落一个与你的将来毫不相干的过去。如果你中途彻底改行，更要在描述你的执着、职业目标的一贯性上下些功夫。要做到这一点，又要忠实于事实和本人，最简单的方法是：找到过去与将来的联系点，收集过去的资料，再按目标主次排列。例如：

某平面设计专业毕业生面试时自我介绍：

您好！我叫李俊，专长于视觉识别（VI设计）、标志设计、包装设计、海报、画册及图形创意、字体设计、印前技术，熟练Photoshop和CorelDRAW、3DMAX等设计软件。对企业形象整体包装（网站、商业空间、各类宣传资料、户外广告），从策划到文案和创意表现，再到后期工艺、成品、实施进行跟踪监督，都具备应有的能力。此外，还擅长推广策划工作，对终端推广、促销方案的策划、实施，协助营运总监完成各市场规划方案，以及各渠道政策方案的书写，都具有一定的经验，同时对网络营销、推广也具有一定经验。

在校期间接受过良好的设计教育，思维活跃、有创新意识，具有团队管理能力及作品鉴赏能力，以及方案指导能力和创作能力。在2010年获得××省职业院校学生技能大赛公益广告设计一等奖。

我为人诚恳、热情，喜欢有挑战性的工作，对工作能独当一面。感谢您给我这次主动展示自己的机会。谢谢！

（二）投其所好

人才是一个动态的概念，现在市场竞争非常激烈，今天是人才，明天就未必还是人才，不断自我超越，不断提高自身素质，才能够做永远的人才。清楚自己的强项后，便可以开始准备自我介绍的内容，包括工作模式、优点、技能、突出成就、专业知识、学术背景等。

长处众多，但只有短短几分钟，所以一切还是与应聘单位有关的为好。如果是一间电脑软件公司，应说些电脑软件的话题；如果是一间金融财务公司，便可跟他说资金的事，总之投其所好。但有一点必须谨记：话题所到之处，必须突出自己对应聘单位可以作出的贡献，如增加营业额、降低成本、开辟新市场等。例如：

国有公司要举止得当，少谈薪酬。国企大多欢迎低调内敛却又多才多艺的新人。国有企业一般对学生党员和学生干部比较感兴趣，因此在面试过程中毕业生如果本身的政治素质过硬，就很容易让招聘人员对你另眼相看。在这样的组织中，业绩、政绩一个都不能少。业绩与政绩并重的才会被重用。国企的面试，通常是问你是不是独生子女，家里有几口人，住在什么地方，喜欢干什么等；然后急转直上，问你对业务知识了解多少，对一些业务问题如何解决，还有怎样把工作做得更好等。最简单的和高难度的都会问到，你要做好思想准备。

外企公司花样繁多，喜欢个性。在面试之前外企总是让你等待更长的时间，直到你望眼欲穿，顺利通过了多层筛选，几近绝望，才会收到面试通知，通常是笔试、面试再面试。外企面试官希望找到一个成熟、活跃、聪明的新员工，对于只会服从上司、没有思想的下属，外企的老板是不喜欢的。外企的面试，形式多样，花样繁多。面试题目更注重分析思路和推理过程这些方法层面的东西。外企的问题，通常是“旁敲侧击”型，通过一个看似普通的问题来考验你的个人能力。举个例子，“你有什么缺点？”如果你简单地回答诸如“粗心”、“交际能力不强”等，那么告诉你，完了，这个问题你的得分是0。面试官其实对你的缺点不感兴趣，他们只是希望了解你通过什么方法克服缺点，最好你能够展开说一些和问题无关的东西。你如果不能听出面试问题的潜台词，那么，宝贵的面试机会就会被浪费。

民营企业关注忠诚度，实用肯干。民营企业是民营企业家的心血结晶，忠诚度是民营企业最关注的关键。民营老板通常不喜欢两三年一换地方的跳槽活跃分子，而比较看重长期的合作性与未来发展的潜质。民营企业在招聘时，往往带有老板自身对人才的某些偏好。民营企业的面试形式一般不拘泥于外企面试的种种笔上测试和奇怪的逻辑推理问题，而是比较重视实效性和解决实际问题的经验与能力。在招聘程序上，民营企业大多比较灵活。既有严格按照制度一板一眼办事的，也有不拘一格降人才的。

上市公司背景经历“可以有”。上市公司社会责任是不容推卸的组织义务。人才观则是上市公司文化的重要组成部分，可以通过多种公开的信息，去了解其文化与自身特点的匹配性，以及捕捉其对人才的潜在衡量标准。对于上市公司而言，制度、流程规范性是必需的。在吸纳人才时，第一要求——经验；第二要求——学历;第三要求——沟通能力。想加盟一家公众企业,就需要充分表现出对他们的诚意。事先做做功课,搜集一些公开的信息,如新闻、年报等,再整理一些问题,以便更从容应对面试。

(三)言语禁忌

1.“我”字当头不宜使

面试中一般忌讳把“我”字放在嘴边,在自我介绍的开端如果连续三句都用“我”作开端,面试官一般认为你是一个极端自私自利、自以为是的自我中心者。

建议:最好的办法是,把“我”字开头的话题,转为“您”字开头,如“您想了解我的个人爱好是……”等为好。

2.好事宜留后头说

面试中,求职者常犯的问题就是迫不及待地将自己的“光辉历史”一一历数。这不是明智的做法,容易给面试官一种自吹自擂、夸夸其谈的感觉。

建议:好事应该留在后面说。尽量给人一种诚实、谦虚的印象,使面试官对你刮目相看;或者将之换作一个话题,引起面试官兴趣,来主动问你。

3.给自己留下后路

面试到后一阶段,求职者为了得到心仪的职位,往往不根据实际夸下海口给招聘单位承诺,殊不知,公司机构诸多、职位分工细致,这样的承诺往往给面试官反感。

建议:有些没办法确定的话题,先不要作出夸口。就是对自己能力有充分信心,也要有所保留,话不能说得太满。

4.语言简洁,语气明快

求职者为了博得面试官的注意,给面试官留下深刻印象,绞尽脑汁准备形象生动的开场白,殊不知,过于啰嗦的语言,面试官会发现求职者缺乏概括能力,并且连他提问的用意都理解不了。

建议:面试官不会想要了解你详细的成长经历,他想知道的是,你是否适合这份工作。所以,语言尽量简洁明快,要有条理性。千万不要采用“浪漫主义”的描述手法。

二、经典面试问题应答技巧

面试是找工作非常重要的一个环节,应聘者能否被录取,面试起着决定性的作用。求职者往往会花很多的心思考虑怎么提高面试技巧,其实,面试技巧就是应聘者应该知道的一些常识和注意要点。

面试过程中,面试官会向应聘者发问,而应聘者的回答将成为面试官考虑是否接受的重要依据。在各种各样的面试中,面试官的问题五花八门,有的还巧设“陷阱”,应聘者应随机应变,智答巧答,不要过分沉迷于“求职技巧”,更不要一味机械地搬用,以免弄巧成拙。

下面对面试中经常出现的一些典型问题进行整理，并给出相应的应答思路和参考答案。对应聘者而言，了解这些问题背后的“猫腻”非常重要，关键是要从这些分析中“悟”出面试的规律，以及应答问题的思维方式、技巧和策略，做到“活学活用”。

问题1：“请你自我介绍一下。”

应答思路：这是面试的必考题目，介绍内容要与个人简历相一致，要切中要害，不谈无关、无用的内容，表述方式上尽量口语化，说话要有条理，事先最好以文字的形式写好背熟。

问题2：“谈谈你的家庭情况。”

应答思路：家庭情况对于了解应聘者的性格、观念、心态等有一定的作用，这是招聘单位提问这个问题的主要原因。

只需简单介绍家庭人口，不必详述他们的教育背景和工作情况；宜强调温馨和睦的家庭氛围，以及父母对自己教育的重视；宜强调家庭成员对自己工作的支持，以及自己对家庭的责任感。

问题3：“你有哪些主要优点？”

应答思路：注意理解这个提问的用意，不要只把焦点集中在个人性格特点方面，应当着重强调你的能力或技能，也就是你的优势，尽可能是与工作能力有关、对搞好工作有促进作用的优点。

突出自己学习能力、适应能力强等优点；人际交往能力、沟通协调能力的强弱也很重要；性格方面的优点也可以说一说。例如：

> 我具有朝着目标努力工作的能力，一旦我下定决心做某件事，我就要把它做好。比如我的志愿是将来成为一名出色的公关经理，我喜欢接触不同的人，服务人群。为了实现这个目标，我目前正在修读有关课程。

问题4：“谈谈你的缺点。”

应答思路：这个提问的目的不是要你自我批判，而是看你如何认识、评价自我，从中可以发现一些招聘方看重的品质。可以说出一些对于所应聘工作“无关紧要”的缺点，甚至是一些表面上看是缺点，从工作的角度看却是优点的缺点。

不宜说自己没缺点；不宜把那些明显的优点说成缺点；不宜说出严重影响应聘工作的缺点；不宜说出令人不放心、不舒服的缺点。

问题5：“你有什么业余爱好？”

应答思路：考官提问的主要原因是想从你的兴趣爱好中了解你的某些品味或品质。

不宜说没有业余爱好；不宜说那些庸俗的、令人感觉不好的爱好；最好不要说仅限于读书、上网、听音乐，会令人怀疑你性格孤僻；最好有一些户外的业余爱好，表现你阳光、健康的形象。

问题6："你最喜欢的格言是什么？"

应答思路：提问该问题的主要原因同"问题5"，但回答问题时不要只说出格言，还要谈谈你为什么喜欢这句格言，这才是应答的重点。

不宜说太长、太抽象的格言；不宜说那些易引起不好联想的格言；最好是能反映出自己某种优秀品质的格言。例如：

> 我最喜欢的格言是'只为成功找方法，不为失败找借口'。因为失败乃成功之母，失败不可怕，可怕的是推卸责任；与其为失败找借口，不如为成功找方法。

问题7："你为什么选择我们公司？"

应答思路：该问题是面试官试图从中了解你求职的动机、愿望以及对此项工作的态度。建议从行业、企业和岗位这三个角度来回答。

不要谈你想要什么，而要谈他们需要什么；表示自己希望能为公司作出贡献，并相信自己能做好。例如：

> 我十分看好贵公司所在的行业，我认为贵公司十分重视人才，而且这项工作很适合我，相信自己一定能做好。

问题8："我们为什么要录用你？"

应答思路：应聘者最好站在招聘单位的角度来回答，招聘单位一般会录用这样的应聘者：基本符合条件、对这份工作感兴趣、有足够的信心。例如：

> 我符合贵公司的招聘条件，凭我目前掌握的技能、高度的责任感和良好的适应能力及学习能力，完全能胜任这份工作。我十分希望能为贵公司服务，如果贵公司给我这个机会，我一定能成为贵公司的有用之材！

问题9："如果我们录用你，你将怎样开展工作？"

应答思路：如果应聘者对于应聘的职位缺乏足够的了解，最好不要直接说出自己开展工作的具体办法，可以尝试采用迂回战术来回答。例如：

> 我会首先听取领导的指示和要求，然后就有关情况进行了解和熟悉，接下来制订一份近期的工作计划并报领导批准，最后根据计划开展工作。

问题10："你是应届毕业生，缺乏经验，如何胜任这项工作？"

应答思路：如果招聘单位对应聘者提出这个问题，说明招聘单位并不是真正在乎"经验"，关键看应聘者怎样回答。对这个问题的回答最好能体现出应聘者的诚恳、机智及敬业。例如：

作为应届毕业生，在工作经验方面的确会有所欠缺，因此在读书期间我一直利用各种机会在这个行业里做兼职。我也发现，实际工作远比书本知识丰富、复杂，但我有较强的责任心、适应能力和学习能力，而且比较勤奋，所以在兼职中均能圆满完成各项工作任务，从中获取的经验也令我受益匪浅。请贵公司放心，有学校所学的知识及兼职工作的经验，相信我一定能胜任这个职位。

问题 11："你希望与什么样的上司共事？"

应答思路：通过应聘者对上司的"希望"，可以判断出应聘者的自我要求意识，这既是一个陷阱，又是一次机会。最好回避对上司具体的希望，多谈对自己的要求。例如：

作为刚步入社会的新人，我应该多要求自己尽快熟悉环境、适应环境，而不应该对环境提出什么要求，只要能发挥我的专长就可以了。

问题 12："五年后你希望自己是什么状况？"

应答思路：这个问题是考官想了解你对自己未来的期望是什么，可以尝试这样回答："五年后，我希望自己仍然在努力工作，而且能够把工作做到最好。"这样的回答可以让面试官觉得你工作很努力，而且给自己设立了较高的标准；你也可以表示想继续深造，为自己所从事的这个领域创造更大的价值。

问题 13："你想得到的薪水是多少？"

应答思路：一些公司通常都会事先对招聘职位定下开支预算，提问的目的只不过想证实一下这笔钱是否足够引起你对该工作的兴趣。

在商谈薪酬前，必须事先了解该类工作合理的市场价值；切记：降低招聘单位的开价轻而易举，但想再提上去就难乎其难了。例如：

工资不是我唯一关心的。我想先谈谈我对贵公司所能作的贡献，如果您允许的话。

我对工资没有硬性要求，我相信贵公司在处理我的问题上会合法合理。我注重的是找对工作机会，所以只要条件公平，我就不会计较太多。

问题 14："你愿意或者是能够接受加班吗？"

应答思路：有的公司在招聘条件中写上："吃苦耐劳，能适应行业加班安排，能适应经常出差需要。"其实这个问题主要是想了解求职者是不是具有奉献精神，以及面对工作压力增大时的心态，建议求职者碰上类似问题时要欣然接受加班的条件，因为一般公司都不愿意招收没有一点奉献精神和团队意识的人。

问题 15："你从前一家公司离职的原因是什么？"

应答思路：最重要的是，应聘者要使招聘单位相信，应聘者在以前单位"离职的原因”在此家招聘单位不存在。

避免把“离职原因”说得太详细、具体；不能掺杂主观的负面感受，如“太辛苦”、“人际关系复杂”、“管理太混乱”、“公司不重视人才”等；不能涉及自己负面的人格特征，如不诚实、懒惰、缺乏责任感、不随和等；也不宜躲闪回避，如“想换换环境”、“个人原因”等；尽量使解释的理由为应聘者个人形象添彩。例如：

我离职是因为这家公司倒闭了。我在公司工作了三年多，有较深的感情。从去年开始，由于市场形势突变，公司的局面急转直下。走到眼下这一步我觉得很遗憾，但还是要面对现实，重新寻找能发挥我能力的舞台。

总之，同一个面试问题并非只有一个答案，而同一个答案也并不是在任何面试场合都有效，关键在于应聘者要掌握其中规律，对面试时的具体情况进行分析把握，有意识地揣摩面试官提出问题的心理背景，然后投其所好，巧妙应答，在有限的时间内准确展示自己的优势。

关于面试典型问题，美国人布莱尔·沃森编著的《世界五百强面试题》一书很有代表性，该书作者一直担任世界五百强公司的面试官；中国人力资源测评中心编著的《中国 100 强面试题》，也囊括了国内知名企业及各行业最具代表性的面试题，有兴趣的话不妨一读。

三、面试难点及应对技巧

（一）面试礼仪

1. 敲门进入面试现场

当叫到名字，轮到面试时，如果面试室的门是关着的话，应在外面轻轻敲门，得到许可后方可进入。注意敲门不要用力太大，进门后应轻轻转过身去关上门。没有得到对方允许或示意不能随便坐下，应保持优雅、端正的站立姿势。

2. 主动与面试官打招呼

可以点头微笑，同时问候“您好”、“上午好”、“下午好”。如果面试官没有主动伸手，就不要主动去与对方握手。握手时不要过分用力，双眼直视对方，自信地报出你的名字。

3. 面试时正确的坐姿

进入面试室后遵照面试官的意思坐到座位上。正确的坐姿是：两腿自然并拢，双手放在膝上，腰板挺直，身体微微向前倾，给人以精神集中、尊重对方的感觉。注意不要有诸如下意识地看手表、摇晃、跷腿、挠后脑勺等小动作，也不要探视面试官办公桌上的文件或材料，更不要眼睛不停地左看看右瞧瞧。

4. 集中精力，展现自信

回答问题时集中精力，力求给对方一个诚恳、沉稳和自信的形象。大部分求职者

失败的主要原因是无法在面谈中有说服力地"推销自己"。如果对自己很拿手的工作只说"差不多"、"还行"诸如此类的话，那就很难让人看出你的自信心来。

5. 积极聆听，微笑待人

微笑是一种无声的语言，它表示赞同、默许、心领神会等。初次见面时，会心的微笑可以消除紧张情绪，解除戒备心理；所以求职者应要学会时刻面带微笑，在面试官提出问题时要积极聆听，正确判断问题需要捕捉你哪一方面的信息；回答时也应面带微笑，以体现你的自信从容。积极聆听、微笑待人、亲切自然，定会提高求职的成功率。

6. 眼神自然，心领神会

面试时与面试官保持视线的接触，是人与人之间交流的需要，也是起码的礼貌，更是求职者有自信心的表现。要与面试官形成眼神"交流"，与他们的动作达成默契。如果你总是回避对方的目光，或者是眼神左顾右盼没有定位，会被认为胆小怯懦或傲慢无礼，正确的方法是把目光放在对方额头和鼻梁之间，保持目光的自然轻松。

7. 真诚致谢，礼貌告别

当面试官示意面试结束时，应微笑起立，真诚地感谢招聘单位给你面试机会，然后道一声"谢谢！再见！"之后再离开。如果你进入面试室之前有人接待或引导你，离开时也应一并向其致谢、告辞。离开时注意整理好你周围的环境，将椅子归回原位，将你面试时用的稿纸、纸杯等物品带走，出门时注意轻轻关好门。

8. 面试的后续礼仪

面试结束三天之内，最好给面试官发封电子邮件、感谢信或手机短信表示感谢。内容包括：简要地重申你的优势和对应聘岗位的兴趣、愿望，表达自己为公司的发展壮大作贡献的决心，希望早日得到用人单位的回音。哪怕你已经预感到要落选，也要学会出于礼貌感谢面试官给你面试的机会。例如：

> 尊敬的××经理：
>
> 我是×××，感谢您昨天为我面试花费的时间和精力。和您谈话感到十分愉快，并且了解到很多贵公司的情况，对您管理公司的理念非常认同。正像我已与您谈过的，我的专业知识、能力和兴趣对贵公司十分有用。我对贵公司的前途十分有信心，希望有机会能与您共同工作，为公司的发展贡献力量。再一次感谢您，希望有机会再与您联系。祝公司前程似锦！事业蒸蒸日上！

(二)面试中的谈话技巧

面试官对求职者面试的目的，是通过交谈来了解对方是否有真才实学，是否具备良好的应变能力、逻辑能力及判断能力，以及为人处世的态度等。因此，如果求职者不能将自身素质通过谈话表现出来，就意味着面试失败的概率比较大。

1. 语言要机智、幽默

求职者在面试时要注意自己的谈话风格。除了交谈时轻松自如、表达清晰外，适当的时候可以插进幽默的语言，尤其是遇到难以回答的问题时，语言幽默可以表现你的机智，消除尴尬，化被动为主动，要学会从容地应对随时发生的意想不到的情况。

2. 注意谈话的语气、声调和语速

平缓流畅的语气、抑扬顿挫的声调、快慢适中的语速，不仅有利于表达自己的思想，还给人以一种美的享受，会给对方留下良好的印象。面试时必须用普通话，用词文雅得体，避免含糊其辞和不文明用语。

3. 注意对方的反应，及时调整谈话方式

面试时间很短，求职者要抓住对方的注意力，根据对方的反应及时调整自己谈话的内容和方式。比如对方心不在焉，可能表示他对你说的话不感兴趣，你要及时转移话题；身体往前移可能说明你音量太小难以听清，这时你要提高声调等。

4. 在谈话中不必迎合，也无须固执

面试时你不必为了尊重面试官而一味地说"是"、"是的"。在你之前，面试官可能已接待求职者若干，相同的问题一般要问若干遍，千篇一律的回答也听得有些腻味了，唯有独到见地的回答才会引起面试官的注意。

5. 发现失误，及时调整补救

在面试时，如果感到自己有失败的苗头，一定要注意控制自己的情绪，不可失态，对后面的发言仔细斟酌，调整补救，以期挽回劣势；遇到自己不能确定或不会的问题时，表现出闪烁其词、默不作声、不懂装懂的做法都不可取，坦率承认自己的不足之处，反而会赢得面试官的理解和好感。

（三）面试期间应注意的问题

1. 接到面试通知后，要做好准备

记熟自己的求职履历。常遇到有些求职太过频繁、而求职履历又是经过精心"包装"的人，轮到面试时，有时连自己都记不清究竟"工作经验"是怎样"排列组合"的了，一上阵便迅速"露出马脚"，不战自败。要能明确说明应聘动机以及如何努力工作，总结自我推荐的要点以及对自己将来的展望。

2. 千万不要迟到

没有什么比迟到更让用人单位反感的事情。要给用人单位留下守时的好印象，必须不能迟到，事先估算好去面试考场途中所花费的时间，争取提前5—10分钟到达指定地点。

3. 认真填写应聘登记表

不管你的书写水平如何，字迹工整是必需的；填写完整，不要留有空项不填写，每个项目都有用意，不可忽略；准确填写通讯地址、邮政编码、电子信箱和电话号码。手机在找工作期间最好从早上 7 点至晚上 12 点全部开机。

4. 避免家人亲友陪同

有些学生会在家长或其他亲友的陪同下参加面试。有些家长代替求职的孩子填表格、介绍情况、回答问题，他们唯恐孩子涉世不深，失去工作机会，这会使面试官怀疑一个事事由他人包办的人是否能独立胜任工作。

5. 学会拒绝

工作事关重大，你有说“不”的权利。当涉及你的个人隐私或是不便多谈的家庭问题时，要婉言拒绝。你可以说“我对这份工作有兴趣，但是要和家人商量一下”、“贵公司的这个职位超出了我的能力范围”、“我父母的身体问题不便多谈，对不起……”等。

6. 听懂面试官的弦外之音

面试官收下你的应聘材料后，会用不同的语言来表示对你感兴趣的程度：“材料先放在这里，有消息会通知你的”，一般情况下表示对你的兴趣不大；如果面试官翻阅了你的材料后，问你“是否可以谈谈你的要求和打算？”表明对你初步感兴趣，最后是否录用还要看后期的表现。面试后期的等待过程是最折磨人和考验人的，没有经验的求职者总是盲目、耐心地等待，其实在面试时你能否被录用已经有所表现，如果面试时面试官只是例行公事地问答，通常录用的希望不大；如果面试中提问较多，对你的专业问得仔细，和你交流的过程比较愉快和顺畅，那么希望较大。

四、面试常见错误及其对策

在求职面试中，没有人能保证不犯错误。只是聪明的求职者会不断地修正错误走向成功。下面列举一些面试时常见的错误及其对策，望求职者引以为戒。

（一）不善于打破沉默

面试开始时，应试者不善于打破沉默，而等待面试官打开话匣。面试中，应试者又出于种种顾虑，不愿主动说话，结果使面试出现冷场。即便能勉强打破沉默，语音语调亦极其生硬，使场面更显尴尬。实际上，无论是面试前或面试中，应试者主动向面试官致意与交谈，会给面试官留下热情及善于与人交谈的良好印象。

（二）与面试官“套近乎”

求职者随意与面试官“套近乎”是最需要忌讳的，因为面试官对过于自信或过于轻松的人都不太信任，面试中双方关系过于随便或者过于紧张，往往都会影响到面试官的评判。聪明的求职者可以在面试过程中列举近一两年内有事实根据的公司事迹来赞扬，这也从另一方面表现出你对这家公司的关注，达到事半功倍的效果。

（三）以紧张、偏见情绪应试

有时候招聘公司的一些负面新闻会左右自己对公司的评价，或者是对面试官第一印象不好而左右自己面试中的思考。不同性格的面试官，以及表情严厉、冷漠或咄咄逼人的方式都会让求职者十分紧张。也有的公司招聘面试官可能是一个稚气未脱的年轻小姐，求职者往往会带有轻视或偏见心理去应试，心里似乎嘀咕"她凭什么资格面试我呢?"这些都是应试大忌。在面试过程中需要积极面对不同性格、不同风格的面试官，忌讳紧张、偏见情绪去应试。

（四）缺乏积极态势

面试官常常提出一些让求职应试者可能难为情的事情，这时，没有经验的求职者就会面红耳赤或者撒谎敷衍或是躲闪结巴，而没有做到诚实大方的回答。如面试官问："你为什么三年中换了五份工作?"有的求职者可能就会大谈老板的苛刻，工作是如何如何辛苦等，多是抱怨的话。这样的回答百分百是得不到面试官认同的，面试过程中忌讳缺乏积极态势，忌讳不认同企业文化。

（五）不善于提问

求职者在面试过程中往往自认为聪明，在不该提问时候提问。如面试当中经常打断面试官谈话来提问；也有些求职者在面试中没有设计或思考好想提的问题，轮到有提问的机会时不知云云，或是重复前面说的一些无关痛痒的问题。其实一个好的问题和提问机会能够把握好，会让面试官刮目相看，面试分自然低不下来。

（六）对薪资福利过于感兴趣

有些求职者在应聘过程中，对公司文化不感兴趣，对职业发展前景也不感兴趣，主动向面试官打听应聘岗位的薪资福利情况，主动问及的结果多是欲速则不达。一般招聘单位在公布招聘信息时都会标明职位的薪资福利，如果在面试过程中面试官对某一位求职者感兴趣的话，会主动谈及薪资福利，回答这样的问题千万不能狮子大开口。在一般大公司看来，没有经验的学生没有资格谈薪水，况且新人的起薪都一样，你谈了，人家也不会给你加薪，反而会招致反感。即使对方问你对薪水的期望，你也应谨慎应对，可以巧妙地回答："我相信公司会按照同等学力和能力的其他员工标准付给我薪资的。"或者："我相信公司会依据职位薪资标准付给我的。"

（七）滔滔不绝，缺乏重点

求职者在应聘过程中滔滔不绝大谈个人特长、技能以及过去的辉煌等，具有一定专业素养的面试官一旦反问"你能举出一两个例子吗?"求职者便无言以对。在面试过程中，求职者想阐述自己的沟通能力、协调能力、团队合作能力、领导能力等取信于人，举例说明是唯一办法。俗话说得好：事实胜于雄辩。

（八）语速过快，言语不清

面试过程中说话不宜太快，或含混不清，语速中速为宜，说话的音量以面试官不感到刺耳为宜，语气语调要自信平和。一般面试官大都比较欣赏声音圆润、吐字清晰、表达简洁的求职者。

（九）动作表情过多

求职面试过程中不要让自己的肢体动作过多。男生坐姿要端正，不要随便跷二郎腿，也不要歪歪斜斜地靠在椅背上；女生一般坐椅子三分之一处，着裙装时要注意腿部的摆放，以防不雅。面部表情也不要太夸张或过多表现你的喜怒，始终面带微笑是最好的。

（十）缺乏个人规划

对个人职业发展规划，很多人没有目标、没有思路，或者只有目标、没有思路。如当被问及“你未来五年的工作有什么计划”时，可能你的回答是“我希望五年内做到部门经理的位子”。这种情况下面试官多会追问“为什么”，求职者往往不知如何再回答下去。要知道找工作不是摸着石头过河，对自己的未来计划要有目标，更要有思路，才能够在面试时碰到类似问题不致语无伦次、手足无措。

第三节　求职材料的制作

前面介绍了求职面试口才技巧及一些应该注意的问题，要想获得面试机会，并在面试中做到胸有成竹、应答如流，则必须要在应聘前认真做好充分的准备工作。那么该准备些什么呢？简单概述就是：一方面是做好求职择业的心理和精神准备；另一方面就是做好个人求职材料的准备。特别是个人求职材料的准备，本节将重点介绍个人求职材料制作的问题。

一、个人简历的制作

个人简历，顾名思义是反映求职者个人的简要经历，是一个人生活、学习、工作的经历与成绩的概括与总结。它提供给阅读者的信息量应该是全面而直接的，简历代表了求职者的形象。用人单位从求职者的简历中，能够看出该求职者在业绩、能力、经验、性格等方面的综合表现。在通常情况下，用人单位都是先通过简历了解求职者的经历，留下一个初步的印象，从而决定求职者能否参加下一轮的面试。简单地说，从某种意义上简历决定着求职者的前程。

制作简历是毕业生在求职道路上迈出的第一步，也是非常关键的一步。那么，什么样的求职简历才能够得到用人单位的青睐呢？

（一）简历的基本内容

对每个求职者而言，简历的内容、式样、设计方案，仁者见仁，智者见智，然而最关键的是要记住：任何一个好单位，他们收到的求职简历都会堆积如山。没有哪个人事主管会逐一仔细阅读简历，而是以浏览的方式匆匆而过，每一份简历所花费的时间一般都不会超过两分钟。无法吸引他们注意的简历很可能被忽略掉，因此，“突出个性、与众不同”便是设计个人简历成功的法宝。

一般来讲，个人简历的内容应该包括：“基本情况”、“教育背景”、“能力和专长”、“求职意向”、“联系方式”等基本要素。为了使简历的内容简洁明了，一般可采用表格的形式（毕业院校或用人单位一般备有），也可将有关内容分段表述。一份完整的简历应该包括以下内容：

1. 基本情况

包括姓名、年龄（出生年月）、性别、身高、籍贯、民族、学历、学位、政治面貌、学校、专业、毕业时间、联系地址、电话等。一般来说，本人基本情况的介绍越详细越好，但也没有必要画蛇添足，一个内容要素用一两个关键词简要概括说明就可以了。

2. 求职意向

这是在简历中必须要写明的，很多求职者在制作简历时不写自己的求职意向。实际上，很多单位一般会同时发布多个岗位的招聘信息，等收到简历后按照求职意向进行分拣，如果你的简历没有注明求职意向，很有可能会因此失去机会。有的求职者在简历上写道：“我刚步入社会，没有工作经验，愿意从事贵公司任何基层工作。”这也可能会适得其反，什么职位都适合，也就可能什么职位都不适合。最好是每份简历都要根据你所申请的职位来设计，突出你在这方面的优点，不能把自己说成是一个全才，任何职位都适合，或者一份简历复印很多份后，不论什么样的公司和职位到处投递。

3. 教育背景

对于刚毕业的大学生而言，由于缺乏工作经验，教育背景就成了必须要写明的部分，而且应该是排在首要的位置。一般而言，要在教育背景中写明自己受教育的情况，包括在学校期间所获得的一系列的奖励，比如三好学生、优秀团员、优秀学生干部、各种奖学金等。但要注意，一般中学时的奖励就没有必要写了，除非所受的奖励很重要，对你申请职位帮助很大。

注意：(1)学校的名称是求职者的一个卖点，所以专家建议“学校名称”单独成行，不要与院系、专业同行。(2)正常情况下教育背景应包括正规、非正规的教育和专业培训。很多人只写正规高校教育，社会教育只字未提，这非常吃亏。(3)主修课程主要列出课程名称，尤其是要体现与所谋求的职位有关的科目及专业知识。不必面面俱到，要突出重点，有针对性，使本人的学历、知识结构让用人单位感到与其招聘条件相吻合。

4. 工作经历（或实习经历）

学校实践经历：在学校学生会、团委任过职的要写上，作为应届毕业生，没有太多的社会工作机会，所以这个很重要。此外，参加过学校的各种社团、协会的也可以作为工作经历。注意事项:(1)写明自己的具体职位;(2)写明自己做过的比较大的事情,比如可以说自己曾组织了校运动会,有多少人参加,比以往有什么改进,这些都是用人单位比较关注的信息。

公司实习经历:如果有在公司实习的经历,要具体写到做过什么工作,但要挑选其中与应聘职位相关的写上。注意事项:(1)工作成就要数字化、具体化,比如说"工作内容基本上完成",不如说"工作完成了90%"。(2)不必拘泥于时间顺序,可以先写最有成就的,让招聘人员发现你的卖点。(3)凡是列入公司实习的工作,都应该交代清楚你所在的部门和所担任的工作,如××公司市场部兼职市场调查员。(4)如果实习是在一家招聘人员不熟悉的公司,不妨介绍一下公司的概况,但不宜过多,两三行为宜。(5)如果只是在公司"混"了几天,对公司的情况根本就不了解,就不要在简历中写明了,免得招聘人员问起实习情况时答不出来。

培训经历:如果在求职之前参加了很多培训,而且这些培训对所应聘的职位很重要,那么一定要写上。比如,曾接受过一周的销售培训,那么在应聘销售职位的时候,就一定要写出。一般外企很重视员工不断学习的能力,因此,接受培训的经历是一个很大的卖点。

5. 个人能力

英语能力:要在简历中列出最能反映应聘者的英语水平,尤其是口语水平的成绩或者证书。不仅要列出"大学英语四、六级",如果还有其他的英语成绩证明,比如"校英语演讲一等奖"等,也要列在简历中。很多毕业生在简历中提及"第二外语",其实除非所学的"第二外语"与应聘的职位非常相关,否则没有必要写上。

计算机能力:在描述自己计算机能力时不要只说"熟悉"、"了解"等词语,最好写明自己对某个软件能够熟练应用。

其他能力:如果是工作经验比较少的求职者,那么,所掌握的一些技能和关键技术就成了有利的证明。所以,一定要把学到的一些关键技术写在简历上。

爱好与特长:一般爱好与特长本身说服力就很弱,可以不写,如果觉得自己的爱好特长与应聘职位相关,那就写上。但是要注意:(1)一定要写你的强项,并且不要太多,一般两到三项就可以了。(2)不具体的爱好就不要写了,如体育、音乐爱好太宽泛,就不必写在简历中。

6. 自我评价

自我评价一般可写可不写,如果要写的话,可以适当地对自己的性格、专业知识和专业能力进行评价,但要客观真实。不要写太多对自己褒扬的词,最多两三个就可以了。

（二）制作简历的基本要求

1. 简洁明了

简历最好不要超过两页，如果能够用一页纸清晰地表达自己，就不要用两页。删除一些不大相关的信息，或者换用更加简练的表达方式，每栏内容中最重要的细节一定要出现在第一项。

2. 实事求是

数据是最好的说服工具，仅仅罗列成就并不足以吸引目光，空泛的叙述不如用数字说话，但要注意用事实表现，切忌“假、大、空”。后面可以附各种证明材料，如成绩单、获奖证书、专家教授推荐信、所发表的论文著作等。

3. 制作精良

一般用A4纸制作，以白色为主；版面要安排合理；字体要统一协调，最好不要超过三种字体；没有错别字和打印错误；页面干净整洁。可贴一张自己最满意的照片。

以下是一份表格式简历模板，可根据本人实际情况增减相关内容项目，仅供参考。

个人简历

<table>
<tr><td>姓　名</td><td></td><td>性　别</td><td></td><td>出生日期</td><td colspan="2"></td><td rowspan="3">相　片</td></tr>
<tr><td>籍　贯</td><td></td><td>民　族</td><td></td><td>政治面貌</td><td colspan="2"></td></tr>
<tr><td>毕业院校</td><td colspan="3"></td><td>专　业</td><td colspan="2"></td></tr>
<tr><td>家庭住址</td><td colspan="5"></td><td>邮　编</td><td></td></tr>
<tr><td>联系电话</td><td colspan="5"></td><td>E-mail</td><td></td></tr>
<tr><td>求职意向</td><td colspan="7"></td></tr>
<tr><td rowspan="3">教育背景</td><td colspan="3">（填时间）</td><td colspan="4">（填大学本科以上）</td></tr>
<tr><td colspan="3">（填时间）</td><td colspan="4">（填专科或大学）</td></tr>
<tr><td colspan="3">（填时间）</td><td colspan="4">（填高中或中专）</td></tr>
<tr><td>主修课程</td><td colspan="7"></td></tr>
<tr><td>获奖情况</td><td colspan="7"></td></tr>
</table>

社会实践	
自我评价	
学校推荐意见	

二、求职书信的写作

求职信，就是通过自我介绍、自我推销，向用人单位或有关部门推荐自己的一种专用书信。具体来说，在不知用人单位是否需要聘人的情况下写的自荐信叫做求职信；在获知用人单位公开招聘职位的情况下写的自荐信叫做应聘信。两者虽然名称有别，但写作要求大体相同，只是应聘信针对性更强，目标更明确。

作为求职者与用人单位之间沟通的桥梁，求职信的重要性不言而喻。求职信写得清楚明白又有条理，会给用人单位留下一个良好的第一印象，是吸引用人单位的重要条件之一。因此，求职者首先遇到的就是如何写好求职信。

(一)求职信的写作格式

其实，写作求职信没有成规，也没有统一的格式。一般来说，求职信的基本格式主要包括如下几项：

1.标题。如“自荐信”、“求职信”、“应聘信”或“毕业求职自荐信”等。

2.称呼。写明收信人的姓名、称谓或职务，如×××先生、×××女士或×××经理等，可在称呼前加上敬语“尊敬的”；在无明确求职单位的情况下，也可统称为“尊敬的领导”、“尊敬的用人单位领导”等。

3.正文。求职信正文的基本内容应包括以下几个方面：(1)用人消息是从什么地方得到的，说明自己希望申请什么岗位。因为用人单位往往同时为多个岗位招聘人才，如不写清申请什么岗位，用人单位将无法回复。(2)告诉用人单位，你对该项工作如何感兴趣，你有哪方面的专业知识、特长及才能，受过哪方面的培训和锻炼，对这项工作有何研究，有哪方面的成就等。(3)简单介绍一下自己的资历，写出自己就读的学校名称、主修和选修的科目。如果你觉得有必要，可以列出某些科目的考试成绩。

(4)求职信中还可以写进与求职有关的其他有利条件，如参加过哪些课外活动、做过哪些调查、有哪方面的工作或实习经历等。(5)求职信的最后，应该提醒用人单位留意你附呈的简历，请求给予回音等。

注意：

如果无明确求职单位，求职信的开头一般应从简要的自我介绍开始，如“我叫×××，现年××岁，是××学院××系××专业的应届毕业生”；如果是针对某个招聘单位的具体职位而写的应聘信，开头一般应有一句引言，写明应聘信息的来源，如“近日阅×月×日《××晚报》，获悉贵公司正在招聘经理秘书一职，如果贵公司想寻找一名生机勃勃、充满活力又有熟练的文字处理技能的年轻人，我自信能够胜任”。也可以用积极奋发、富有激情的笔触来写，如“刚迈入韶华岁月的我，向往美好的人生，漫漫人生路，我想路在我的脚下，第一步我所盼望的，是能够迈入贵公司的大门”。

求职信的主体部分应重点陈述自己求职的条件和理由，尽量突出自己的优点与长处，要注意突出个人最有说服力的材料，以求脱颖而出，获得用人单位的青睐。例如：

> 本人从大学毕业以后，一直从事人事工作，曾先后担任过劳资员、招聘专员、培训主管、人事部经理等职，在长达九年的人事工作生涯中，总结出了一套人事管理的方案，同时对全套人事运作制度非常了解，并对整个企业如何在短期内建立完整的人事制度有丰富的经验，自信能够胜任人事经理一职。

求职信的结尾部分应表明求职的愿望、意向或要求，最后可以写上相应的祝颂语，也可以表示对用人单位诚挚的敬意、谢意与祝福，希望获取面试机会。

4. 落款。署名和日期。署名前可写上“求职人”、“应聘人”、“自荐人”等字样。

5. 附件。即求职信附带的各种证明材料，如毕业证书复印件、获奖证书复印件、简历表等。可在求职信的最后注明附件材料的序号、名称、份数等。

(二)写作求职信应注意的问题

撰写一封求职信是目前求职者找工作过程中的常见做法，这便于引起用人单位的注意。但是，如果求职信写作不当，作用会适得其反。在求职信的写作过程中，需要注意以下几点：

1. 不要“饥不择食”，盲目选择

现在有的学生临近毕业，找工作心切，于是找来一大本电话号码簿或企业通讯录，从中随便找一些单位就匆匆发出求职信。这种“饥不择食”的做法，首先是使收到求职信的单位没有任何准备，无法在短期内对你有所考查而将信将疑；其次是你对单位也不是很了解，工作之后才发现不理想，悔之晚矣。

2. 表达通畅，用词不晦涩

一份好的求职信不仅能体现你清晰的思路和良好的表达能力，还能考察出你的

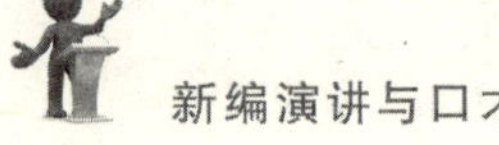

性格特征和职业化程度，很多单位领导认为，注重小节的人对重大事务也会谨慎行事。所以一定要注意措辞和语言，写完之后要通读几篇，精雕细琢，切忌有病句及文理欠通顺的现象发生。否则，就可能使求职信“黯然无光”，或带来更为负面的影响。

3. 言简意赅，切忌过分吹嘘

在内容完整、重点突出的前提下，尽可能简明扼要，切不可长篇大论。求职信的功用只是为你争取一个参加面试的机会，不要以为仅凭一封求职信就可以找到一份称心如意的工作。因此求职信要短，一般以600—800字为宜，但一定要引人入胜，记住你只有几秒钟吸引你的读者看下去。在求职信中要重点突出与未来雇主关系最密切的内容，通常招聘人员对与其企业有关的信息是最敏感的。

求职是一个自我推销的过程，写求职信只能搞“适度推销”，绝不可夸大其词，切忌过分吹嘘。在求职信中应尽量避免使用“一定”、“肯定”、“最好”、“第一”、“绝对”、“完全可以”、“保证”等词，以及类似“有很强的组织能力”、“有很强的活动能力”、“有非常丰富的经验”之类的语句，从求职信中看到的不只是一个人的经历，还有个人品格。

4. 杜绝错误，避免简写引歧义

首先称呼要正式、规范、恰当，不能用生活化的“叔叔、阿姨，大哥、大姐”之类的称呼；其次无论是错别字还是错误的英文单词，均要避免出现；再其次是要避免使用简称、简写，以免引起歧义。使用简写词语一是显得随便、不够庄重，可能引人反感；二是一些简称只有在特定的地方、特定的交际范围中才能被准确理解，超出这一范围人们可能就会不知所云，甚至产生误解。

5. 要有针对性和个人特色

不少人力资源经理反映，现在求职信中最常见的问题是“千人一面”，缺乏针对性和个人特色，很难激起用人单位的兴趣。有的求职者还将这种求职信“天女散花”似地散发，事实上它的命中率很低，结果不仅是“广种薄收”，甚至是“广种无收”。有的求职信没有任何豪言壮语，也没有使用任何华丽的辞藻，却使人读来觉得亲切、自然、实在，反而可能会让你“脱颖而出”。

例文赏析

求职信

尊敬的××公司领导：

您好！

我叫×××，现年××岁，是××商学院会计系会计学专业的应届毕业生。

很荣幸有机会向您呈上我的个人资料。在投身社会之际，为了更好地发挥自己的专业所长，实现自己的人生价值，谨向各位领导毛遂自荐。

作为一名会计学专业的大学生，我热爱我的专业并为其投入了巨大的热情和精力。在四年的学习生活中，我系统学习了从会计学基础知识到运用等方面的专业理论。在学习中，我非常注重实践技能的培养，在与课程同步进行的各种相关实习和实践中，我掌握了较强的实践操作技能，具备了从事会计工作的能力。

在学好本专业的前提下，我对计算机产生了浓厚的兴趣，并阅读了大量的有关书籍，能熟练使用 Windows 2007、金蝶财务、用友财务等系统及应用软件 Foxpro、VB 语言等程序语言，通过了全国计算机等级一、二级考试。

在校学习期间，我还非常注重个人综合素质和能力的培养。先后担任过班长、团支书、学生会委员等职务，工作责任心强，勤奋踏实，培养了较强的工作能力、沟通协调能力和组织管理能力，多次被评为"三好学生"和"优秀学生干部"。同时，我还积极参加各种学生社团活动，锻炼自己的交际能力、写作能力和口头表达能力，曾代表学院参加××市首届大专辩论赛，被评为最佳辩手，在学院举行的各种演讲比赛中多次获得一、二、三等奖。

我性格开朗，为人稳重踏实，爱好体育运动，是院排球队的主力，多次获得前两名的好成绩。强健的体质为将来担负繁重的工作任务打下了坚实的基础。

四年的大学生活，已将我培养成为一名知识结构和能力结构较为完善的学生，我渴望在更广阔的天地里展现自己的才能，期望在实践中得到锻炼和提高。我渴望能成为贵公司的一员，如果贵公司给我加入的机会，我将竭尽所能为公司奉献我的一份微薄之力。

感谢您在百忙之中给予我的关注，愿贵公司事业蒸蒸日上，再创佳绩；祝您事业百尺竿头，更进一步！热切期盼您的回音。谢谢！

谨呈：个人简历 1 份，毕业证书复印件 1 张，英语、计算机等级证书 3 张，荣誉证书复印件 5 张，各种获奖证书 6 张，敬请参考。

此致

敬礼！

求职人：×××

××××年×月×日

【例文导读】 此求职信格式完整，内容条理清楚，语言简明准确，礼节周到得体。首先介绍专业知识与专业能力方面的情况，然后着重突出自己个人综合素质与能力方面的优势，最后是自我评价及表达求职愿望，态度诚恳，言词恳切。

应聘信

尊敬的××先生：

您好！本人欲申请贵公司网站上招聘的网络维护工程师职位。我自信符合贵公司的要求。

今年7月，我将从××大学毕业。我的硕士研究生专业是计算机开发及应用，论文内容是研究Linux系统在网络服务器上的应用。这不仅使我系统地掌握了网络设计及维护方面的技术，同时又使我对当今网络的发展有了深刻的认识。

在大学期间，我多次获得各种奖学金，已发表过多篇论文。我还担任过班长、团支书，具有很强的组织和协调能力。强烈的事业心和责任感使我能够面对任何困难和挑战。

互联网促进了整个世界的发展，我愿为中国互联网和贵公司的发展作出自己的贡献。

随信附上我的简历。如有机会与您面谈，我将十分感谢。

此致

敬礼！

应聘人：×××

××××年×月×日

【例文导读】 此应聘信表达简明扼要，重点突出，首先说明应聘信息来源，然后针对应聘职位突出自己的专业优势与专业能力，最后是自我评价及求职愿望。全信格式完整，态度诚恳，礼节周到。

口才实训

(一)阅读下面材料，回答问题

1. 在人才交流中心举行的大型招聘会上，人头攒动，几乎每个招聘台前都挤满了求职者。张晓莉手里拿着简历非常着急，她无法挤到招聘官面前仔细谈谈。最后她决定不再在人群中“肉搏”，也不乱投简历，而是先找准目标，再作决定。张晓莉仔细查看了招聘会发的会刊，然后选择了一个适合自己的工作岗位。她来到挤满了应聘者的展台前，将简历从空中递上去，大声说道：“您好！这是我的简历，请您过目。”她响亮而清晰的声音引起了招聘官的注意，招聘官抬起头看她的时候，看到的是自信而坚定的眼神，张晓莉感觉到了赞许的目光。

果然，她接到了面试通知。在此之前，张晓莉在网上查询了该公司的产品、客户、盈利及近期发展情况，并且准备了可能会被提问的问题。由于准备非常充分，面试很顺利，她流利地回答了面试官的各种问题。面试快结束时，面试官对她说："如果你获得这份工作的机会非常小，你会有什么样的看法？"张晓莉非常坚定地说："哪怕只有一分希望，我也要投入九十九分的努力！"最后，张晓莉顺利地接到了该公司的录用通知。

问：张晓莉应聘成功的原因是什么？你从中受到什么启发？

2. 有一位女大学生去一家中外合资公司应聘，顺利通过了一道道关卡，最后只剩下她和一位男性求职者。经理是位外国人，在与这两位求职者的闲聊中，随便问了三句话："会打球吗？"男生说："会！"女生说："打不好。"（其实她是个不错的羽毛球选手。）经理又问："给你俩每人一辆小轿车，限一星期内有没有把握学会驾驶？"男生说："有！"女生说："不敢保证。"（其实她曾学过驾驶。）经理再问："厨房里有充足的蔬菜，你俩能不能给我做几样拿手好菜，我这个人不挑剔。"男生说："没问题。"女生却腼腆地说："做不好。"（其实她的烹调技术很不错。）结果，这家公司聘用了那位男生。

问：公司为什么会选择那位男生？女生的主要失误在哪里？你从中得到什么启示？你可以帮助这位女生重新设计应答词吗？

3. 某经营机构招聘女秘书，要求才高貌美。一"丑女"前往应聘。总经理："难道你没有看清我们的招聘条件吗？""丑女"："看了。"总经理："那你为什么还要来应聘？""丑女"："您如果聘用了我，既显出您别出心裁，又显出您人格高尚，因为闹出绯闻的总是在漂亮的女秘书身上。何况，人不可貌相，漂亮的人未必有才气；而长相不漂亮的人必有其过人之处。我很丑，可是我很优秀；况且，正是貌不如人，所以我会更加努力地工作。"

问：如果你是那位总经理，你会聘用这位"丑女"做秘书吗？为什么？

4. 某公司在招聘公关部主任职位时，主考官向应聘者提了这样一个问题："我们公司目前经理与员工的关系紧张，你如果当了公关部主任，打算站在哪一边？"应聘者略一思索，回答说："对这个问题，我尚未听说过，更谈不上调查，是非有无都不清楚，当然说不上站在哪一边。不过，我想既然是在同一个单位，不管是员工还是老板，都应该把走到一起共事视为一种缘分，不应该闹得关系那么紧张。如果硬要我站的话，我想我最好是站在中间，像一根红线将两方面连接沟通，用我的工作来消除双方的误解，以实现公司上下的友好合作和精诚团结。"结果，应聘者顺利得到了公关部主任的职位。

问：主考官所提问题的主要目的是什么？其中暗含了什么样的"陷阱"？而应聘

者又为什么能顺利过关？

5. 某公司进行营销人员招聘面试，主考官对几位应试者问了同一个问题："请你顺着窗口往外看，你看到了什么？"

第一个应试者回答说："我看到了马路、汽车、房子、田野。"

第二个应试者回答说："我看到了田野那边的山、河流、海滩。"

第三个应试者回答说："我好像看到了我的朋友、亲人在那里为我祝福，希望我面试成功。"

第四个应试者回答说："我除了看到前面几位看到的东西外，我似乎还看到了窗外有很多人、很多车，在排队购买我们公司的产品。我想，如果我被聘用的话，我会和你们一道，把这种预想变成现实的。"结果公司聘用了第四个应试者。

问：公司为什么选择的是第四个应试者，其应聘成功的主要原因是什么？其他应试者的不足在哪里？

(二)根据面试者的提问，分析哪一种应答更能获得赞许

1. 没有工作经验，你认为自己适合我们的要求吗？

应聘者1　可是你们就是来招聘应届大学生的啊。

应聘者2　听说有一只幼虎因为没有狩猎经验，而被拒绝在狩猎圈之外，你认为它还有成长的可能吗？

2. 为什么你读哲学，却来申请做审计？

应聘者1　你们已经说明"不限专业"，所以我想来试试。

应聘者2　据说外行的灵感往往超过内行，因为他们没有思维定势，没有条条框框。

应聘者3　我之所以跨专业谋职，是为了给自己提供这样一种动力，终生学习才不会被社会淘汰。

3. 你穿的西装好像质地不怎么样啊！

应聘者1　穿着并不影响我的表现，何况我还没工作，买不起更好的。

应聘者2　昨天我怀揣买西装的钱路过书店，发现两套对我来说至关重要的书，可能为今天的面试提供帮助，我于是花掉了凑来买西装的钱。

4. 假如明天你就要死了，你希望自己的墓碑上刻上一句什么话？

(考官实际是想问，这一生你希望自己能达到怎样的成就。)

应聘者1　找了份好工作、找了个好老公等"老婆孩子热炕头"式的"人生理想"，或者请安息吧、我是个好人之类不着边际的空话。

应聘者2　我这一生在很多不同行业工作过，这让我很满足。

5. 你不认为你做这项工作太年轻了吗？

应聘者1　我虽然年轻，但我有干劲，敢于接受挑战，相信我一定能做得很好。

应聘者 2　事实上下个月我就满 23 周岁了。尽管我没有相关的工作经历，但我却有整整两年领导学校学生会工作的经验。您可以想象，负责组织管理全校 3000 多名学生并非易事，没有一定的管理才能和领导艺术，是无法胜任的。所以，我认为，年龄固然能说明一定的问题，但个人素质和能力更为重要。因为这是一个部门经理所不可缺少的。

(三)运用所学的求职应聘知识和技巧，进行模拟应聘训练

由任课教师与学生分别扮演面试官及求职者，模拟相关用人单位招聘相关职位，可采用问答的形式进行。

(四)模拟毕业求职，写作一封求职信

(五)“做一个合格的应聘者”自测题

怎样在应聘中战胜对手？根据许多人的实际经验设计出的这套自测题，将会帮助你更好地把握求职应聘的一些小“窍门”。

1. 面对考官你将穿什么衣服？　(　　)

A. 牛仔装　　B. 职业装　　C. 西装加领带

2. 你的第一句话是什么？　(　　)

A. 等主考官问你再说　　B.“我叫×××，是来应聘××职位的。”

C.“您好！我是来应聘××职位的，我可以自荐吗？”

3.“你为什么离开你先前的雇主？”　(　　)

A. 不能发挥自己的专长　　B. 工资太低，不能养活自己及家人

C. 原先的老板人格太差　　D. 工作环境恶劣

4.“你有信心胜任这个职位吗？”　(　　)

A. 应该有　　B. 有信心　　C. 绝对有

5. 应聘时，你的手放在哪里？　(　　)

A. 放在桌上　　B. 边说边做手势　　C. 放在桌下

6. 应聘时，你的眼睛往哪里看？　(　　)

A. 盯着对方的脸　　B. 注意对方的表情　　C. 盯着对方头顶

7.“你希望什么时候上班？”　(　　)

A. 马上　　B. 一周以后　　C. 一个月左右

8. 如果有上、中、下三等工薪，你申请哪一等？　(　　)

A. 上等　　B. 中等　　C. 下等

9. 回答问题时，你准备用哪一种话音？　(　　)

A. 普通话　　B. 当地话　　C. 家乡话

10. 如果主考官和你都坐在沙发上谈，你准备怎么坐？　(　　)

A. 跷起二郎腿同他谈　　B. 他怎么个坐相我就怎么个坐相

C. 坐如钟　　D. 放松地坐着谈

记分如下：

(1)A+1　B−1　C+2　　(2)A−1　B　0　C+1

(3)A+1　B　0　C−1　D−2　　(4)A　0　B+1　C−1

(5)A+1　B−1　C　0　　(6)A　0　B+1　C−1

(7)A+1　B　0　C−1　　(8)A−1　B+1　C−1

(9)A+1　B　0　C−1　　(10)A−2　B−1　C　0　D+1

如果你得分在6分以上，那么你极有可能成为竞争中的佼佼者；得分3—5分，说明你还得训练应聘素质；3分以下，说明你不适应应聘。

第5章 辩论口才

学习目标

知识目标

了解辩论口才的特点及论辩能力的构成。

能力目标

掌握辩论当中进攻及防守的技巧,学会拟写辩词。

案例导入

阅读下面两个案例,根据后面的提示进行分析、思考、讨论。

下面一段辩词是“全国大专辩论赛”香港中文大学对台湾东吴大学,就“现代社会男人/女人更累”所作辩论中正方二辩与反方三辩进行攻辩交锋的精彩对话。

正方二辩:我想请问对方三辩。请问对方辩友,台湾是不是一个现代化的社会,请答是或不是。

反方三辩:是。

正方二辩:那台湾的男人是不是正在承担着家务劳动呢?

反方三辩:台湾的男人承担家务劳动的人也有。

正方二辩:好,既然男人和女人在现代社会共同兼顾着社会工作和家务劳动,那为什么说女人一定比男人更累呢?

反方三辩:因为女人做得就是比男人多,女人平均一天要做7.16个小时的工作,而男人只需做7.1个小时而已。如果她是职业妇女那还更糟糕,每天还要多做两个小时家务,男人轻松得不得了。

正方二辩:再请问对方辩友,现代社会女性的地位是否有所提高?

反方三辩：当然有提高。

正方二辩：那么女性对于男人的要求是否也更加高了呢？

反方三辩：对，但是我们相对要求女性的也更高了，以往我们把她看成弱女子，所以我们觉得你只要在家里煮好饭就可以了；可是现在因为我们知道女性也有能力也有地位，所以我们也要求你出来工作。这就是为什么在现状的情况下，从当初19％的女性就业率到现在47％的女性就业率，会产生这样的原因，就是因为女性的能力提高啊。

正方二辩：男人的地位已经相对地下降，但是女人对其的要求却相应地提高，那你说男人不累还是更累呢？

反方三辩：男人由于地位没有像以前那么高，所以社会也不会像以往一样苛求男人做事。

正方二辩：还想请问对方辩友，既然女人现在地位提高，又有如此众多的工作权利和工作机会，反而变得更累，那妇女解放运动到底为女人解放了些什么呢？

反方三辩：她们不过是要平等，但是她们还是更累，其实……

案例二

在一次班会上，同学们就“网聊有聊”和“网聊无聊”分为正反两方展开即兴自由辩论，以下是正反双方的发言片断：

正方：我方的观点是网聊有聊，不然同学们为什么下课都去上网？

反方：我方的观点恰恰相反，是网聊无聊，同学们去上网，不一定是去聊天呀，很多人是去查资料、看新闻，上网聊天的恰恰是因为无聊才去找人聊。

正方：我们不否认很多人上网是查资料、看新闻，但是通过QQ上网可以认识更多的朋友。还有当我们心情不好的时候，上QQ找自己的朋友聊一聊，心情就会舒适些，这怎么是无聊呢？

反方：心情不好时也可以找你旁边的同学聊聊啊，为什么只有通过上QQ呢？

正方：我们并不否认也可以找身边的同学聊呀，这和网聊并没有冲突。

反方：但很多人上网聊QQ被骗，你们怎么解释？而且我们认为，上网花费大，所以是无聊的。

正方：上网花费怎么多了？比起电话费来说，少多了。

反方：你错了，我一个月的网费就比电话费多。

正方：你不能代表其他人啊！而且，你是不是因为玩游戏网费才贵？

头脑风暴

- 这两个案例中，你认为哪组辩论是成功的，哪组辩论是失败的？为什么？
- 案例一中主要运用了哪些辩论技巧？
- 案例二中正方和反方分别出现了什么错误？你认为该如何进行辩论？
- 通过这两个案例，你认为辩论有何特点？
- 要成为一个优秀的辩手，你认为应该具备怎样的素质？

知识介绍

第一节　辩论概述

一、辩论的概念

辩论，也称论辩，从语义上看，“辩”有辩白、争辩、辩驳、辩明等含义，侧重于反驳、批判他人观点，分辩并指出他人观点的错误，就一种思想、一个主题从不同方面、不同角度进行论述的意思；“论”有讨论、论述、论证等含义，侧重于阐发、论证己方观点正确性的意思。也就是说，辩论包含了“辩”和“论”两种活动，是破和立的有机统一，因此，辩论不同于“抬杠”，也不同于对问题的“讨论”，辩论者既要陈述己方的正确观点，又要反驳攻击对方的错误观点。

辩论由论题、立论者和驳论者三个要素组成。辩论中的论题也叫辩题，它是辩论的题目，是辩论双方争论的对象。论题一般是一个问题，也可以是一个判断，围绕这个问题，立论者和驳论者各自提出相互对立的观点。立论者是在辩论中针对论题首先提出或坚持某个观点的一方，驳论者是反驳立论者观点的一方。

因此，辩论，就是对立双方围绕同一问题，力求证明自己的观点正确、说服对方或者战胜对方而相互论争的过程；同时，这一过程也是批驳谬误、探求真理的过程。

二、辩论的特点

辩论属于口才的范畴，它要通过语言的运用来进行。与一般的说话相比，辩论要求更高，是有声语言的最高境界，除了具备各种口语表达的特征之外，它还具有以下主要特点：

（一）对立性

在辩论中，辩论双方围绕同一主题，观点应是截然对立的，至少是有明显分歧，否则无法形成辩论。辩论者既要千方百计地证明己方观点的正确性，又要批驳对立的观点，迫使对方放弃已有的认识。例如，法庭辩论中的罪与非罪、重罪与轻罪，决策辩论中的优与劣，学术辩论中的真与伪，无不显示这种鲜明的对立性。

（二）说理性

辩论是事理之辩、观点之争，与其他语言表达活动相比，辩论的主要任务是说理论证，目的是以理服人。因此，衡量辩论技能的主要标准是事理的辩服度。

（三）严密性

在辩论中，双方针锋相对、唇枪舌剑，往往要经过数个乃至数十个回合的交锋，这就要求辩论者事先应对论题做全面的考虑，构建起一个比较严密的理论和论证体系。每一方都必须使己方的观点鲜明集中，论据充分有力，论证逻辑严密，无懈可击。否则就有可能顾此失彼、破绽百出，不仅无还手之力，甚至无招架之功，终致溃败。

三、辩论的作用

辩论，作为口才的一种表现形式，历史悠久。早在古希腊、罗马和我国春秋战国时代，就有许多成功的辩论佳话。从古到今，雄辩家们尽情挥洒自己的智慧和口才，为辩论史谱写了一篇篇灿烂辉煌的篇章，使辩论的作用发挥得淋漓尽致。辩论的作用表现为以下几点：

（一）有助于发现真理，弘扬真理

辩论是一种社会活动，通过辩论，可以使人们在认识自然、认识社会的过程中，更好地区分正误，明辨是非。因为真理只有在同谬误的斗争中才能被人们所认识，才能得到发展。因此，辩论对社会的作用主要表现在它能帮助人们发现真理，认识真理，捍卫真理，弘扬真理。俗话说“理不辩不明”。辩论是打开真理之门的钥匙，是人与人之间争取相互理解的中介，是达成共识、谋求合作的途径。

（二）有助于增长知识，扩大信息

在辩论中，双方都要根据对方的观点找出漏洞，或提出质疑，进而就相关问题进行资料的收集与整理，对问题进行深入的了解和论证。在这个过程中，本身就是在扩大自己的知识面；而且在辩论中，双方你来我往的“辩”与“驳”，也是在将自己搜集的信息与对方不断进行交换的过程，这样一来，双方对问题就会有新的认知，获得新的知识。

（三）有助于锻炼思维，提高应变能力

参加辩论，要求参与者有良好的思辨能力和应变能力。想要胜辩就需要灵活的应变和敏锐严谨的思维。因此，通过参加辩论，必然有助于辩论者智力的开发，有助于培养辩论者思维的逻辑性、准确性和敏捷性，提高应变能力。

（四）有助于培养口才，提高竞争意识

在辩论中，不管任何一方，要想在辩论中取胜，除了观点正确，材料丰富，辩驳有力外，口头语言表达能力也非常重要。因此，为适应辩论并力求在辩论中取胜，就必须训练口才，提高口才水平。辩论中你来我往、唇枪舌剑，也为磨砺口才提供了极好的机会。辩论的最终目的，就是要捍卫己方观点，批驳对方观点，它实质上就是一种知识的、智力的、口才的综合竞争。任何人要想在辩论中取胜，就必须具有不甘退让、坚持己见、敢于竞争的精神。

四、辩论的类型

辩论是社会生活的重要形式之一，一场电影、一部小说、一桩特殊事件、某个社会现象或问题，都能够引起不同意见之间的争辩。

辩论作为适用领域较广的社会活动，其表现形式很多，根据不同的标准，可划分出不同的种类。在辩论学界，为学习和研究方便，人们一般将辩论分为日常辩论、专题辩论和赛场辩论三种类型。

（一）日常辩论

日常辩论，是指人们在日常生活中因对某些问题所持的立场、观点、看法等不同而进行的争辩，通过辩论，证明自己正确，对方错误。这种辩论不受时间、地点、人数的限制，而且不用准备，只需即兴发挥。虽然生活中有很多问题都是没有标准答案的，因而这类辩论常常不分胜负，但并不是说在辩论中就可以随心所欲，恶语伤人，诡辩、强辩，甚至辩不赢、骂来凑，那就失去了辩论的意义。

（二）专题辩论

专题辩论，是指双方围绕某一论题，在专门的场合所进行的辩论，如决策辩论、法庭辩论、外交辩论、谈判辩论、竞选辩论、学术争鸣、论文答辩等。各种形式的专题辩论存在着论辩场合、参辩各方身份、论辩目的等的不同，各有其特点和作用。这类辩论必须是有所准备，气氛严肃，语言准确，不可以随心所欲，要具备明确的观点、充实的论据、透彻的分析、有力的反驳等特点。

（三）赛场辩论

赛场辩论是指有组织的、按一定规则进行的，围绕同一个问题，双方当面交锋，各自论述己方的观点和见解，抨击对方论点，以求评判出胜负的一种智力竞赛活动。需要注意的是，赛场辩论尽管双方立场针锋相对，但他们各自所捍卫的观点，并非本意，而是由抽签所决定的。由于赛场辩论最能锻炼参赛者的思维能力、应变能力和语言表达能力，并且赛场上论辩双方唇枪舌剑、激烈交锋所迸发出的智慧火花、思想魅力和精妙语言，都使赛场内外的人们受益匪浅、乐此不疲，因而越来越受到人们的重视和欢迎。

第二节　论辩能力的构成

一、知识能力

辩论作为观点和思想的交锋，是一种“知识密集型”口才项目，说到底，是同辩手的知识水准的高低、知识积累的厚薄直接相关的。辩论的力量，部分可以说来自生动的语气、优美的词句、咄咄逼人的气势，但主要还是来自深厚的知识所产生的理性与科学的力量。辩论中的一方即使技巧娴熟，但如果没有较高的知识水准和丰富的知识积累，不仅可能陷入“巧妇难为无米之炊”的窘境，而且可能对对方的论点论据一知半解，甚至不知所云，最终使自己的辩论难以进行。在辩论中，一些辩手有很多想法但却找不到合适的词语来表达，浪费了许多机会，更有甚者对方说一点高深的东西就摸不着头脑，这都是因为知识贫乏造成的。知识丰富的人，在辩论中可以引经据典、形象比喻，可以把抽象的道理说得具体、透彻；而知识贫乏的人，只能就事论事，表达的内容自然就单调、呆板。

那么，如何才能保证在辩论中有足够的知识？应该说，知识是无穷尽的，但相应的知识积累却是可以实现的。一是要阅读。只有阅读，才能博闻强记，打下厚实的知识基础。一个喜欢辩论的人，必须首先是一个喜爱读书的人。二是在知识结构上，要注重“专”和“博”、“精”和“杂”的结合。现代社会是个知识大爆炸的时代，想要通晓各门学科几乎不可能，但有限的精力不妨在学有专攻的同时，广泛阅读，涉猎各方面的知识与信息。尽管有的知识是“只知其皮毛”，但也是重要信息，依然可以构成思维锁链上的一环。只有把专业精熟的优势同知识面宽的“博”结合起来，辩论中才能应对自如。

二、思维能力

表面上看，辩论是口舌之战，但语言只是思维的表现，思维才是辩论的灵魂和基础。辩论过程是一个充满逻辑推理、演绎论证的过程，是一场滴水不漏的思辩之战。在辩论中，对辩题的分析是否透彻、思路是否清晰、反应是否敏捷等，都是以思维为基础的。辩论对于思维的要求不但比一般的口才表达活动高，而且还有一些特殊的要求。辩论思维的特殊性，主要表现为求异性、敏捷性、逻辑性、准确性四个方面。

（一）求异性

在辩论过程中，思维的主要任务包括辩驳和论证两个方面。辩驳，即不断地指出对方观点的漏洞、错误，不断否定、批判对方观点；论证即辩手要从与对方不同的角度看问题，从不同角度进行立论，形成自己的观点。要完成这样的任务，在辩论中，要打破思维定势，用反常态的、怀疑的、批判的态度去思考，以强烈的探索精神去寻求新认识、新答案。求异思维是辩论的最基本的原动力，如果没有求异思维，总是人云亦云，不敢提出自己的不同见解，没有自己的想法，那么也就不可能有辩论了。

（二）敏捷性

辩论是短兵相接的语言交锋，随时会出现各种意外情况，此时辩手必须迅速做出反应，敏捷地进行思索、分析、判断，找出问题的症结，果断地确定解决的途径，因此，辩论对于思维的敏捷性要求特别高。思维敏捷的辩手在辩论中临危不惧、反应灵敏，对于对方咄咄逼人的进攻和一连串的提问，均能快速反应，予以回答和辩驳。

（三）逻辑性

辩论对于思维的逻辑性要求也特别高，辩论思维主要集中表现在逻辑思维能力上。无论是论证己方的观点还是驳斥对方观点，只有概念清楚、判断正确、有理有据、论证严密，才能具有说服力。

（四）准确性

由于辩论时思想跳动幅度大、时间节奏快、辩论材料涉及面广、引用资料及概念多，所以辩论时思维要求准确、清晰、缜密，要忠实于信息传递，不能随便编造事件，要对客观事实负责。

三、语言能力

辩论是运用语言进行的一种竞赛，是一种高智力的语言游戏。不管是哪一种类型的辩论，双方的立场及缜密的推理，都需要通过准确、流畅、优美的语言来传递。因此，对辩论语言有以下几点要求：

（一）攻击性

辩论语言是具有挑战性的攻势语言。辩论不单是回合战，更是歼灭战，有效地攻击对手论述中的不足，可直接击倒对手的观点。因此，辩论的语言要具有攻击性，但是，辩论语言的攻击性应该是针对对方的观点，而不能针对对方的人格及人身。在辩论中应注意不能使用过激的语言，要保持良好的辩风。

（二）艺术性

语言本身具有艺术性，具有极高的美学欣赏价值，而辩论语言特有的理性、严谨、简洁、流畅、说服力和号召力，更使它具有很高的艺术魅力。我们追求辩论艺术的目的，就是通过准确、激昂、灵动的语言，展示深邃的科学思想及其撼人的精神魅力。诗词、成语、谚语、格言、典故、修辞手法等的巧妙运用，都有助于体现辩论语言的艺术美。

（三）多样性

辩论语言是有声语言加上无声语言（肢体语言、姿态语言、实物语言等）的配合。在辩论场上，各种有声、无声的语言不但在辩论双方之间传递信息，更是把辩论双方的立场、依据和争论传递给评委和观众；同时，评委和观众的态度，也用无声的语言来反馈场上队员的表现。

（四）简洁性

因辩论要现场面对听众和评委，赛场有时间限制，所以辩论语言要简明扼要，短促明快，句式结构要简短，力求言简意赅。

（五）感染性

辩论语言要感情真挚，声情并茂。既要以理服人，又要以情动人，如能做到生动幽默，不但可以大大增强辩论语言的感染力，还可营造场上的气氛，给对手造成一定的心理压力。

如复旦大学在狮城舌战中语言生动幽默，其中的精彩片断如下：

> 对方辩友，难道你们还对着《天龙八部》中恶贯满盈、无恶不作、凶神恶煞、穷凶极恶这四大恶人谈什么人性本善吗？（“人性本恶”）

> 艾滋病已经使人人自危，难道对方辩友要等到有一天，我们理发要自带剃刀，接吻要戴上口罩，你们才承认艾滋病是社会问题吗？（“艾滋病是社会问题，不是医学问题”）

四、心理素质

古人用兵，注重攻心。所谓善战者，攻心为上。辩论者表面上是口舌功夫，但实际上不仅要斗智，还要斗勇。优秀的辩手要具备良好的心理素质，才能掌控辩论现场，从而在辩论中赢得主动，取得胜利。辩手良好的心理素质主要包括以下几点：

（一）坚强的意志

辩论从一开始就要先声夺人，气贯长虹，始终在气势上压住对方。在形势千变万化的辩论过程中，辩手要能始终做到处变不惊，临危不惧，哪怕在对方强大的攻势下，或者当形势不利于己方的情况下，也不能屈服，不能放弃，这些都需要辩手具有不屈不挠的坚强意志。

（二）充分的自信

建立和保持自信对于辩手很重要。只有对己方的观点，以及对自己和辩友有充分的自信，才能在气势上压倒对方，才能不会被对方的言辞所征服。当然，这种自信不是盲目的，充分的自信来自于认真地审题、精心地准备，来自于对辩友的充分信任和对己方能力的正确估计。

（三）稳定的情绪

情绪的变化往往会打乱正常的思路，影响辩手的观察力、分析力和思维力，最终影响辩手的临场发挥。辩论中，情绪肯定会有波动，但心理素质好的辩手能抑制过分的心理波动，使心理及时调节到正常状态，始终保持稳定的情绪，具有遇乱不惊、受挫不馁、取胜不骄的大将风度，这样才能冷静地分析和处理辩论中出现的各种问题，才能充分发挥自己的辩驳才能。

第三节　辩论的技巧

辩论，尤其是辩论赛，是一种集知识、思辨、技巧于一体的智力的竞技和谋略的较量。它除了对辩手在知识积累、思维反应等方面要求较高外，更要求辩手灵活运用辩论方法和技巧，在辩论中做到攻守自如，最大限度地发挥辩论艺术的魅力。

一、进攻技巧

不管是实用性辩论（如法庭辩论），还是表演性辩论（如辩论赛），其本质都要求进攻，因为只有进攻才能对论敌实施有效的打击，才能取得辩论的胜利。

在进攻时，首先要解决的问题是从什么地方进攻，只有找准了突破口，找准了最佳的进攻点，才有可能顺利地实施进攻并取得战果。进攻时一般会碰到两种情况：一是对方防守较严密似乎无处下手；一是对方的论证极不严密，随处都有可乘之机。对于这两种不同的情况，办法是相同的：攻其要害。

所谓要害，亦即实质，它是双方争论的焦点，关系到对方立论的基础。一旦抓住要害实施有力打击，就会动摇对方立论的基础，收到事半功倍的效果。在对手防守严密的情况下，要根据事先的准备和对手的发言，迅速地判断其要害之所在。

例如，复旦大学队对剑桥大学队就“温饱是谈道德的必要条件”进行辩论，复旦大学队在事前的准备中就认识到“必要条件”是论题中的核心概念，是要害，是不能回避的攻击对象，所以尽管在对方看似防守严密的情况下，复旦队仍然能迅速抓住其要害，对其实施攻击。

在对方漏洞较多的情况下，一样要抓要害，不应在无关大局的细小枝节问题上纠缠，也不要因为处处可攻，便捡那些易于取得表面效果（如博得一时的掌声）的漏洞进攻。辩手要经得起诱惑，分得清方向，否则便不能给对方立论的核心以毁灭性的打击。在攻其要害这个大原则下，可以攻其弱点：如对方有理由方面的弱点，如理由不真实、不充分，便可直接攻击理由方面的弱点；如辩手本身有知识面窄、说话前后矛盾等弱点，则可用“点名法”攻击这一弱点。另外，还可攻其不备。这种不备不一定是对方论证体系里面的，它只要与论题相关便可作为进攻点。

找准进攻点之后，又如何进攻呢？下面介绍几种进攻的方法：

(一)指斥法(揭示矛盾法)

即直截了当地指出对方的错误之所在，或是论点与事实相违背，或是对方论证中自相矛盾，或是对方“偷换概念”，这是最简单却又最有效的进攻方法之一。例如：

有一次，美国大律师赫梅尔在一件赔偿案件中代理某保险公司出庭。原告说道：“我的肩膀被掉下来的升降机轴打伤，至今右臂仍抬不起来。”赫梅尔说道：“请你给陪审员们看看，你的手臂现在能举多高?”原告慢慢地将手臂举到齐耳的高度，并表现出吃力的样子，以示不能再举高了。赫梅尔又说道：“那么，在你受伤以前能举多高呢?”赫梅尔话音刚落，原告不由自主地一下将手臂举过了头顶，引得全庭哄堂大笑。赫梅尔取胜的妙处就在于机智地揭露了对方的矛盾。

复旦大学队在与剑桥大学队辩论“温饱是谈道德的必要条件”时，剑桥大学队说：“据最近的资料表明，二战中英国人民的温饱程度是有史以来没有过的，营养价值在当时食物平均分配制度下是最好的，因此你不能通过这个问题来否认它是在温饱程度上讲道德的。”复旦大学队立即反驳说：“《丘吉尔传》告诉我们，那时候好多穷人是怎么去填饱肚子的呢？是去排队买鸟食，还买不到啊!”直接揭露了对方论点和事实相违背以及论据的不真实。

(二)双刀法(两难设问法)

即向对方提出一个问题，这个问题的回答包含正反两种选择，但无论对方做何种选择，结果都难以接受。双刀法表面上是让对方享有选择余地，对手必须在给定的两个结论中选定或陷入其中一项，实质上却是自己掌握主动权，因任何一项选择都对他不利，前后夹击对方，使之无路可逃。例如：

在泰国流传着这样一个故事：有个叫西特努赛的人，在皇宫做官。一天上朝之前，他对每个官员说：“我可以洞察你们的内心，你们心里想的什么，我全都知道，不信咱们打赌!”官员们虽然知道西特努赛足智多谋，但绝不相信他会聪明到这种地步，他们想让他在皇帝面前出丑，于是一致同意以100两银子为赌注，与他打赌。皇帝也认为西特努赛输定了。打赌开始后，西特努赛不紧不慢地高声说道：“在座的诸位大人心里想的什么，我十分清楚，诸位想的是：我的思想十分坚定，我的整个一生都要忠于皇上，永远不会背叛谋反。诸位大人是不是这样想的？哪位不是请立即站出来!”官员们听到这里，面面相觑，张口结舌，没人敢站出来，只好认输。

西特努赛取胜的秘诀就在于他预先给官员们设下了这么一个"两难"之境：如果你认为我猜对了，就得输给我 100 两银子；如果你认为我猜得不对，就得承认对皇上不忠，就得掉脑袋。所以，你或者输给我 100 两银子，或者丢掉脑袋。两弊相交取其轻，官员们自然都愿认输了。又如：

在 1995 年国际大专辩论会"金钱追求和道德追求可以/不能统一"的辩论中，正方提问："只追求道德不追求金钱的社会是饿死人的社会，只追求金钱不追求道德的社会是人吃人的社会，如果追求金钱和追求道德不能统一，请问对方辩友希望的是人吃人的社会还是饿死人的社会？"很显然，该提问所提供的两个选择项都对对方不利。

（三）归谬法

在论辩中，面对一个荒谬的论题，不予正面的直接揭露、反驳，而是以它为起点，遵循"有此必有彼"的必然联系，引申出一个更为荒谬的论题，这就是归谬法。因为引申出的结论其荒谬性一目了然，对方的观点便不攻自破了。例如：

在复旦大学队对剑桥大学队就"温饱是谈道德的必要条件"进行的辩论中，剑桥大学队反复强调的是"对饥寒的人，我们最应该做的是让他们解除饥寒"。复旦大学队指出："对方认为，教唆一个贫寒的人追求温饱就是最道德的，我们教唆一个贫寒的人去抢麦当劳看来是最道德的啦！"复旦大学队抓住了剑桥大学队"对饥寒的人，我们最应该做的是让他们解除饥寒"这一论述，引出了一个荒谬的结论，即"教唆一个贫寒的人去抢麦当劳看来是最道德的"，从而掌握了辩论的主动权。

（四）明知故问法

对答案明确的问题或已知的事实，只因答案对对方不利，便故意将问题提出，置对方于困境。例如：

在辩论"人类和平共处是一个可能实现的理想"时，正方南京大学在辩论中，明知故问对方："人类最大的共同利益是什么？"因为该问题的答案众所周知，是"和平发展"。这显然对反方不利，所以正方不仅明知故问，而且不断追问。反方先是一再回避，但最后不得不答非所问："人类最大的共同利益就是在所谓的南非问题还没有解决的时候，俄罗斯的种族问题又出来了啊！"

（五）引蛇出洞法

在辩论中，常常会出现胶着状态，也就是对方死死守住其立论，不管我方如何进攻，对方只用几句话来应付。这时，如果仍采用正面进攻的方法，必然收效甚微。在这种情况下，要尽快调整进攻手段，采取迂回的方法，从看来并不重要的问题入手，诱使对方离开阵地，从而打击对方。例如：

第一届大专辩论赛复旦大学队和悉尼大学队辩论“艾滋病是医学问题，还是社会问题”时，悉尼大学队死守着“艾滋病是由 HIV 病毒引起的，只能是医学问题”的见解，不为所动。于是，复旦大学采取了“引蛇出洞”的战术。复旦大学二辩突然发问：“请问对方，今年世界艾滋病日的口号是什么？”悉尼大学队四位辩手面面相觑，一辩站起来回答道：“今年的口号是‘更要加强预防’，怎么预防呢？要用医学的方法去预防啊。”复旦大学立即予以纠正，指出今年的口号是“时不我待，行动起来”，这就等于在对方的阵地上打开了一个缺口，从而瓦解了对方坚固的阵线。

二、防守技巧

在辩论中，有进攻就有防守。防守是为抵挡对方进攻，巩固己方阵地而采取的自我保护措施。进攻和防守，既对立又统一。以攻可以为守，以守可以为攻。所以高明的防守并非就是一味消极地死守。以下是几种常用的防守技巧。

（一）反证法

就是用证明与原论点相矛盾的反论点的虚假，来确定原论点正确的方法。如要为“求神拜佛不能治病”这一论点辩护，可以假设反论点“求神拜佛能治病”为真，可事实上，连整天礼佛诵经的和尚尚且要上医院治疗，就更不用说一般的善男信女了。通过证明这一反论点的虚假，也就证明了“求神拜佛不能治病”这一命题的正确。

（二）以退为进法

在辩论中，当己方的观点受到猛烈攻击，硬挡效果并不理想时，有时用以退为进的方法也可获得有效的辩护。例如：

在一次宴会上，作家马克·吐温就刚出版的《镀金时代》接受记者采访。谈话中他说了这样一句话：“美国国会中有些议员是狗婊子养的。”谈话见报后，华盛顿的议员们恼羞成怒，责成马克·吐温在相应的报纸上解释、道歉，否则将绳之以法。不得已，马克·吐温在《纽约时报》声明：“美国国会中有些议员不是狗婊子养的。”这里马克·吐温看似在退让，实际上却是在维护自己的观点。

（三）以攻为守法

当对方攻击自己时，如果无法正面辩护，则可主动出击，反驳对方的要害，迫使对方转攻为守，自顾不暇，以达到守住己方阵地的目的。例如：

复旦大学队对台湾大学队就“人性本善”进行辩论时，在自由辩论阶段，双方有这样一个回合的较量：台湾大学队问道：“我倒想请问对方同学，如果人性本恶，是谁第一个教导人要行善的呢？这第一个人到底为什么会自我觉醒？”复旦大学队答道：“我方二辩早就解释过了，我想第四次请问对方辩友，善花是如何结出恶果的？”

在此之前，正方和反方各提了两次相同的问题，双方都没有清楚的解释，面对台大队的再一次轰炸，复旦队的战术是抛出台大队同样不能解决的问题来质问对方，通过毫不退却的进攻，扭转弱势局面，从而维护己方的观点。

（四）模糊应接法

在辩论中，有时对方会在形势对己方不利的情况下，穷追不舍，提出一些棘手的问题。对于这些你不能不回答、又不能明确回答的问题，使用模糊回答，常可摆脱困境。例如：

在复旦大学对悉尼大学辩论“艾滋病是医学问题，还是社会问题”时，正方悉尼大学队指出：“对方已经说明，我们应该加强教育，但是我想请问对方，教育是用什么教育？是不是用医学的方法来教育呢？”对这一尖锐的提问，反方复旦大学队采取了“模糊应接”法：“知之为知之，不知为不知。请问对方，你们判断是医学问题还是社会问题的标准是什么？”

好一个“知之为知之，不知为不知”的回答，既回避了对方的话锋，又巧妙地把战场拉到了有利于自己的一方。

（五）顺水推舟法

就是表面上认同对方观点，顺应对方的逻辑进行推导，并在推导中根据己方需要，设置某些符合情理的障碍，使对方观点在所增设的条件下不能成立，或得出与对方观点截然相反的结论。例如：

在“愚公应该移山还是应该搬家”的论辩中，反方问道：“我们要请教对方辩友，愚公搬家解决了困难，保护了资源，节省了人力、财力，这究竟有什么不应该？”正方答道：“愚公搬家不失为一种解决问题的好办法，可愚公所处的地方连门都难出去，家又怎么搬？……可见，搬家姑且可以考虑，也得在移完山之后再搬呀！”

反方就事论事，理据充分，根基扎实，正方先顺势肯定“搬家不失为一种解决问题的好办法”，既而指出“愚公所处的地方连门都难出去”这一条件，自然而然地导出“家又怎么搬”的诘问，最后水到渠成，得出“先移山，后搬家”的结论。如此一系列观点环环相扣、节节贯穿，以势不可挡的攻击力把对方的就事论事打得落花流水。

（六）釜底抽薪法

刁钻的选择性提问，是许多辩手惯用的进攻招式之一。通常，这种提问是有预谋

的，它能置人于“两难”境地，无论对方作哪种选择都于己不利。对付这种提问的一个具体技法是，从对方的选择性提问中，抽出一个预设选项进行强有力的反诘，从根本上挫败对方的锐气，这种技法就叫釜底抽薪。例如：

在“思想道德应该适应(超越)市场经济”的论辩中，有如下一轮交锋：

反方：我问雷锋精神到底是无私奉献精神还是等价交换精神？

正方：对方辩友这里错误地理解了等价交换，等价交换就是说，所有的交换都要等价，但并不是说所有的事情都是在交换，雷锋没有想到交换，当然雷锋精神谈不上等价了。

反方：那我还要请问对方辩友，我们的思想道德的核心是为人民服务的精神，还是求利的精神？

正方：为人民服务难道不是市场经济的要求吗？

第一回合中，反方有“请君入瓮”之意，有备而来。显然，如果以定势思维被动答问，就难以处理反方预设的“两难”：选择前者，则刚好证明了反方“思想道德应该超越市场经济”的观点；选择后者，则有悖事实，更是谬之千里。因此，正方辩手跳出了反方“非此即彼”的框框设定，反过来单刀直入，从两个预设选项抽出“等价交换”，以倒树寻根之势彻底地推翻了对方作为预设选项的正确性。

(七)闪避答问法

在论辩过程中，当对方的问题难以回答、或不愿回答、或不屑于回答时，可以采用一些巧妙的方法来加以回避，这就是闪避答问法。例如：

日本一位著名的电影演员到上海进行艺术活动时，中国朋友十分关心这位30岁还未结婚的电影艺术家。有人问她什么时候结婚，这位演员微笑着说：“如果我结婚，就到中国来度蜜月。”

这一回答十分巧妙，把“在何时结婚”的问题变成了“在何地结婚度蜜月”的问题，避开了她不想公开回答的问题，使人不好再问下去。又如：

在首届国际华语大专辩论会关于“艾滋病是医学问题，还是社会问题”的辩论中，有这么一个回合：

正方四辩：我们已经说过，艾滋病从医学角度来说可能是绝症，但以前很多绝症不是通过医学的角度解决了吗？

反方四辩：一个老太太被车撞倒了，请问这是救人的问题呢还是撞人的问题？

正方二辩：那不是病啊！

反方二辩：但是她不也要上医院吗？那就医学问题了吗？

在这一辩论回合中，正方提出了一个很有威慑力的问题，即“能治好的绝症算不算社会问题”。这个问题反方难以作出恰当的回答，于是便采用闪避答问法，用“老太太被撞倒”这一例子巧妙地化解了对方的难题。

三、机变技巧

在论辩中，不可能时时处处都想得很周到，一点漏洞也没有。准备不充分，仓促应战，或自己在辩论中出现明显失误给对方以把柄的情况，常常会发生。要应付这些意外情况，可采用以下机变技巧：

（一）缓兵之计法

在辩论中，当对方提出一些事先没有准备的问题，而在仓促之间难以回答时，为了能够不露声色地争取时间，可用缓兵之计。常用的缓兵技巧有两种：一是对方提问过后，可以故意问对方：“这个问题还要我回答吗？”或“不知您要求我从哪个方面来回答这个问题呢？”二是假装没有听清楚，请对方再将问题讲一次，或采取一些适当的言行，如整理衣帽、寻找某个东西等，通过这些言行，为自己争取如何发言的思考时间。

（二）补错法

在辩论中，有时可能失言或讲错话，这就要及时补错，不然马上就会被对方抓住，作为攻击的把柄，使己方陷入被动。可采用以下方法补错：

1. 移植法

即把错误移植到别人头上。如可以这样说：“这不是我的看法，而是别人的看法，我下面正准备驳斥这个观点。”这样对方就不好再次攻击你的错话了，可以变被动为主动。

2. 补说法

即进一步引申、补充，把不恰当的话变之为正确的话。如可以说：“请等一等，我的话还没有说完呢，我刚才的话还应做如下补充……”这样既挡住了对方的进攻，又修正了自己的话。

3. 将错就错法

讲错话之后，自己意识到了，或对方指出来了，这时干脆将错就错，巧妙地改变错话的含义，将错的东西转化为正确的东西来论证。例如：

一位辩手在解释“三纲五常”中的“三纲”的内容时，错说为“臣为君纲，子为父纲，妻为夫纲”。正好把君臣、父子、夫妇的关系弄颠倒了，引来哄堂大笑。这位辩手意识到自己说错话后，立即补充道：“请大家注意，我说的是‘新三纲’啊。现在我国人民当家做主，是主人，而领导不管官位多高，都是人民的公仆，岂不是臣为君纲？我国实行计划生育，一对夫妇只生一个孩子，这孩子成了家里的小皇帝，岂不是子为父纲？现在许多家庭中，妻子的权力远远超过丈夫，‘妻管严’、

‘模范丈夫’比比皆是，岂不是妻为夫纲？”话音刚落，掌声骤起，这自然是对这位辩手巧妙运用“将错就错”法的肯定。

第四节　辩词的写作技巧

辩词，也叫辩辞，就是辩论的语言和文字，它是辩论的内容，也是辩论的载体。辩词在不同的场合有不同的种类，如法庭辩论中的辩词、辩论赛中的辩词，它们的写作也各不相同。本节讲述的是辩论赛中辩词的写作。

要想在辩论赛中取胜，辩词的写作非常重要。除自由辩论外，都需要事先写好辩词。虽然辩论的过程是双方辩手以口语表达的形式进行唇枪舌剑、你来我往的争辩，但是辩手都要在准备阶段进行辩词的写作。撰写辩词，主要是帮助辩手理清思路，熟悉己方辩词的具体内容，为辩论打好基础。在辩词写作过程中，还可以发现己方的不足和漏洞，及时加以修改、完善和补充，另外，在即兴辩驳的时候，都要围绕着辩词里的攻防重点进行。所以说，写出好的辩词是辩论赛取胜的必要条件之一。

一、辩词的特点

由于辩词是围绕着辩题及相应的理论框架而作，并且有时间限制等因素，因而有其专门的特点。

（一）理论框架严密

所谓理论框架，是指围绕辩题研究设计出的有利于己方攻防辩驳的理论思路。要想在辩论中取胜，构筑逻辑严密、攻防得当的理论框架是基础，也是关键，辩词的撰写也才能有的放矢，构建起一个完整、严密的论证体系。例如：

复旦大学队给“人性本恶”这一辩题构建的理论框架是：一是事实判断，通过摆事实讲道理说明人性本恶是一个颠扑不破的真理；二是价值判断，表明我方并不赞成人的恶行，也不主张听任其发展，而主张通过教化来抑恶扬善，使人性向善的方向发展。

这一理论框架设计合理，攻防严密，为复旦大学队赢得辩论赛的胜利奠定了坚实的基础。

理论框架的严密性在辩词中体现为：确立对己方有利的中心论点或分论点，具备缜密的逻辑推理，保证攻防的重点范围、各辩词的分工与协作等。比如在关于“艾滋病是医学问题，还是社会问题”的辩论赛里，复旦大学队设立的中心论点是“艾滋病是在社会中发生、发展的，必须用社会系统工程加以解决的社会问题”。由于在表述中用了许多限制语，尤其是使用了社会系统工程的概念，在逻辑上对医学的包含关系，非常有利于己方的攻防。

（二）论据充分有力

辩论赛上每个队员的独立发言时间只有短短的三四分钟，而且需要互相配合，这就要求要善于选择充分有力的论据来证明己方的观点或反驳对方的观点。

一般来说，论据有理论论据和事实论据两大类。理论论据包括各种学科的理论知识、名人名言、格言警句、成语诗文等；事实论据可以是古今中外的各种典型事例，也可以是概括性事实，或有关统计数据等。值得注意的是，由于辩论赛具有竞争和表演的性质，在运用论据时，最好能够适当考虑听众及评委的情况，可引用一些与比赛所在地密切相关的事例，给听众及评委熟悉感、亲切感，激起听众及评委的共鸣，这也是赢得听众及评委好感的一种策略。

（三）行文严谨有序

由于辩手的发言是说给对手、评委及听众听的，考虑到一听即过的特点，要求辩词要具有很强的条理性。从结构上来看，辩词的构成与一般文章的结构有共同之处，也可分为开头、主体、结尾三个部分，但由于辩论赛场的特点及时间的限制性，因此，辩词的写作要求要开门见山，直截了当进入正题为好。

开头部分可以有呼语和引言，呼语常用“谢谢主席，各位评委、大家好”、“谢谢主席，各位好”等词语，表示一种文明礼貌；引言用来反驳对方的谬误和提出己方的观点，提出观点应开门见山，简明扼要。常用“我方认为”、“我方主张”、“我方的立场”等词语来引入。

主体部分展开具体论证，为使听众听起来条理清楚，常用序数词“第一、第二、第三”或“首先、其次、再次”等来分出段落层次。这一部分从内容上看，应以立论为主，反驳为辅。具体论证重点应根据事先制订的辩论方案及构建的理论框架而定。

结尾部分应简练，可小结可反驳，可用“谢谢、谢谢各位”等词语来做结束语。

（四）语言生动流畅

辩论赛的辩词如同演员的台词一样，要讲究语言的生动性和口语化，既可使评委和听众容易接受，又可增强辩论的说服力和感染力，收到更好的现场效果。通过恰当使用各种比喻、拟人、夸张、双关等生动形象的修辞手法，运用成语、谚语、格言、诗词、典故以及幽默诙谐手法等，都是使辩论语言生动、优美、简练的有效手段。辩论语言还应该要注意口语化，句子结构应尽量简短，多使用设问句、反诘句及各种语气词等，有助于语言的通俗化和口语化。

二、辩词的写作要求

（一）务必自己动手写辩词

在写作辩词之前，辩手可以请教练或其他人进行一些指导，以开拓思路，也可以阅读一些相关的辩词以感受并形成自己的"辩词意识"。但是自己的辩词一定要自己来写，写的过程，既是消化辩论的过程，也是进一步强化认识、反复体验战略的过程。通过写，会激活自己的思维和已有的知识储备。写得顺畅，说明自己对问题的认识是清楚的，有把握的。无论如何，自己动手写辩词的过程是进一步认识、消化、内化、强化的过程。写得好不好，效果在辩论赛场上自然会显现出来。

（二）务必注意团队的配合

辩论赛是一种团队活动，每位辩手的辩词都应该建立在己方完整的逻辑框架的基础上，不能各自为政，应该做到既相对独立，又相互衔接，形成一个完整、严密的体系。如开篇陈词的主要任务是界定辩题的概念内涵和内在联系，确立己方的逻辑框架，交代己方的总论点；总结陈词的主要任务是对对方的观点进行集中反驳，然后将己方观点进行提升，从价值判断的高度加以新的概括，对在自由辩论或之前陈述观点环节中出现的漏洞进行补救等。

（三）务必注意时间的分配

场上陈词的时间是有规定的，因此，辩词的撰写务必要考虑时间的分配问题。怎样开头、怎样结尾、中心内容是什么、需要多少时间才能把问题说清楚等，均要认真安排，仔细分配好时间。由于考虑到场上的情况会随时发生变化而适当改变、增减内容，一篇陈词不可写满，一般应该留出30—40秒，以备临场补充或增加。三分钟的陈词一般情况下按语速来计算，大约有850字左右。因此可以在这个基础上适当增减，就不会超时或者不足时。

（四）务必考虑陈词中闪光的元素

辩词是根据战略文案的要求来写的，它是辩手对战略文案的体现和落实。然而，一篇辩词，只是完成和体现最基本的要求是不行的，还要力争出彩、出效果才可以有共鸣。所以必须考虑其中闪光的元素，如趣味元素、诗词元素、哲学元素，这三方面的元素，是闪光点，往往不仅能出彩，还能够使陈词生辉。如在第三届国际大专辩论赛首都师范大学和马来亚大学的辩论中，反方（马来亚大学）的观点是"真理不会越辩越明"。反方一辩的辩词中这样写道：

> 第二次世界大战的时候，英国人说："我是为真理而战。"德国人也说："我是为真理而战。"就连法国人也说："我是为了真理呀！"大家都各言其说。结果我们发现真理是什么？真理是躺在地上千千万万的尸体呀！培根说："研究真理，认识真理和相信真理，那是人类最崇高的美德。"真理是对客观事物本质及其规律

的正确认识，它又可分为主观与客观真理，我觉得今天的主席非常英俊，这是主观真理。地球绕着太阳转，这是客观真理。辩只是一种行为，不是规律……

这段辩词首先讲述了二战期间英国、德国、法国进行战争的目的都是“为真理而战”，结果导致“真理是躺在地上千千万万的尸体”；接着引用了培根的话，还幽默地夸奖今天的主席非常英俊，语言轻松有趣，有理有据，赢得了满场掌声。

例文赏析

例文选自“三达杯”2010 国际大学生群英辩论会 A 组大决赛冠军武汉大学队的辩词，辩题为“用人不疑，疑人不用（武汉大学队）/用人要疑，疑人也用（马来亚大学队）”。

开篇立论

谢谢主席，大家好！2001 年，武汉大学和马来亚大学的辩论前辈们，就是在新加坡国际大专辩论赛的舞台上，和大家一起探讨了“金钱是不是万恶之源”。2010 年，同样的对手，同样的舞台，我们又回来了！（掌声）

一切都是那么的熟悉，甚至连辩题看起来都有那么一点点的不平衡。因为如果从表面上看来，我方的论证任务似乎不可能完成——因为大家都知道，人不是完美的，用人者不可能像信上帝一样完全一点怀疑都没有。而对方辩友的论证义务看起来似乎又少到没有，因为疑是普遍存在的，用人只要有了一点点疑，不就是“用人要疑”嘛。不过还好，大家都知道，俗语类的价值性辩题，是不能只从字面上去理解的。比如我们说“百善孝为先”，并不是说“孝”在任何时候，都比仁义礼智信要更重要，而只是提倡大家要多多尽孝。今天的辩题也是一样，我们要探讨的核心问题，就是用人之道路在何方。我方认为“用人不疑，疑人不用”是当今社会更值得提倡的价值导向。

第一，“用人不疑”是对人才的尊重，更有利于调动人才的积极性。士为知己者死，只有对人才充分的信任才能得到人才充分的回报。刘备不疑诸葛亮的忠心，临终以举国相托，换来的是孔明一生鞠躬尽瘁。唐太宗不疑尉迟敬德的忠良，当他人怀疑其叛变时，仍然赤诚相待，换来的是这位猛将一生的效忠。而“用人要疑”，往往功败垂成。曹操疑蔡瑁、张允，导致赤壁一战败走华容。赵构疑岳飞叛变，导致十年之功，废于一旦。可见，只有充分的信任下属，用人不疑，才能消除隔阂，上下一心，共图大业！

第二，“用人不疑，疑人不用”更符合现代管理的基本原则和趋势。在现代社会的管理，是依靠制度来降低风险，提高效率的。所谓“疑人不用”，就是要建立一套科学合理的人才选拔机制，对人才进行周密全面的考量，从而降低用人风险；而“用人不疑”，是指在选拔出了可靠的人才之后，在用人过程中，就充分放权，来提高效率。当今信用社会，每个人都是付出信任，如果得到了好的回报，就继续信任；如果信任被滥用，便不再信任。当今美国、日本和新加坡，都是这样在做的。这样既提高了社会效率，又能够净化社会风气，何乐而不为呢？

将心比心，每个人都渴望得到他人的信任，但如果我们都不愿对他人付出信任，又如何得到真心的回报呢？面向未来，我们需要的不是怀疑的坚冰，而是信任的温暖。谢谢！（掌声）

【例文导读】 作为辩词中的开篇立论，该篇辩词把“用人不疑，疑人不用”这一比较难辩的辩题转化为一种价值性导向，并从两个方面清楚地阐述了己方观点，给全队的辩论奠定了方向和重点。

总结陈词

谢谢主席。对方辩友今天论证的听起来很有道理，为什么？因为他们告诉大家一句大实话呀——江湖险恶啊！每个人都是有靠不住的一面，人的心里总有些阴暗的地方。但是呢？我们要怎样办呢？因为我们心中有了一些阴暗的地方，我们就要阴暗吗？不！我们要的是光明！对方辩友今天看似正确的论证下，有两大错误：一个是逻辑上的，一个是价值上的。我们一一来看。

首先从逻辑上来看，对方告诉我们，他们的疑是什么呢？就是该疑的地方就疑，不该疑的地方就不疑，大家有没有发现，这其实已经不叫疑了。对方辩友自己也承认了，这叫什么？这叫科学谨慎的态度，科学谨慎等于疑吗？那我们这句千古流传下来的俗语，是不是应该这样翻译：用人不疑，是指用人不要讲科学，用人不要谨慎；疑人不用，其实谨慎的人不能用，讲科学的人不能用？（掌声）——恐怕不是这个样子吧？所以今天什么是疑？对方辩友好像今天总告诉大家，身正不怕影子歪，你怕什么？疑一下又怎么样？可是我们要知道，疑心生暗鬼啊！大家有没有听过“疑邻窃斧”的故事？有一个人，他的邻居明明没有偷斧子，可就是因为怀疑邻居偷了斧子，硬生生地把邻居看成一个偷了斧子的强盗诶！对方辩友，如果今天我们一个人什么都没有做错，在怀疑之下，也可能变成一个有罪之人。请问，这样的疑难道还要“要疑”吗？好，今天对方辩友其实告诉我们什么？我们今天说了，如果用人要疑的话，那么这个人没有疑点怎么办？是不是就不能用了？对方辩友说，没有疑点，也得找点疑点出来吧——您这是不是叫“有

疑第一,用人第二”呢?(掌声)

其实,我们来想一下,我作为一个大学生,马上可能要去找工作。可是我们想一下,如果说今天用人要疑的话,那么我去面试的时候,我不能表现得太好,因为如果没有疑点,这个老板不敢用我,他觉得我要巴结他。好,我好不容易进去了,一开始,老板说我要疑你。“算了吧,我是个新人,你可以疑我。”结果我好好地卖力工作,好不容易出了点成绩,老板该信任我了吧?可是不行!——用人要疑,他得继续地疑我——请问,这样疑下去有什么边呀?如果真的万一有一天,他真的找不出我的疑点了——不好意思,他得开除我——因为用人要疑啊!(掌声)

所以我们再回归到价值上,今天我们探讨这个辩题是为了什么?对方辩友告诉我们,人都是会变的,人有可疑之处,我们一开始承认了,没有人是完美的,但是因此我们人要做的是什么?是要不断地去追求信任,不断地追求社会上的温暖,所以我们有了完善的制度。对方辩友告诉我们,你装摄像头,签保密协议,这叫疑。可是我们想一下,我没签制度之前,疑我,我签了制度,你说“唉,你虽然签了,我还是疑你”,我签这个制度有什么用啊?!制度是保障人们可以不用去疑的!

我相信,在这个社会上,大家都有这样的一个梦想——我们走在路上不希望碰见冷漠的目光,而希望碰见真诚的微笑。我们拥有这样一个梦想——纵使社会上还有怀疑的坚冰,我们也可以毫无顾忌地用自己的胸膛去温暖他人的心房!(掌声)只有我们去努力,当这个梦想实现的一天,我们才能看见历史天空中的人性之光!

【例文导读】 作为一篇总结陈词,该篇辩词先从逻辑上批驳对方的观点及论证,接着以“‘我’(一个大学生)找工作”这一现实的例子进一步批驳对方的观点,最后从己方始终抓住的辩论角度——价值导向重申了己方的观点,与开篇立论及自由辩论相互呼应,不失为一篇成功的辩词。

第五节　辩论赛的组织与评判

自 20 世纪 80 年代以来,华语辩论赛在我国和华语地区蓬勃开展,至今方兴未艾。最近几年,在我国各类校园文化活动中,各种辩论赛更是成为一个重要的文化盛事,长盛不衰,魅力无限。

常见的辩论赛类型有“一对一”、“三对三”、“四对四”等不同类型,各有所长。辩论赛的组织模式也日趋多样化,组织辩论赛应根据具体情况决定比赛形式。

一、辩论赛的组织

组织一场辩论赛是一项复杂的系统工程，主要包括以下几项工作：

（一）组建组织机构

辩论赛从发起到具体筹划、运作，直至正式进行，有许多工作要完成。因此，首先应当组建一个组织机构，承担以下主要职责：确定辩论赛宗旨、模式和辩题；确定参赛单位、比赛时间、比赛场地；制定辩论赛规则、程序；做好辩论赛的宣传；负责比赛现场的组织与协调；安排赛后工作等。

（二）组建评判

辩论赛往往包括多个场次，每场一般都需要聘请5—7名评委。每场评委中还必须确定评判团主席和点评嘉宾一名，以主持评判工作，完成赛后点评工作。点评嘉宾除了具备一般评委的素质外，最好还具有较好的口才。

（三）确定模式和规则

辩论赛有许多模式，相应的程序和规则也很多。这就必须根据实际需求，确定比赛使用的模式和规则。

（四）确定辩题

辩题是辩论赛的灵魂，直接制约着辩论赛的成败。好的辩题具有现实性、可辩性、公平性等特点，既能给辩手有充分发挥的余地，又能吸引观众的兴趣。

（五）确定辩论赛主席

主席就是辩论赛的主持人，是辩论赛程序的执行人，对于辩论赛的顺利进行是至关重要的。一般来说，辩论赛主席应当具有丰富的主持经验，形象好，语言表达能力强，思维敏捷，有辩论知识的基础，且处于中立地位。

（六）确定参赛队伍

就像运动员对于运动会一样，辩论参赛队伍对于辩论赛来说自然重要，一场高水平的辩论赛需要优秀的辩论队。因此，要及时做好参赛队伍的报名及确定工作，并及时与领队进行沟通，确定比赛有关事宜，以确保辩论活动能高质量地进行。

二、辩论赛的准备

拿到辩题后，要立即开始各项辩论赛的准备工作，具体包括剖题立论、战术设计、撰写辩词、赛前演练等。

（一）剖题立论

剖题是立论的基础，立论是剖题的目的。剖题好比是裁缝师傅下剪子，这一剪子裁下去，如果对了，后面的理论框架、辩论战术就水到渠成；如果错了，那肯定是一错到底，覆水难收。为了在辩论赛中掌握主动权，一定要做好剖题立论。剖题立论工作具体包括以下几个步骤：

1. 把握辩题的含义

即要正确理解辩题表达了什么样的思想。因为辩题一般由概念构成，所以实际上是要弄清辩题中每个概念的含义。例如：

在辩论"温饱是/不是谈道德的必要条件"时。反方复旦大学队在准备阶段对辩题作过如下分析：

温饱：饱食暖衣，换一种说法，即无衣食之困。我们大致可以把人类的生存理解为三种状态：第一种是贫困，亦即勉强能够维持生存；第二种是温饱，表明生存状态较好，已脱离受冻挨饿的境地；第三种是富裕，是指一种很优越的生存状态。

道德：调节人们行为的规范，由社会舆论和良心加以支持。

谈：提倡，宣扬。

必要条件：其逻辑含义是"无之必不然，有之不必然"。

2. 界定核心概念

分析了辩题的含义后，就要对辩题的核心概念，也就是关键词进行界定。所谓的关键词是指辩题中的"题眼"，是辩论中双方争议的焦点，找到关键词也就找到了立论的方向。例如：

1990年第三届亚洲大专辩论会的一辩题"儒家思想是/不是亚洲'四小龙'经济快速成长的主要因素"，其中有"儒家思想"、"亚洲'四小龙'"、"经济快速成长"、"主要因素"等概念。当时持反方立场的南京大学经过分析后，认为其中"主要因素"是关键词。于是他们重点对"主要因素"作出界定，提出主要因素必须具有总揽全局的功能。在此基础上，他们建构了自己的基本论点：儒家思想只是亚洲"四小龙"经济快速发展的背景条件，并不是主要推动因素，推动"四小龙"经济快速发展的主要因素是"四小龙"推行的正确而灵活的战略和政策。由此为南京大学队赢得比赛奠定了基础。

3. 判断辩题的逻辑类型

关键概念界定之后，就要开始对整个辩题进行逻辑分析，然后根据其内在逻辑关系设计有利于己方的逻辑框架。常见的辩题逻辑类型有：

利弊型：如"流动人口的增加有利于/不利于城市的发展"、"大学生在校期间兼职利大于弊/弊大于利"等。这类辩题正反双方的逻辑地位是相等的，重点就在于怎样把己方要论证的利或弊说成是全局性的、必然性的、主导性的、长远性的、根本性的，而把对方的立论说成是局部性的、偶然性的、边缘性的、暂时性的、非根本性的。

应该型：如"愚公应该/不应该搬家"、"经济发展应该以教育发展为前提/教育发展应该以经济发展为前提"等。这类辩题是一种价值判断，是以理想状态作背景的，强调"应该"说明实际上还做不到或者只能部分做到。因此，肯定的一方要尽量缩短理想与现实状态之间的距离，否定的一方则要努力夸大两者的距离。

可能型：如"人类永久和平是可能/不可能实现的"、"生态危机可能/不可能导致人类灭亡"等。这类辩题的逻辑比较特异：一方面，可能性是指向将来的，现实性是指向过去的，所以现实性永远驳不倒可能性；另一方面，可能性是无限的，所以在辩论中，"不可能"的一方在逻辑上总是处于比较困难的境地。

比较型：如"事业比爱情/爱情比事业更重要"、"男人比女人/女人比男人更需要关怀"等。此类辩题，要注意双方的立场不是截然对立的，关键是证明"更"，即何者的程度更胜一筹。

4. 确定己方底线

在完成剖题之后就可以确定辩论的底线了，底线就是一方的根本论点，是进一步立论的基础。底线并不是对于辩题的简单重复，而是在吃透辩题的基础上，加上各种条件、限制、延伸后得出的己方的根本观点。例如：

> 在关于"发展旅游业利大于弊/弊大于利"的辩论中，反方的底线是"如果不分时间、环境、盲目地发展旅游业，就是弊大于利"。

> 在关于"温饱是/不是谈道德的必要条件"的辩论中，反方的底线是"有理性的人存在是谈道德的必要条件，在任何情况下都能够谈道德，在走向温饱的过程中尤其应该谈道德"。

5. 收集论据

引经据典、旁征博引是辩论说服力和气势的重要支持。论据是支持论战的素材，可以分为事实论据和立论论据。论据的来源很广，诸如历史资料、现实状况、数字数据、正反面典型事例、名人名言、理论学说、新闻事件、诗词、歌词、寓言、歇后语等。收集和选择论据时要注意选择准确的、典型的、新颖的、有倾向性的论据。

（二）战术设计

立论确定下来之后，应当根据辩论的规则，设计比赛的战略战术。所谓战略战术，就是在充分研究正反双方立场的有利、不利因素基础上，制定具体的比赛策略、方法，包括各个比赛环节的战术设计，辩手之间的分工配合，心理战术设计等。

1. 各比赛环节的战术设计

由于赛制的不同，辩论赛的比赛环节也有不同，战术设计要根据赛制具体规定，有针对性地策划每一个环节的具体战术。下面以 2005 年国际大专辩论赛为例，讲述各个环节战术设计的要点。

一辩陈词策略。主要任务是陈述己方立论。一辩应当起到先声夺人的效果，给观众和评委留下良好的第一印象，为己方立论展开留下余地，同时可以运用逻辑设计限制对方立场，给对方施加压力。因此，一辩的发言要求言简意赅、条理清楚、口齿伶俐、辩风清新。反方一辩还需在开始对正方一辩的立论进行反驳。

攻辩策略。攻辩也称盘问，是双方一对一进行问答的环节。这个环节现场性及对抗性很强，对于对方的提问不能回避，必须正面回答。这一阶段的主要策略是设计盘问的问题以及盘问小结。在设计问题时要有针对性地选择对方立论的逻辑难点、弱点加以攻击，或者提一些与辩题有关但对方容易忽略的问题，或者举一些有利于己方立场的雄辩事实。场上提问时，可以选择对方比较弱的辩手来回答，以增强进攻的效果。盘问小结应当是对临场盘问情况的小结，但是事先也可以进行设计，一般可以根据己方提问，设想对方可能回答的情形，在此基础上作出概括加以驳斥，并进一步强调己方观点。

自由辩论策略。自由辩论是辩论赛中最精彩的环节，也是最具可看性的部分。如果自由辩论中发挥不佳，被对方牵着鼻子走，攻击无力，防守无措，那么就会失去场上优势，走向失败。自由辩论环节的策略如下：

第一，积极开辟战场，实行全方位进攻。自由辩论的第一要务就是进攻。进攻要从对方的总论点、分论点、论据、逻辑等多方面展开，积极主动地开辟战场。进攻主要通过提问和反驳来实现。这里主要介绍提问的设计。一般来说，问题设计得越多越好，因为这些问题都是进攻时的炮弹，准备得越多，己方的战斗力就越强。另外，提问应紧紧围绕己方的进攻策略，并据此形成若干个问题组，每一个问题组针对对方的一处漏洞、问题和弱点，一旦抛出就能开辟一个新的战场。这样就能掌握自由辩论的主动权。例如：

辩题“京剧是否应该进入中小学必修课程”，反方设计了如下问题：

(1)对方辩友，您读小学初中的时候有没有京剧必修课程?

(2)那您是否因此就不了解京剧了呢?

(3)请问是一点都不了解呢，还是没有系统了解呢?

(4)您觉得众多流行音乐的粉丝是不是都系统了解流行音乐了呢?

(5)为什么没有系统了解流行音乐也能喜欢上流行音乐，而没有系统了解京剧就喜欢不上京剧呢?

(6)也就是说，京剧属于那种一眼看上去很难喜欢上，需要慢慢品味才能感受他的魅力的是不是?

(7)可是您方刚才举证说很多学生上过京剧课就喜欢上京剧了，一两节京剧课是如何让他们细细品味京剧的魅力的呢？这样的矛盾对方辩友如何解释?

第二，不屈不挠，严密防守。要根据对方可能进攻的方面、提出的问题准备应对策略。在防守当中，一定要守住己方的底线，同时要善用以攻为守法，面对对方的猛烈进攻不能一味抵抗，而是要主动出击，向对方展开进攻，当对方忙于防守时，对己方的进攻自然就无暇顾及了。

第三，把握好时间。自由辩论中常常出现一方时间早早用完，另一方则利用剩余时间轮流进攻，对方连反击的机会都没有，犹如"缺席审判"。因此，自由辩论中要把握好时间，一是用语要力求简洁，尽量节省己方发言时间；二是多向对方提一些难以简单回答的问题，尽量消耗对方时间。

总结陈词策略。总结陈词是辩论比赛的最后环节，如果前面环节的战术贯彻得当，效果明显，则总结陈词的主要任务就是乘胜追击，扩大战果，升华立论。如果前面环节效果不理想，发挥不佳，则总结陈词就要尽量突出己方优势，扩大对方劣势，以求力挽狂澜，赢回胜利。因此，尽管总结陈词可以在事先拟定，但必须留有较大余地，以便在临场随机应变，进行修改。

2. 辩手的分工配合

辩论赛是团体比赛，辩论队员之间的默契配合对于整体发挥至关重要，由于每位队员的知识背景、风格、专长等各不相同，将辩手合理调配，以发挥他们所长，克服他们所短，从而实现一种整体力量，是战术设计的重要任务之一。

辩手的分工首先是辩位分工，就是先要确定各个辩位的定位及任务，然后根据辩手的特点来确定每位辩手担任哪个辩位；其次是攻防分工，特别是在自由辩论环节中，要确定谁主要负责向对方提问，谁主要负责回答对方的提问，谁可以承担既进攻又防守的任务等。辩手的配合包括许多方面，如合作立论、相互论证、相互补台、时间划分、材料运用等。要形成"心有灵犀一点通"的配合意识，则需要辩手之间的充分磨合，在比赛前要多进行交流沟通，要共同准备比赛，不能单独行动，各自准备。

3. 心理战术设计

心理战术的设计，一是在赛前要调适好己方心理状态，要使各位辩手具备高昂的斗志、强烈的辩论欲和激昂的感情，以一种积极自信的心态去迎接辩论，这样才能最大程度地发挥各位辩手的才智。二是要对对手的情况进行了解，如对手的个性、特长、知识水平等，在辩论赛中才能扬长避短，避开对方的优势，攻击对方的弱点。三是要了解观众的文化背景、价值观、兴趣、爱好、知识、需求等，研究评委的专业知识、理论成就和主要作品等，分析评委的价值观及欣赏趣味，在辩论当中投其所好，从而赢得观众和评委的好感，为赢取辩论赛创造一个有利的环境。

（三）撰写辩词

要想在辩论赛中取胜，辩词的写作是非常重要的。辩手的发言，除自由辩论外，都需要事先写好辩词，尽管也常有即兴辩驳的时候，但这仍要围绕着辩词里的攻防重点进行，所以说，写出好的辩词是辩论赛取胜的必要条件之一。辩词写完后要反复朗读，然后字斟句酌，不断修改。只有这样才能写出一篇适合辩论的辩词。（辩词的具体写法参见本章第四节。）

（四）赛前演练

赛前准备是否充分，是决定辩论成败的关键。各项准备工作完成后，就要集中精力进行赛前演练，以求胸有成竹、熟能生巧、配合默契。赛前演练可以按这几个步骤进行：个人演练→一对一演练→队内合练→模拟演练等。赛前演练还应包括自由辩论的攻防设计、应对技巧等，以及对双方交锋中可能出现的各种情况的预测，谋划攻防得当的战略战术，以求知己知彼，掌握主动，争取获胜。

三、辩论赛的评判

辩论赛评判内容一般包括辩论技巧、辩词、风度和整体配合等项目，各项比分由组织者视辩论赛的具体情况事先确定。同时，一般辩论赛同时设团体奖项和个人奖项，因此需要对辩论队团体和辩手个人的表现分别进行评判。辩论赛的评判标准大同小异，下面以“四对四辩论赛”模式为例，介绍比赛程序、比赛规则及评分标准。

（一）比赛程序

1. 主席致开场词，介绍该场参赛队员、评判团成员和比赛规则。

2. 开篇立论开始，正反两方一辩依次进行，时间各2分30秒。

3. 攻辩时间6分钟，每队各3分钟。

4. 攻辩小结，每队各1分30秒。

5. 自由辩论8分钟，每队各4分钟。

6. 观众提问，每方最多2个问题，每次回答用时不超过1分钟。

7. 反方四辩总结陈词，时间3分钟。

8. 正方四辩总结陈词，时间3分钟。

9. 评判团进行评判，工作人员计分作统分工作。

10. 请本场的评判代表分析赛情。

11. 主席宣布本场比赛各队得分情况及最后结果。

12. 本场比赛结束，退场。

（二）比赛规则

1. 攻辩规则

（1）攻辩由正方二辩开始，正反方交替进行。

（2）正反方二、三辩参加攻辩。正反方一辩作攻辩小结。正反方二、三辩各有且必须有一次作为攻方；辩方由攻方任意指定，不受次数限制。攻辩双方必须单独完成本轮攻辩，不得中途更替。

(3)攻辩双方必须正面回答对方问题,提问和回答都要简洁明确。重复提问和回避问题均要被扣分。可以提出与题目有关的合理而清晰的问题,并可以随时停止辩方之回答。但问题明显不合理时,辩方可说明理由,并拒绝回答。每一轮攻辩,攻辩角色不得互换,辩方不得反问,攻方也不得回答问题。

(4)辩方可以要求攻方重述其问题,但不得恶意为之,否则视为违规。

(5)正反方选手站立完成第一轮攻辩阶段,攻辩双方任意一方落座视为完成本方攻辩,对方选手在限时内任意发挥(陈词或继续发问)。

(6)每一轮攻辩阶段为1分30秒,攻方每次提问不得超过10秒,每轮必须提出三个以上的问题。辩方每次回答不得超过20秒。用时满时,以笛声终止发言,若攻辩双方尚未完成提问或回答,不做扣分处理。

(7)四轮攻辩阶段完毕,先由正方一辩再由反方一辩为本队作攻辩小结,限时1分30秒。正反双方的攻辩小结要针对攻辩阶段的态势及涉及内容,严禁脱离比赛实际状况的背稿。

2. 自由辩论规则

(1)自由辩论时间总共为8分钟,每队各4分钟。

(2)自由辩论必须交替进行。当自由辩论开始时,先由正方任何一名队员起立发言。完毕后,反方的任何一位队员应立即发言,双方依次轮流发言,直到双方时间用完为止。

(3)在自由辩论时间里,每一位辩手的发言次序、次数和时间均不受限制。

(4)当一队的发言时间剩30秒钟时,将有一声笛声提示,当该队的发言时间用完时,会有两声笛声提示,该队应立即停止发言。

(5)如果一队的发言时间已经用尽,另一队还有剩余时间,则该队的辩手可以继续发言,直到该队的时间用完为止。

(6)自由辩论是检验一个队伍整体配合能力以及每一位辩手实力的重要阶段。辩手应充分利用这段时间,简洁明了地加强自己的论点,机智有力地反驳对方的论点,如果流于空洞无物的攻击或有意回避对方的质询及发言观点,或者出现语误、空场等情形,都将影响该队的成绩。

注:各队辩手辩论中可将资料集中在自制卡片上,发言时以备参考,但不能宣读事先已拟好的稿件或展示预先准备好的图表或字板,在自由辩论时队员可以相互提供发言线索。

3. 观众提问规则

观众提问阶段正反方的表现计入比赛成绩。观众提出的问题需经两位以上评委判定有效后,被提问方才能回答。正反方各回答两个观众提出的问题,双方除四辩外任意辩手作答。一个问题的回答时间为1分钟,如一位辩手的回答用时未满,其他辩手可以补充。

4. 结辩规则

辩论双方应针对辩论会整体态势进行总结陈词；脱离实际，背诵事先准备的稿件，适当扣分。

（三）评分标准

1. 团体分数（总分为 200 分）

破题立论：要求对命题从逻辑、理论、事实等多方面理解，辩论角度准确、观点鲜明、剖析透彻；紧扣主题，论据充分，论证有说服力，推理过程合乎逻辑，事实引用得当。（满分 40 分）

两轮盘问：提问回答是否有力，是否有利加强本方观点。要求提问能抓住对方的要害，简单明了。回答对方问题，条理分明，思路清晰。（包含攻辩小结，满分 40 分）

自由辩论：在自由辩论中体现的主动性、准确性、机智、应对能力、有否新意、思维是否符合逻辑。（满分 60 分）

总结陈词：能否根据所有材料作出有层次性、条理性、多角度有说服力的论证与总结。（满分 30 分）

团队配合：整体精神面貌良好，全队论点结构的完整性、队员之间的默契和配合，辩论衔接流畅。（满分 30 分）

2. 个人分数（总分 100 分）

辩论技巧：辩手语言流畅、准确，表达清晰，分析反驳和应变能力。（满分 30 分）

内容：论点是否具有说服力和逻辑性。资料、论据是否充分，引述材料是否恰当。（满分 40 分）

风度幽默感：辩手表情动作是否恰当，是否有风度及幽默感，要求仪表自然大方、不强词夺理、尊重对方。（满分 15 分）

自由辩论：个人在自由辩论中表现的主动性、准确性、机智、应对能力、有否新意、思维是否符合逻辑。能否在对方攻击下为本方立场作有力的辩护；能否及时抓住对方的要害问题予以攻击并有成效。（满分 15 分）

四、辩论赛的欣赏

辩论赛具有很强的表演性质，它是一种高品位的智力游戏，观看辩论赛能使人得到精神上的享受，可以获得知识，还可以引起思索。欣赏辩论赛可以从以下几个方面入手：

（一）看辩论双方整体配合

辩论是一种集体的智慧，是群策群力的比赛。所以欣赏辩论首先要看集体的水平如何。辩论赛整体的配合要看以下要素：参赛辩手在气质风度上是否有气势；辩手在配合上是否默契;辩手在各个辩论阶段的表现如何,其表达、反应、思维是否有整体性。比如第二届国际(华语)大专辩论会,南京大学队战胜了台湾辅仁大学队,有不少观众非常不解:南京大学队应对辅仁大学队的四辩的追问时常显得力不从心,为什么还是南京大学队赢了呢?这是因为南京大学队虽然个别队员发挥得不够理想,但他们的整体配合非常好,队员从发言到辩论思维都有很强的连贯性与整体性,综合考虑,因而他们最终取得了比赛的胜利。

(二)看辩手各自的表现

辩手是辩场上的主体力量,辩手的表现理所当然地成了欣赏的主要对象。看辩手的表现主要从这几个方面入手:辩手的表达是否准确、流畅;辩手在辩论中的战斗力、应变力是否强;辩手在辩论时是否有幽默感;辩手是否真正坚守了自己的"岗位"。这四项指标也是衡量一个辩手是否是优秀辩手的标准。

(三)看各参赛队的立论及逻辑

有一句话叫做"外行看热闹,内行看门道",欣赏辩论同样与这句话有关。有许多人看辩论赛最喜欢看自由辩论,而对于几位辩手的规定发言却听得不仔细。其实这是不会欣赏辩论赛的一种表现。陈词中体现了辩论队的整体理论和逻辑。如在"人性本善/恶"的辩论中,"善花如何结出恶果"和"恶花如何结出善果"这两个自由辩论中的焦点问题并不是凭空产生的,而是在前三个辩手的陈词中隐含的逻辑,是整个理论框架的基础。另一方面,立论和逻辑又是一个辩论队准备是否充分、指导力量是否强大的象征。善辩的辩手,总是抓住立论,不离开逻辑体系,随时为自己的观点添加"佐料",而不善辩论的辩手,则往往会游离于观点和逻辑体系之外。

(四)看辩手使用的辩论技巧

在辩论赛中,尤其是自由辩论阶段,很多辩手会运用辩论技巧来进行陈词和反驳,如反问、偷换概念、归谬、诡辩等。辩论技巧是精彩辩论的一部分,增加了辩论的可看性,是辩论中的"噱头"。因此,在辩论赛当中,要学会欣赏辩论当中使用的各种辩论技巧。

另外,在欣赏辩论赛时,还要注意以下几点:

1.了解辩论赛的性质

辩论赛与一般的辩论不同,双方所持观点、立场不存在谁错谁对。因此,看辩论赛时不能带着主观的判断,认为哪一方是正义、是真理,哪一方则是谬误,否则就不可能客观地看待双方的表现,也就无法真正感受到辩论的魅力。

2.跟上辩论双方的思路

辩论的一个特点是瞬间变化,跌宕起伏,极大的信息量在很短的时间里不断地让你接受。如果跟不上节奏,可能就难以弄清双方的立论要点。只有从辩论一开始就快速准确地了解正反双方的立论框架,我们在欣赏整场比赛时才会感到游刃有余,才会对场上辩手的妙语连珠心领神会。否则，听了半天还是云里雾里，摸不着头脑，这样就不可能真正看懂一场比赛。

3. 学会欣赏辩论赛的美

看辩论赛其实也是一种审美活动。辩论赛的美表现在辩手的智慧美、语言美、人格美、风度美、气质美、配合美等。因此，要真正品味到辩论赛的美，还需提高我们的欣赏品位，这样才能更加理解高水平的比赛，享受到高水平的语言表达所带来的美。

口才实训

(一)请回答以下问题

在风云变幻的辩论赛场上，一个优秀的辩手应具备哪些方面的综合素质？你打算如何提高自己的这些能力？

(二)分析下列案例中主要使用了哪些辩论方法和技巧

1. 鲁迅在厦门大学担任研究院教授时，校长林文庆经常克扣办学经费，刁难师生。一天，林文庆把研究院的负责人和教授们找去开会，提出要把经费削减一半。教授们纷纷反对："研究院经费本来就少，连研究成果的印刷费都付不出，绝对不能再减了。"林文庆却阴阳怪气地说："关于这件事，不能听你们的，学校的经费是有钱人拿出来的，只有有钱人，才有发言权！"他刚说完，鲁迅立即站起身来，从口袋里摸出两个银币，"啪"的一声放在桌子上，铿锵有力地说："我有钱，我也有发言权！"林文庆没料到鲁迅会说出这句话来，弄得措手不及，狼狈不堪。接着，鲁迅力陈研究经费不能减少的道理，一条条、一项项，有理有据，驳得林文庆哑口无言，只得灰溜溜收回自己的主张。

2. 隋朝时，有一善辩者，一次有人问他："腊月时，家人被蛇所伤，怎样医治？"他应声答道："取五月五日南墙下的雪涂之，即愈。"那人反唇相讥："五月哪里有雪？"这位善辩者笑道："腊月何处有蛇？"

3. 王安石的儿子王元泽年幼时，有一个客人拿着两个笼子，笼子里分别关着一只獐和一只鹿，客人问道："王公子，你知道哪一只是獐，哪一只是鹿吗？"王元泽年幼不识，便回答道："獐边是鹿，鹿边是獐。"客人听此妙答十分惊奇。客人又把鹿和獐关进同一个笼子里，问王元泽哪头是鹿，哪头是獐。王元泽又回答说："獐旁边那头是鹿，鹿旁边那头是獐。"

4. 明朝文学家解缙，一次不小心碰倒了金銮殿上的一只带有山水画的玉桶，碎成几片。这是传国之宝，那还了得。有个大臣去禀报皇上说："解缙想造反，把玉桶打碎了一只。"

皇上大怒，传解缙上殿，问他为何打碎玉桶？解缙应声回答："为了万岁的江山，我打碎了一只玉桶。"几个想陷害解缙的大臣跪奏说："解缙打碎玉桶，明明是要造反，请万岁治罪。"解缙也跪奏说："万岁，天无二日，民无二主，只有一'统'江山，哪有二'统'江山？"皇上一听，连声说道："对呀，只有一统江山，哪有二统江山？打得好！打得好！"

5. 古希腊有一个叫欧提勒士的人，向著名的辩者普罗塔哥拉学习法律知识。双方订有合同，约定欧提勒士分两次交付学费，开始学习时先付了一半，另一半等欧提勒士毕业以后第一次出庭打赢了官司再付。毕业后，欧提勒士想赖那一半学费，于是迟迟未执行律师业务不打官司。普罗塔哥拉等得不耐烦，于是向法庭提起诉讼。

在法庭上，原告普罗塔哥拉说："如果我打赢官司，那么按法庭判决，被告应该付给我另一半学费；如果被告打赢了官司，那么按我们的合同，被告也应该付给我另一半学费。因而，不论这场官司是赢还是输，被告都应该付给我另一半学费。"

被告欧提勒士也不示弱，他针锋相对地应道："如果我打赢官司，那么按法庭判决，我不应该付给原告另一半学费；如果原告打赢了官司，那么按我们的合同，我也不应该付给原告另一半学费。因而，不论这场官司是赢还是输，我都不应该付给原告另一半学费。"

6. 在辩论"思想道德是应该适应市场经济，还是应该超越市场经济"的辩题时，在自由辩论阶段正反双方有一段这样的交锋：

反方三辩：请问对方辩友，雷锋精神到底是奉献精神还是等价交换精神？

正方一辩：我请问对方辩友，你在市场经济中生活，你是不是应该没有父子亲情，没有老师和同学的这种关系，只有钱和钱呢？

反方三辩：对方辩友不要回避我的问题，我问雷锋精神到底是奉献精神还是等价交换精神？

正方二辩：对方辩友这里错误地理解了等价交换，等价交换是说，所有的交换都要等价，但并不是说，所有的事情都是在交换，雷锋精神没有想到交换，当然谈不上等价了。（全场掌声）

（三）请分析以下辩词在立论、论据、论证，以及文章结构等方面的特点

顺境就是良好的境遇，逆境与之相对。人的成长指的是人从自然人转变为社会人，以及充分社会化的过程。以身心的健康发展和社会角色趋向成熟两个指标来显示，虽然顺境逆境，都是人成长过程中必然面对的人生境遇，但比较而言，顺境更有利于人的成长。

首先，从人的身心发展来看，一方面科学的营养供给、健全的公共卫生体系，比起匮乏的物质保障，欠缺的公共卫生服务，更有利于人的生理成长。另一方面，顺境更有利于人心智的成长，人心智的成长包括认知能力的提升、性情的陶冶、品格的养成。

逆境中，学习环境是压制性的，可以认知事物；但是顺境中，提供的是鼓励性的教育氛围，更有利于认知的系统发展。逆境中可以认识到人生的艰辛，但也容易产生焦虑和痛苦，甚至产生对他人的疏离感和不信任；而顺境当中，我们更可以体会到家庭的温暖，社会的关爱，友情的可贵，从而拥有宽容开放、健康的心态。逆境中，对人品格的培养是有条件的，很容易就超出了基本的心理承压范围，造成人格的扭曲；而顺境中，对人品格的培养，却是潜移默化的，通过积极的教育手段和良好的性情陶冶，锻造更健全的人格。

其次，从人的社会化进程来看，一方面顺境更有利于满足人生各阶段的成长需求。当我们还是孩童的时候，顺境中家庭的关爱让我们具有了自信心和自主意识，而在破碎家庭中长大的孩子，容易自卑多疑。青少年的时候，顺境中良好的教育，可以使我们学业有成，谋生有道，而缺乏教育，则一时失去成长依托，迷失生活方向。当我们到了成年乃至老年的时候，顺境使人在自我肯定中，获得终生成长的动力，而逆境的冲击，容易使人意志消沉，自我否定。另一方面，顺境更有利于人社会角色的成熟，因为人的成长，总是以其独立的担当恰当的社会角色为标志的。逆境中的困顿，容易产生挫败感，使人打断终生成长的进程，而顺境中持续的社会发展、健全的制度安排、和谐的日常生活，为人的社会角色成熟提供了更良性的空间。

好风凭借力，助我上青云。凭借顺境的好风，我们可以展开成长的双翼，在人生的天际飞得更高，更远。谢谢！

——摘自中华辩论网

以上这篇辩词是 2003 年国际大专辩论会决赛，正方台湾中山大学队一辩张君就“顺境更有利于人的成长”所作的立论陈词。（反方：新加坡世新大学队“逆境更有利于人的成长”。）

（四）任选 1—2 个辩题，按全国大专辩论赛模式组织至少两场辩论赛

1. 网聊有聊/无聊
2. 电脑使人更聪明/更笨拙
3. 金钱追求与道德追求可以/不可以统一
4. 人无个性必平庸/未必平庸
5. 智商比情商更重要/情商比智商更重要
6. 大学生应先择业后就业/先就业后择业
7. 男女之间有纯粹的友谊/没有纯粹的友谊
8. 信息社会仍需/无需读书破万卷
9. 知足者常乐/不知足者常乐
10. 现代社会更需要通才/专才
11. 机遇是/不是成功的关键

12. 人的自我实现过程重于结果/结果重于过程
13. 挫折有利于成才/不利于成才
14. 顺境/逆境更有利于人的成长
15. 近墨者黑/未必黑
16. 时势造英雄/英雄造时势
17. 功可以补过/功不可以补过
18. 好马不吃回头草/要吃回头草
19. 治愚比治贫更重要/治贫比治愚更重要
20. 美是客观存在/是主观意识
21. 都市化有利于/不利于人类发展
22. 对历史文化遗产应以保护为主/开发为主
23. 外来文化对民族文化的发展利大于弊/弊大于利
24. 知识积累比知识创新更重要/知识创新比知识积累更重要
25. 大城市的发展应该鼓励私人购车/不应该鼓励私人购车

附一　几种常见辩论赛模式介绍

(一)林肯·道格拉斯辩论赛模式(一对一)

1. 正方结构性发言(6 分钟)
   反方盘问(3 分钟)
2. 反方结构性发言(7 分钟)
   正方盘问(3 分钟)
3. 正方辩驳性发言(4 分钟)
4. 反方辩驳性发言(6 分钟)
5. 正方辩驳性发言(3 分钟)

总计用时 32 分钟。

(二)盘问式(奥瑞冈式)辩论赛模式(二对二)

1. 正方一辩结构性发言(8 分钟)
   反方二辩盘问正方一辩(3 分钟)
2. 反方一辩结构性发言(8 分钟)
   正方二辩盘问反方一辩(3 分钟)
3. 正方二辩结构性发言(8 分钟)
   反方一辩盘问正方二辩(3 分钟)
4. 反方二辩结构性发言(8 分钟)
   正方一辩盘问反方二辩(3 分钟)

5. 反方一辩辩驳性发言(4 分钟)

6. 正方一辩辩驳性发言(4 分钟)

7. 反方二辩辩驳性发言(4 分钟)

8. 正方二辩辩驳性发言(4 分钟)

总计用时 60 分钟。

(三)上海辩论赛模式(三对三)

1. 赛前双方教练作方案介绍

(1)正方教练陈词(4 分钟)

(2)反方教练陈词(4 分钟)

2. 正式比赛分四个阶段

(1)陈词阶段:正反双方一、二辩陈词(一辩 4 分钟、二辩 3 分钟)

(2)盘问阶段:双方辩手相互提问并作回答(反方→正方)(共 3 分钟)

(3)自由辩论阶段:(正方→反方)(双方各累计用时 4 分钟)

(4)总结陈词阶段:反方三辩总结陈词、正方三辩总结陈词(各 4 分钟)

总计用时 41 分钟。

附比赛评判标准:

1. 团体评分部分(评团体胜负):审题 20 分、论证 20 分、辩驳 20 分、配合 20 分、辩风 20 分,总分 100 分。

2. 个人评分部分(评出最佳辩手):论 25 分、辩 25 分,总分 50 分。

(四)新加坡辩论赛模式(四对四)

1. 陈词阶段

(1)正方、反方一辩陈词(各 3 分钟)

(2)正方、反方二辩陈词(各 3 分钟)

(3)正方、反方三辩陈词(各 3 分钟)

2. 自由辩论阶段

先由正方任意一位辩手发言,再由反方任意一位辩手发言,依次类推。(双方各累计用时 4 分钟)

3. 总结陈词阶段

(1)反方四辩总结陈词(4 分钟)

(2)正方四辩总结陈词(4 分钟)

总计用时 34 分钟。

附比赛评判标准:

1. 个人评分标准:辩论技巧 40 分,内容材料 30 分,风度、幽默感 15 分,自由辩论 15 分。四位辩手总分共 400 分。

2. 整体配合:40 分。团队总分共 440 分。

(五)北京辩论赛模式(四对四)

1. 正方一辩发言(2 分钟 30 秒)
2. 反方一辩发言(2 分钟 30 秒)
3. 正方二辩选择反方二辩或三辩进行一对一攻辩(1 分钟 30 秒)
4. 反方二辩选择正方二辩或三辩进行一对一攻辩(1 分钟 30 秒)
5. 正方三辩选择反方二辩或三辩进行一对一攻辩(1 分钟 30 秒)
6. 反方三辩选择正方二辩或三辩进行一对一攻辩(1 分钟 30 秒)
7. 正方一辩进行攻辩小结(1 分钟 30 秒)
8. 反方一辩进行攻辩小结(1 分钟 30 秒)
9. 自由辩论(正方先开始)(各 4 分钟)
10. 观众向正反双方各提两个问题(每次回答时间不超过 1 分钟)
11. 反方四辩总结陈词(3 分钟)
12. 正方四辩总结陈词(3 分钟)

附二　辩论赛辩词欣赏

2000 年全国大专辩论赛决赛

正方:武汉大学队——城市交通问题主要是设施问题

反方:电子科技大学——城市交通问题主要是管理问题

主席:朋友们好!欢迎各位收看“黄山杯”2000 年全国大专辩论会。本年度的全国大专辩论会从 6 月份开赛,经过了初赛、复赛、半决赛,有两支队伍一路攻关夺隘,终于杀入了今天的总决赛,他们就是武汉大学和电子科技大学。让我们向他们表示由衷的祝贺!(掌声)

根据规则规定,总决赛的参赛双方要在现场抽取辩题立场。有请双方的一辩在北京市公证处公证员严梅女士的监督之下来抽取辩题立场。(掌声)

朋友们,我们看到了刚才抽签的结果,今天担任正方的是武汉大学,担任反方的是电子科技大学。

下面我把今天参加决赛的双方辩友介绍给大家,他们是:(略)

担任决赛的评委是:(略)

本场的点评嘉宾是:(略)

社会经济学家认为,考察一个城市发展的前景和发展的空间,有两个重要的考察方向:一个是这个城市的人文背景;再一个就是它的交通设施。因此,每一个城市都把发展交通设施作为重中之重。比如说我们看到了北京的二环、三环、四环和正在发展规划的五环；上海已经形成了"森"字的立体交通网和马上要修建的轻轨铁路。但是，同时我们还看到，在日益完善交通设施的今天，城市的交通拥堵现象依然像我们城市血脉的栓塞一样，阻碍着我们的生活，甚至有识之士还提出：我们更应该把目光和精力投注到交通管理水平的提高上，甚至这些水平的提高可以使我们更有效、更经济地改善我们的交通环境。今天我们就请双方辩手为我们的城市交通问题来把一把脉。

根据刚才抽签的结果，正方武汉大学所持的立场是："城市交通问题主要是设施问题"；反方电子科技大学所持的立场是："城市交通问题主要是管理问题"。

现在首先有请正方一辩蒋舸同学用2分30秒的时间来陈述立论。有请。

正方一辩：谢谢，各位好。既然今天在北京辩论，那么首先就让我们来看一看北京的交通状况。虽然前不久开通了地铁复八线，部分地缓解了北京的交通拥堵，但作为世界大都市的北京至今也只有55公里的地铁线，与巴黎的199公里、东京的211.7公里、莫斯科的230.5公里、伦敦的408公里乃至纽约的443.5公里相比，我们首都的交通设施可谓是严重不足。今天我们讨论城市交通问题，是指由于城市交通供需矛盾引起的交通拥堵、交通事故和交通污染等方面的问题。造成这些问题的原因，既有设施不足，也有管理不利，还有规划不周等其他因素。城市交通设施包括交通基础设施、交通安全设施和交通管理设施，而城市交通管理则是指在交通设施具备的条件下，管理主体对交通关系中的人与物进行的协调与控制。我方认为城市交通问题的产生主要是由于设施的缺乏与不配套，而其解决也必须主要依赖于设施的发展与更新。因此城市交通问题主要是设施问题。首先，从问题产生的根源来看，根据亚当斯定律，道路容量与路网密度的增长，始终赶不上机动车辆快速的增长，加上配套设施的相对滞后，因此由于设施问题引起的城市交通运输能力供不应求，便成为了城市交通问题的症结所在。其次，从设施与管理二者关系来看，设施具有基础性，而管理具有依附性。设施的类型决定着管理的方式，设施的水平决定着管理的水平，而设施的发展与更新，则导致了管理观念与行为的革命。再次，从二者产生的影响与作用来看，设施是城市交通问题中的决定性因素，它决定了城市的交通规模与承受能力，而管理则只能在设施的基础上发挥作用，是城市交通问题中的制约性因素，要解决城市交通问题，当然得从设施与管理两方面入手。但理论与实践都说明了要从根本上使城市交通安全畅通：第一，要大力发展公共汽车、轻轨地铁等大容量、多层次的公交设施；第二，要大力发展现代化、高科技含量的交通安全设施与交通管理设施。可见，要解决城市交通问题也主要要提高设施的层次与水平。因此，我方认为城市交通问题主要是设施问题。谢谢。（掌声）

主席：感谢蒋舸同学。下面我们有请反方一辩蒋杰同学来陈述反方观点。请。

反方一辩：谢谢主席，大家好。如果因为交通需求的不断增长，我们就一味地增加设施，那我们的城市恐怕要变成一个钢铁怪人喽。我们说道路的优良，并不等于通行效益的最优或设施的先进，不等于交通的顺畅。城市交通管理对于合理使用现有设施，保证交通的安全与畅通意义重大。今天，我们来衡量设施问题还是管理问题哪一个是主要的标准，显然是看谁能更高效、快速、经济地解决造成城市交通问题中的主要矛盾。目前我国城市交通问题的关键，诚如对方所言，是需求与供给的失衡。而交通管理的落后，正是这一矛盾的集中表现，成为城市的主要问题。第一，从供给来看，交通管理的落后，使现有交通设施不能充分发挥作用，才造成供给不足。与国外相比，我国的交通设施的确还很落后，但是已经可以较好地满足我国城市交通的正常运转。而正是管理的滞后，使城市里面往往是东边堵车西边闲，不能有效地利用和优化现有的道路设施，造成堵车缘故，这就犹如一把剑，在初学者手中和剑术大师手中会有天壤之别，其奥妙不在于剑的本身，而在于用剑的人。第二，需求的不合理膨胀，在于管理不能对需求进行有效的引导，必须通过加强管理提高交通需求的理性化、合理化。而当前国民交通意识的普遍不足，更使交通各行其道的法则变成了各道可行，导致交通混乱，而通过加强管理、控制和宣传教育，方能使人流车流有序流动，提高交通的通行效率。第三，从供需矛盾的表现与解决看，供给的不足更重要的是我国设施结构的失衡与布局的不合理，现有城市交通设施尚有很大可供挖掘的潜力，借助管理让道路通过的车辆更多，借助管理让违章的人更少，这就是设施本身所不能实现的。我国正处于社会主义初级阶段，资金有限，道路设施无论是建设还是维护都耗资巨大，一味追求交通设施的扩大来解决现有需求的矛盾，显然与国情不符，而管理投入少，见效快，致力于提高管理，可谓投入点滴，而又涌泉相报，更能使现有的交通设施得以充分利用。坦途需要风雨兼程的交警，有序的人流、车流需要制度的保障，以人为本的管理方能在人与人、物与人、物与物之间建起和谐、畅通的大道。谢谢。（掌声）

主席：谢谢蒋杰同学。下面是攻辩，首先有请正方的二辩来选择反方辩友。

正方二辩：有请对方二辩。第一个问题，请问交通管理行为可不可以在基础性设施所提供的可能性范围之外去发挥作用？

反方二辩：对方说设施是管理的基础，这点我从来不否认，但是我们说基础就是更重要的吗？我们都知道，人是由猿猴变来的，猿猴是人的基础，难道我们说猿猴就比人更重要吗？

正方二辩：如果没有猿猴，肯定就不会有人了。我们看一看一个实际的例子：江城武汉五年前只有一座长江大桥，请问那个时候你通过交通管理如何能够实现跨江的环线交通？

反方二辩：可是我们现在看到什么？江城武汉的捆绑式收费，造成了虽然有许多桥，可是依旧交通堵塞，请对方辩友告诉大家，这是管理问题还是设施问题？这显然是管理问题嘛。（掌声）

正方二辩：对方辩友似乎并没有回答我的问题。请你清清楚楚地告诉大家，假如不修建长江二桥的话，仅靠一座桥，可不可能通过交通管理实现环线交通，能还是不能？

反方二辩：今天我们讨论的问题是一个主要和不主要的问题，而对方提的问题是能不能的问题。请对方用逻辑给大家论证一下，能不能就是主要不主要吗？这显然是不符合基本逻辑的。（掌声）

正方二辩：对方辩友不谈武汉，就来看看北京。北京市有机动车140万辆，机动停车位只有38600个，请问你通过管理怎么让那另外136万辆车都找到停车位呢？能还是不能？

反方二辩：更要通过管理来调整这一措施。所以说，措施是在管理的基础上来进行调整的。（时间到。掌声）

主席：请反方二辩选择正方辩友。

反方二辩：有请对方二辩。请对方辩友用交通学当中著名的波动理论给大家解释一下，在介位换位当中的UW为什么能从负值转为正值呢？

正方二辩：对方辩友，我们今天是在进行大专辩论赛，并不是进行知识竞赛。你一上来就问我一个纯知识性问题，我相信不仅我不是非常清楚，在座的评委、在座的观众也不是非常清楚。假如对方认为这个问题和我们的辩论非常有关系的话，请详细地解释一下，我们来展开一场有意义的辩论。（掌声）

反方二辩：其实很简单，只是一个管理的问题。那我再请问对方辩友，你用奔驰理论给大家解释一下畅通工程在管理城市交通中发挥了什么样的作用呢？

正方二辩：畅通工程据我所知，大连市做的第一件事，就是耗资3800万元人民币，把人民路和中山路的设施进行了改造。而在对方辩友所居住的成都，干了一件什么样的事情呢？就是给每一位交警都配备了自动摄像仪，这是不是一个管理设施呢？

反方二辩：那我再请问了，正如一辩所说，在两个设施相近的管理中心当中，为什么北京管理交叉路口的能力只有东京的3%呢？

正方二辩：原因很简单，就是因为北京的自动控制路口数量只有东京的3%。归根到底还是一个管理设施、工程设施的问题嘛！（掌声）那我再请问了，新加坡没有修建一个设施，只是划定了一个管理区域，就使交通的事故率下降了28%，请问这是什么原因呢？（时间到。掌声）

主席：谢谢双方辩友。有请正方三辩。

正方三辩：请教对方三辩。先请问，交通权威专家指出，我国的城市交通问题有三个先天不足，请教对方辩友，就这先天不足而言主要是什么问题？

反方三辩：这些先天不足主要是这些地方的地域文化以及历史原因造成路网不完善，而路网的不完善就是结构性不足，而这种结构性不足，是交通供给量小的原因。而这种结构性不足，只有通过整齐的规划、整齐的管理，才能彻底解决。

正方三辩：那么再请教对方辩友，我国第一个先天不足实际上表现为快速道路网络的不足，那主要是什么问题呢？

反方三辩：这正是规划不足、计划不良的问题。

正方三辩：那么再请教对方辩友，另一个不足也就是我们城市缺少大量放射性道路，所以造成了城市的交通堵塞，那么这又是什么问题呢？

反方三辩：这正是当初城市建设的时候，缺乏管理，缺乏规划的原因，如果当初我们早就规划好了，一点一点放射开来，这种环状式交通早就形成了，何必到现在又是扒楼，又是填沟的。

正方三辩：那么按照对方辩友的观点，我们北京市的小胡同是不是也是规划问题了？

反方三辩：这正是当时历史原因造成的。正因为当时不够重视规划管理，正是不够重视交通规划，因而造成了当时北京这种棋盘错综方式的胡同，而这种胡同的解决，也只有通过最终管理来一点一点解决它。

正方三辩：按照对方的观点，那是元世祖忽必烈在建元大都时没有想到几百年之后还有汽车，他只想到了马车，所以把胡同修得很窄，这也是管理问题喽。请你正面回答我。（掌声）

反方三辩：今天我们谈城市正是要不断地改进以前遗留下来的历史问题。如果规划不好，只能越来越糟。（时间到。掌声）

主席：请反方三辩。

反方三辩：请教对方二辩同学。请问乱开沟、乱停车、乱占道，这三乱问题严重滋扰城市交通，如何解决呢？

正方二辩：乱开沟、乱占道这的确是有管理的问题，可是依然主要是个设施问题。为什么要乱开沟呢？因为那个地方的道路可能不平坦。为什么会乱占道呢？我已经说了，停车场只有 38600 个车位，还有 136 万辆车你让他停哪儿呢？是挂在树上呢，还是飘在天上呢？（掌声）

反方三辩：那我再请问，交通问题当中，有一部分人他就不遵守交通规则，而让市民的交通意识增强，是否应该依赖于管理来教化呢？

正方二辩：交通意识当然要教化，通过管理可以教化，通过设施也可以教化。先进的设施规范人的行为，把交通意识深入人心，这是不是一种教化呢？这当然是一种教化，不过一个是人的语言，一个是物的语言罢了。（掌声）

反方三辩：其实那些物正是起到了管理的作用。我再请问，错锋模式的交通管理是如何解决城市交通结构在时间上的问题呢？

正方二辩：时间不同，的确通过率就会很低。武汉是怎么解决的呢？把二相位的交通灯变成三相位的交通灯，一下子就提高了通过率，这是不是靠设施来解决交通问题呢？（掌声）

反方三辩：这正好是管理的问题呀。对方一直想修路，一直想修桥，那我想请问了，除了经费以外，还有哪些客观因素限制了设施建设呢？

正方二辩：那正是一些历史的原因啊。对方辩友是不是要告诉我们说，今天北京小胡同多，那是忽必烈的一个管理，显然不能这样理解，更何况规划不是管理呀！（掌声）

主席：下面要进行的是攻辩小结。首先有请正方一辩进行小结。

正方一辩：谢谢。我方刚才与对方探讨了两大问题，第一是管理与设施的关系如何；第二是我国城市交通的现状如何。且看对方辩友是如何回答的。我方一问，管理能否跳出设施发挥作用，对方避而不谈，但是他们只看到了设施的基础性作用，看不到设施的决定性作用；而我方正是基于设施基础性与决定性作用相结合的理论，才提出了城市交通问题主要是设施问题。我方二问，具有天然屏障的城市如何解决它的交通问题，对方辩友再次避而不谈，但是其根本的问题还是要靠增加设施。我方三问，停车泊位不够，怎么样解决近代交通拥堵问题，对方辩友空谈管理，但管理本身显然不是目的，目的是要让车停到该停的地方去，但现在的问题就在于你再怎么管也管不出个地方让车停啊。如果把所有的车都管到交管局去，恐怕交管局倒要成为最大的停车场喽。我方四问对方辩友，中国城市交通问题三个先天不足怎么解决，对方辩友说：反正已经先天不足了，那就后天加强管理了，药到病除吧。但既然先天不足是设施问题，那么对症下药，解决的办法就应该是增加设施。辩到现在，我已经比较明白对方辩友今天的逻辑了。但我想，至少在一个问题上对方辩友仍然没有给大家说清楚，希望对方一辩待会儿一一澄清。那就是在一定范围内、一定条件下起作用的有效办法是不是能够解决综合性的全局问题？也就是止痛片固然能治牙痛，但是它能根治龋齿吗？谢谢。（掌声）

主席：请反方一辩进行攻辩小结，有请。

反方一辩：谢谢。对方向我方提出了交通管理能否超越设施的制约等一系列问题。我方从不否认有设施才有管理，但管理方式和管理水平决定了设施功能的发挥，只有管理水平的提高，才能使设施充分有效地发挥作用。而当前城市供需矛盾失衡中，主要不是设施的不足，而在于管理的落后，改善管理可以使现有设施的利用率大大提高，从而解决城市交通的安全与畅通问题，而对方在回答时，却无法用交通管理的基本理论来分析城市交通问题，更把设施的外延无限地扩大。交警的服饰都成了我们的设施，是不是让我们的交警光着膀子指挥，那才叫管理呢？如果是这样，那交警到底是在管理呢，还是在扰乱交通呢？我们说，现在的设施不足，交通管理正是通过一系列的管理设备来得以实现的，而当前的供给不足主要是结构的失衡，而不在于设施总量的不足，尚有很大的潜力可供管理挖掘。一味增加设施只会增加新的浪费、新的失衡，更会促进需求的进一步发展。而现在交通问题中，常常所见的堵塞和安全问题，往往是因为管理不良造成的，对那些有天桥却要横穿马路、自行车骑进了快车道，甚至挖沟占道等现象，只有以人为本，提高管理水平才能够解决。我们也渴望能够早日达到发达国家的设施水平，但现有的国情就是经济发展任务多、资金少，道路无论是修建还是维护都耗资巨大，要求我们寻找投资少、见效快的交通管理模式。谢谢。（掌声）

主席：下面就要开始自由辩论，在这个环节双方各有累计时间 4 分钟。首先有请正方发问。

正方四辩：一个具体的问题，解决城市交通拥堵的一个重要手段，就是交通区划，请问对方辩友，这点如何通过管理来实现？

反方四辩：其实解决城市交通问题，最根本的问题是优化这个结构，而这个优化结构的方法，就是用管理来解决。对方一辩反复地强调物质和设施的决定性和基础性，那我想请问，如果把这个概念无限地扩大，我们今天是不是要说解决城市交通问题主要是地球的问题呢？

正方一辩：对方辩友显然没有回答我方的问题，也许是对交通区划不甚了解。其实交通区划是在道路上利用交通的标志、标线和物体隔离，对车流进行控制，请问对方辩友，这交通标志、标线和物体隔离莫非是管理吗？

反方二辩：这当然是管理问题啦。让我们来看一下北京的一个现实：北京这几年花了很大的力气，总共修了两条高速环路、12 座立交桥，可北京现在的交通仍旧是四肢发达、心肌梗塞，那么这样一个问题要如何得到根本的解决，还是要依靠管理嘛。（掌声）

正方二辩：对方辩友告诉我，标志原来也是管理呀。交通区划有七大类，什么呢？标线区划、标志区划、交通岗区划、结构物区划、分隔线区划、分隔带区划与护栏区划，请问这七大区划哪个不是直接依赖于设施呢？请你正面回答。（掌声）

反方三辩：对方辩友说了这么多的设施，实际上都是管理设施，我方刚才已经说清楚了，它们正是起到了一个管理的作用。管理不一定要靠人，也可以靠设施。那我想请问对方辩友,在交通安全当中,我方每年的汽车安检有多大的作用呢?

正方三辩:这个问题,我方一辩其实已经提到过了。让我们来听一听对方辩友今天的逻辑吧,他说我方无限制地扩大设施,可是你方是什么样的呢?他的管理本身就包含着设施的维护问题、设施的修建问题、设施的规划问题,这样的话哪里有设施问题呢?你方论证你方命题,是不是以论证了我方的命题为前提呢?(掌声)

反方一辩:显然对方只看到管理就是一个道路路口的指挥疏导,显然不是嘛。管理包括计划、规划和组织协调等五大职能,而我们说管理就是通过一系列的交通管理设施来实现的,这一个交通管理设施可不等于你们的彼设施啊。而我们说现在全国都在学济南交警,为什么面对同样的道路建设,学了济南交警之后情况会有这么大的变化呢?(掌声)

正方一辩:那就是因为他们的管理设施水平不一样嘛。我再请教对方辩友一个很具体的问题,我们国家有许多城市被江海分割,如果要形成二环线的话,至少需要几座桥呢?

反方四辩:对方辩友这个问题提得很好,我刚刚就想问:"君自武汉来,应知武汉事。"我想请问对方辩友,武汉有几座桥?武汉的交通情况怎么样呢?

正方三辩:武汉有两座桥,我非常清楚地知道,如果修一桥没有修二桥的话,现在武汉恐怕变成车港了。再请教对方辩友,你没有回答我方一辩的问题,那么我来告诉你,形成二环线,至少需要四座桥。可是我国沿江沿海10个大城市一共才只有24座桥,平均每个城市只有2.4座,你再怎么加强管理能够让它"一桥飞架南北,天堑变通途"吗?除非对方辩友管的是东海龙王啊!(掌声)

反方三辩:正是由于管理不足,才造成一个城市这么需要的桥却没有建出来。如果我们管理早就做好了,钱早就拨出去了,我就不信那里出不了一座桥。(掌声)

正方四辩:对方辩友显然没有认识到这个问题,其实这个问题主要是设施问题,为什么呢?因为伦敦对这个问题就解决得非常好,它一个城市就有十几座桥。请问对方辩友,伦敦解决这个问题到底是靠管理还是靠设施呢?

反方二辩:请问对方在算桥的时候,有没有算立交桥呢?如果算进立交桥的话,立交桥可是在武汉最多的,那么为什么这么多的立交桥,武汉交通依旧还是那么堵呢?还是一个管理问题嘛。那我倒要请问对方辩友,解决管理问题最根本的手段是什么呢?

正方二辩:解决管理问题最根本的手段还是要加强管理设施的问题,对方辩友一再谈违章,其实我们国家有时候司机违章并不是自己没有交通意识,而是因为不发达的设施使他们左右为难。比如说这是一个十字路口(举图),大家看看;既不能左转弯,也不能右转弯,对一个的确有急事想转弯的司机来说,你叫他怎么办?(掌声)

反方三辩:这正是管理问题呀,如果他既要左转弯,又要右转弯,我不让他走,难道这是设施问题吗?你立个牌子不让他转,这就是管理问题喽。(掌声)

正方三辩:这个当然是设施问题呀,你们看一下(举图),我们的近邻韩国在这方面做得就比我们好,在这块标志牌上标明了不能向左转,可是在旁边的这块标志牌上又非常清楚地标明前进了300米就可以向左转。这恰恰是需要依靠设施来解决嘛!(热烈的掌声)

反方二辩:对方辩友如果说这些都是设施问题的话,是不是要告诉我们,应该在违规的地方设置陷阱这样一个设施,让那些人自取灭亡算了。(热烈的掌声)

正方三辩:对方辩友今天一直没有回答我的问题,我对对方辩友的幽默感到钦佩之极,如滔滔江水,连绵不绝。(笑声)但是今天是辩论。

反方三辩:实际上我们一直在回答对方辩友的问题,而对方辩友是一辩推二辩、二辩推三辩回答我方问题。怎样教化人民,是不是要靠管理来教化人民呢?(掌声)

正方一辩:这个问题是你方一辩说的,但你了解得并不是很清楚,原因是什么呢?因为北京中心控制的交叉路口只有东京的3%,地下过街通道只有东京的4%,而人行天桥只有东京的5%,设施是如此不足,就算我们的交管人员个个都是火眼金睛、三头六臂,恐怕也不行吧。

反方一辩:可是这正是我们的管理不足和居民交通意识落后的表现那。

正方三辩:今天对方辩友把什么都说成管理,连我们幼儿园的阿姨叫小朋友过街要排队、要走人行横道这些都成了对方辩友今天所谈的管理主体问题喽。

反方四辩:对呀,幼儿园的阿姨干什么,就是管小朋友嘛,所以对方辩友今天最根本的毛病还就是管理和设施没有搞清楚。举个形象的例子,今天我可以坐在台上,也可以坐在台下,桌子、椅子这些设施都一样,但是我为什么要坐在台上辩论呢?就是因为主席管理好。(笑声)

正方二辩:坐而论道,不如我们来看一看实际问题:东南亚的曼谷曾经一度交通问题非常严重,请问它靠什么来解决它的交通问题?

反方三辩:它当时有直升飞机在天上盘旋,告诉这条路哪里堵,你绕道走噢。(掌声)

正方四辩:对方辩友显然没有搞清楚这个问题,曼谷是投资了1500万美元,修建了一条公交专用道,同时还修建了四条环形路和两条高速路。请问对方辩友,这些是管理呢还是设施呢?(掌声)

反方二辩：我们来看一下中国的基本国情吧。中国现在是一个发展中国家，哪有那么多钱来修对方所说的那么多路呢？其实我们大家都知道，要想富，先修路，可是我们今天谈论的可是城市交通问题呀。

正方三辩：中国的资金确实非常紧张，可是我们看到的是什么呢？在“九五”期间还要加大对基础设施的投资力度，难道不能说明主要是个设施问题吗？（掌声）

反方三辩：不能说明。只能说明必须进行基础设施建设。因为我们钱少，更要好好规划，不然我们的钱就浪费了，老百姓的血汗钱浪费了，谁高兴啊！（掌声）

正方二辩：对方辩友，谈完曼谷，再看看马尼拉。马尼拉的城市交通问题一度也很严重，请问它又是靠什么来解决问题的呢？请不要回避。

反方四辩：我方从来不回避对方的问题，对方辩友为什么今天总是欲加之罪呢？我已经说了好几遍了，这都是管理的规划问题，如果规划不好的话，马尼拉就不去修路了，它修什么？它修跨海大桥了。

正方一辩：对方辩友其实还是回避了我方的问题，其实马尼拉的市长自己说，那是因为他们修建了四条轻轨线，难道这不是一个设施问题吗？

反方三辩：当然是设施问题了，但是那是个主要的交通问题。要知道北京这个地方经常堵车，知道是什么情况吗？占道的、挖沟的，这样的问题不解决，我问你修了道又有什么用呢？

正方三辩：请对方辩友解释一下，马尼拉以前的交通比“马来拉”还慢，修了路问题解决了，这主要怎么不是个设施问题呢？请你正面回答我。

反方三辩：请问“马来拉”是什么地方。（笑声，掌声）

正方二辩：这只是一个比喻。对方辩友谈到堵塞，我再请问对方，140万辆车到底跑在哪儿，停在哪儿？（时间到）

反方四辩：其实我们今天谈管理主要体现了一个人性的原则，人有协调和组织的能力——所谓与天斗，其乐无穷；与地斗，其乐无穷。谢谢。（掌声）

主席：下面就请我们的观众朋友向双方辩友进行猛烈的攻击，向他们发问。首先有请一位观众朋友向反方提问。请。（略）

主席：最后是总结陈词。我们首先有请反方四辩李巍同学用3分钟时间来总结反方观点。请。

反方四辩：谢谢主席，大家好。其实一开始对方辩友就已经同意了我们的观点。我们今天讨论的城市交通问题最根本的是供需的矛盾，而要解决供需的矛盾，最根本的问题在哪儿呢？这就是我们今天最大的分歧。对方辩友告诉我们是设施总量的不足，那么我想请问了，设施可不可以无限量增多呢？就算可以无

限量增多,我们有能够提供无限量增多的现实条件吗?就算我们有这样的条件,那我请问,为什么不管设施增加与否,交通总会出现时间性、地段性的拥堵和畅通呢?这些都有请对方四辩详细地回答。所以今天我们认为,城市交通问题供需矛盾,最根本的原因就在于结构的不合理和搭配的不当。我住在西安,但我现在在成都上学,我自己有亲身经历的比较,认为西安的道路比成都宽,而且交通的设施也比成都好,为什么西安堵车经常比成都多呢?仔细想一想,我发现因为西安经常是机动车、非机动车包括行人这三种交通流鱼龙混杂,所以造成了交通的堵塞,而成都却调动了道路协管员,采用时空积分分离法,这样的管理手段轻而易举地解决了这个问题。看似小事一桩,但它反映的却是管理的价值和今天城市交通的根本症结所在。所以我们说,管理可以引导需求;管理也可以合理地安排交通的时空布局;管理还可以改善结构的调整、结构的优化,最大限度地发挥设施的潜力。所以我们说,城市交通问题主要是管理问题。关于城市的交通,我们已经说过了,应该以人为本,而人创造出来的管理,拥有计划、组织、领导、协调和控制五大功能。有了充分的计划,才有设施的规划和发展;有合理的组织才能变混乱为有序,实现道路的安全;有了有效的领导,才能落实交通区划畅通工程;有了细致的协调,才可以促进经济发展和交通环境建设;有了全面的控制,才可以合理地安排交通比例,发挥交通效率。对于我国而言,投资少、见效快、收益大的交通管理当然是解决城市交通问题的最佳途径,管理可以挖掘出设施的最大潜力,那么花最少的钱办最多的事,何乐而不为呢?有硬件是永远不够的,那么我们认识到,通过未来的发展,立足于信息论、控制论和管理论,交通管理将更加完善,面对着城市交通,一切尽在掌握、运筹帷幄之中,决胜于千里之外,这难道不是我们每个人所需要的吗?今天对方辩友告诉我们,路窄了就要拓宽,路少了就要修路,路堵了就要修桥,桥低了还要改建,那么如果这些都解决不了怎么办呢?对方一辩告诉我们可以向天上、可以向地下发展,可以发展地铁,那么我想请问,如果整座城市都成为一条大马路加上一条大隧道,交通问题也许解决了,但是这时候城市在哪里?我最后想请大家仔细地思考一下,当一个小男孩迷失在钢筋水泥的城市森林中,需要的是富有人性的管理送他回到温暖的家呢,还是让冰冷的设施陪着他露宿街头呢?谢谢大家。(掌声)

主席:感谢李巍同学。最后有请正方四辩周玄毅同学也用 3 分钟的时间来总结正方观点。请。

正方四辩:大家好。对方辩友的陈词当中闪动着人性的光辉,我非常感动,可是为什么对身边的具体问题却不管不问呢?据我方的一个实际调查,距离我们中央电视台不到 1 公里的一条公路经常堵车,原因何在呢?因为它 50 米宽的一个路面上,除了一块标志牌之外,没有任何的标志、标线和隔离物等交通设施,这到底是一个设施问题还是一个管理问题呢？可是对于如此具有现实紧迫性的问题，对方辩友却依然可以坐而论道，为什么呢？因为在他们的眼中，设施不足是管理问题，设施落后是管理问题，设施不配套、设施不到位也都是管理问题，不仅如此，包括人的交通安全意识在内，所有的人的因素也都在管理范围之内。如此说来，管理就像上帝一样，说要有路于是便有路，说要安全通畅于是便安全通畅，可那设施却空空如也，一无所有。可是站在公理的立场上，我方却并不想这样来贬低管理，我们承认，管理可以在一定程度、一定范围和一定阶段之内缓解城市交通问题，要治理好城市交通，加强管理没商量，但真正的问题在于何者为主，何者为辅，何者是本原的，何者又是衍生的。设施产生了管理，管理依附于设施，设施的层次和水平决定着管理的标准和效应，设施可以点石成金；管理却不能无中生有；设施是城市交通的立身之基，管理则是在这个基础之上的规范和约束。何者为主，何者为辅真是一目了然。其实我们今天谈设施为主，并不是否定管理，而恰恰是在为管理者鸣不平，我们知道一个美国交警可以管 200 公里路、7000 多辆车，仍然可以嚼着口香糖，应付自如。而一个中国交警呢？管 6 公里路、75 辆车，却必须要加班加点，任劳任怨，原因何在呢？是交通的管理者不够努力吗？是交警不够敬业吗？都不是，道路网络脆弱不堪，整个交通不成体系，基础设施严重落后，是我国城市交通问题的主要症结所在。巧妇难为无米之炊，说到底主要还是一个设施的问题。回首千年，条条大路通罗马，印证的是罗马帝国的强盛；车如流水马如龙，反映的是金陵古都的繁荣。从元大都纵横百舸的交通规划到我们今天北京市大力发展轨道交通；从武汉市二水三镇历史上的天然隔绝到今天我们能够拥有跨越江河的环线交通。历史和现实无数次雄辩地证明了只有正本清源、明辨主辅，我们才能共同企盼城市交通的安全和通畅；只有摆正设施的主体地位，我们的城市、我们的道路、我们的交通才能一桥飞架南北，天堑变通途。谢谢！（热烈的掌声）

主席：感谢双方辩友的精彩表现。现在请我们的评判团作最后评判。（略）

主席：好，朋友们，现在我来宣布评判团的一个评判结果。评判团认为：2000 年全国大专辩论会最佳辩论员是武汉大学的四辩周玄毅同学。祝贺你。（掌声）现在我来宣布评判团对本场决赛的评判结果：评判团认为正方武汉大学获得 1421 分；反方电子科技大学获得 1354 分。武汉大学胜出，获得了本届的冠军。（掌声）我们也感谢电子科技大学的参与，（掌声）也祝贺你们获得了亚军。（掌声）

第6章

社交口才

学习目标

知识目标

掌握社交口才的原则、特点及基本要求。

能力目标

学会社交口才表达技巧,提高人际交往水平和沟通能力;

提升自身综合素质和能力,建立良好人际关系。

案例导入

阅读下面四个案例,根据后面的提示进行分析、思考和讨论。

某公司举行新项目开工剪彩仪式,邀请张市长和当地各界名流嘉宾参加,安排他们坐在主席台上。仪式开始,主持人王秘书宣布:“请张市长下台剪彩!”却见张市长端坐没动。王秘书很奇怪,重复一遍:“请张市长下台剪彩!”张市长还是端坐没动,脸上还流露出一丝恼怒的神情。王秘书只好又宣布一遍:“请张市长剪彩!”张市长这才很不情愿地勉强站起来去剪彩。

案例二

年轻的李老师第一次到电大上课,几位年轻男学员和她开玩笑:“李老师,您写的字真漂亮,和您的人一样漂亮,下课后能不能请您去唱歌?”李老师对这种油腔滑调的话有些反感,但她没有流露出什么不快的表情,而是笑笑说:“你们和我开玩笑,这没关系,但你们可别和自己开玩笑;你们付了学费,还花了比金钱更宝贵的时间来学习,假如上课时思想分散,学不到知识,这岂不是在和自己开玩笑吗?”李老师一番话,使几位学员口服心服。

某局新任局长宴请退居二线的老局长，席间端上一盘油炸田鸡，老局长说道："老弟，青蛙不能吃，是益虫呀！"新局长未加思索，脱口而出："不要紧，都是些老田鸡，退居第二线，不当一回事了。"老局长闻听此言，顿时脸色大变："你说什么？你刚才说什么？"新局长本想开个玩笑，不料说漏了嘴，触犯了老局长的自尊，非常尴尬，席间的友好气氛顿时被破坏。此时一旁的李秘书连忙打圆场说："……"老局长闻听此言，觉得有道理，才又重提筷子，你敬我让，气氛开始好转。

案例四

球场观众席上，一位男士的视线完全被前面一位年轻女子的帽子给挡住了，于是男士对年轻女子说道："请您摘下帽子。"可那位年轻女子连头也不回。"请您摘下帽子。"男士怒气冲冲地重复一遍，"为了这个位子，我破费了15欧元，却什么也看不见！""为了这顶帽子，我破费了115欧元，我要让所有的人都看见它。"年轻女子说完，依然一动不动地坐着。

头脑风暴

- 案例一中，张市长为什么不去剪彩？王秘书的言辞有什么不妥的地方？
- 案例二中，李老师面对学生不怀好意的调侃是如何巧妙应对的？学生后来为什么心服口服？如果你遇到类似调侃应该怎么办？
- 案例三中，老局长为什么会生气？新局长的话有什么不妥的地方？李秘书说了什么样的话，调和了气氛，才使老局长转怒为喜？
- 案例四中，男士如何才能说服挡住他视线的那位年轻女子摘下帽子？你平时遇到过类似的情况吗？你是如何处理的？
- 通过以上几个案例，你对社交口才的重要性有了哪些认识，你认为社交口才应注意哪些主要原则？

知识介绍

第一节　社交口才概述

一个人生活在社会上，就像离不开吃饭睡觉一样离不开与他人的交际。无论是经常在一起的家人、邻居、同事，还是偶尔打交道的商店售货员、医院的医生、公交车的司机等，乃至那些擦肩而过的路人，我们都要与之进行交往。一个正常人如果没有交际，离群索居，就等于失去了自己赖以生存、发展的条件。而交际中最重要、最基本的工具就是语言。可以说，人不能没有交际，交际离不开语言，即使在特殊的环境下，人们也还要使用诸如哑语和旗语等无声的语言来进行交际。因此，语言就是人们思想及情感的表达，是心底的声音，在交际中如果离开了语言，就无法顺利进行沟通交流。

要想在交际中获得成功，除了自身的知识外，还要具备健谈的能力，自我宣传的能力，以及说服他人接受自己思想及观点的能力。而语言会话水平的高低，也就是口才的差异，将直接影响到交际成败的关键。本章内容就是将现实生活中存在着的、司空见惯的有关"说话"的规律、技巧和禁忌，加以总结和归纳，以期帮助大家在工作和生活中掌握并运用好这些规律。

一、社交口才的含义

所谓社交口才，就是指人与人之间在社交活动中表现出来的口头表达艺术和才能，即善于用准确、贴切、生动的语言表达自己思想感情的能力。

随着社会的不断发展，人与人之间的沟通越来越频繁，口才在其中起的作用也越来越重要，具有良好口才的人，讲话时闪烁出的真知灼见和精辟见解，往往给人以睿智、精明、幽默之感，必然在人际交往中产生良好效应，广开人脉，积累大量的社会资源，为通往成功之路打开大门。可以说，口才已经成为一个人立足于世，寻求发展的极其重要的因素。

当今社会，科技飞速发展，信息高速流通，在交流的主要途径中，口语沟通成为最方便、最快捷的方式，口才的重要性也日益受到人们的重视。比如政府机关录用公务员，企事业单位招聘人才时，都把口试作为衡量人才的重要标准之一，并且把口才能力作为创新型和开拓型人才必备的重要素质之一。

正所谓"良言一句三冬暖，恶语伤人六月寒"，人们在日常生活中，更是一刻也离不开口才。可以说，只有善于言辞的人，才能使人乐于倾听和接受，通过顺畅的沟通，实现社会交往的真正目的。

二、社交口才的基本要求

社交语言是社交口才的媒介与载体，社交口才是培养社交能力的重要一环，是最为神奇的公关密码。社交中受人欢迎、具有魅力的人，一定是掌握社交口才技巧的人。社交口才的基本要求主要表现在适时、适量、适度三个方面。

（一）适时

即要掌握说话的时机。在社交场合中，最令人反感的是不分时间、地点、对象，该说时犹豫不决、吞吞吐吐，不该说时却喋喋不休、长篇大论。例如，见面不及时问候，分别不及时告别，失礼时不及时道歉等；在对方发表言论时，抢话或随意打断对方，都是不礼貌的行为。反之，不该说时却唠唠叨叨、言语不止，不给他人说话的机会；或者在别人悲伤忧郁时玩笑嘻哈，在别人心绪不宁时滔滔不绝等，都是社交表达中不适时的表现。

（二）适量

即要掌握说话量的多少。在社交场合中，既不要动辄喋喋不休，但也不是少说为妙，更不是指那种语气语调没有变化的老和尚念经。我们常说"言多必失"、"过犹不及"，适量的标准就是以说话达到目的为宜。适量的社交口才不仅指说话的多少要适当，还包括声音的大小也要适当。在大庭广众之中说话音量宜大一点，私人拜访交谈音量宜适中，如果是密友、恋人间交谈，小声则可以表现亲密无间的特殊关系，给人一种亲切感。这些都是在社交场合与人交谈时应该掌握好的。因此，在社交谈话中，说话适时、适量，语言简洁是社交口才的基本技巧之一。如在《大话西游》中，唐僧的啰嗦，竟然激起了孙悟空想谋杀他的想法和行为，并令看守他的两个小妖难以忍受而自杀。这个情节虽然有些夸张，但也恰好说明说话啰嗦冗长会让听者无法忍受，甚至痛不欲生。

（三）适度

即要把握说话的分寸感。社交口才的适度，主要是指根据不同对象把握言谈的深浅度，根据不同场合把握言谈的得体度，根据不同的身份把握言谈的分寸度，并且体态语言也应恰到好处。交谈时，合理使用肢体语言，可增强语言的表达效果，但要注意把握好"度"，动作夸张，甚至张牙舞爪，难免会失态，导致交谈的尴尬局面。例如：

> 1988年美国总统竞选中，民主党在选民中造成了布什是毫无独立主张的印象，他们甚至称"布什是里根的影子"。在交谈时，民主党人总爱用挖苦的口气问："布什在哪里？"这个问题该如何回答才恰到好处呢？布什的竞选顾问、老资格政治公关专家艾尔斯，为布什设计了这样一个回答："布什在家里，同夫人巴巴拉在一起，这有错吗？"

这一回答，体现了强烈的针对性和恰如其分的分寸感的结合，有很高的艺术性。试想，如果在社交场上遭到别人挖苦讽刺时沉不住气，火药味十足地加以反击，那将会产生怎样的后果呢？也许你自认为是胜利者，可是在别人眼里，你无疑是一个没有气度、心胸狭窄、不善言辞的人。而艾尔斯为布什设计的回答，巧妙地称赞布什是个重视家庭、有责任感的男人，虽不能直接给予反击，却能为布什的政治家风度增添不少光彩。

三、社交口才的基本原则

社交口才是社交成功的关键因素，在成功的交际活动中，人与人之间必须遵守的一些基本原则，在社交口才中同样适用。

（一）礼貌原则

在社交口才运用中，要注意做到语言文明，礼节、礼仪周到恰当，即称呼得体，措辞得当，语气贴切，态度亲切。礼貌周全的社交口才，一方面反映了表达者的思想和文化道德修养，另一方面也会让社交对象感觉良好，愿意跟对方沟通交流下去。

（二）诚信原则

即真诚可信，是指在社交活动中，社交者能以诚相待，诚心诚意，说话的内容真实可信，这是人际交往中最重要的一条原则；因此，在人际交往中运用社交口才，同样要遵循这一原则。明确地说，就是要求人们在社交过程中，心理上、态度上热情诚恳，如实地向他人和社会公众传递真实而准确的信息。

（三）目的原则

人类的任何一种活动都是有一定目的的，任何一次社交口才的运用都是一种有意识的语言交际活动，都是为了达到一定交际目的而进行的。也就是说，在日常交往中，人们无论是拉家常、闲聊，还是正式场合的口语交际，诸如演讲、辩论及谈判等，都应当具有明确具体的主题和中心，切忌漫无目的、东拉西扯、胡言乱语，这样非但达不到既定的交际目的，还会造成不良的人际交往后果。

（四）平衡原则

社交口才的平衡原则是指在社交过程中发出信息时，言语的运用要适当、妥帖，恰到好处，以便与接收信息的对象在心态上保持平衡，在思想上引起共鸣，在关系上趋向协调，从而顺利实现社交目的。也就是说，在运用社交口才时，应把握分寸，不卑不亢，不偏不倚，讲究策略，表达内容及方式应适度，恰到好处。

四、社交口才的禁忌

在社交中，人与人之间的交往，有许多礼仪要求，要想博得他人的欣赏和信任，必须要懂得交际场合中的一些禁忌，否则，定会引起他人的不快，甚至反感，影响交流的效果。交际中应该注意以下禁忌：

（一）避谈他人忌讳的话题

在社交中，人们总会遵循这样一条处世原则，凡是他人不高兴、不愿意谈的事情，不仅自己不能说，而且也不能强求别人说。这种尊重他人的做法，是社交中的一条重要原则。那么在社交中，如何才能避免触及他人的禁忌呢？

第一，要适可而止。在交际中，如对方明确表示“这件事不要再谈了”、“好了，这件事就说到这里吧”，或者“请不要再提这件事了”时，就表示对方不愿意再深谈下去，或者对这件事已感厌烦，不想再谈下去，如果还是一味地说下去或者继续啰哩啰嗦，那就是一种失策，甚至是愚蠢了。这时，聪明的做法应该是及时收口，并向对方表示歉意，如“对不起，我不是故意说起这件事情的”、“不好意思，我不了解你的心情”等之类的话，以弥补失语。

第二，要正确选择话题。在平时交谈中，我们有时可能会因某句话而使对方感到不快。遇到这种情况，正确的做法是：(1)立即止住话头，转移话题；(2)如果对方提出明显质询，即使你是对的，也应该作出解释，以获得对方的谅解。切忌不顾对方情绪，不顾客观环境如何，只图自己痛快，想说什么就说什么，这样的交谈方式，注定会失败。

(二)不搬弄是非

在日常生活中，总有这样一些人，他们唯恐天下不乱，善于制造矛盾，搬弄是非，道东家长，说西家短。历史上，因小人作祟留下惨痛教训的事例不胜枚举，如岳飞被秦桧谗言所害等。因此，社交中的禁忌之一是不搬弄是非，以免“言者无心，听者有意”，使听者产生错误判断，甚至“滥杀无辜”；同时也不要偏听偏信，以免中了别人的“借刀杀人”之计。

(三)避免不必要的争论

在社交场合中，常有人争强好胜，喜欢无谓的争论，寸步不让，并因此搞得大家面红耳赤，大伤和气；表面上看，好像是赢得了面子，但却可能已对他人造成伤害，甚至可能因此失去友情，社交生命就此终结。避免不必要的争论是维持友情的方法之一，而避免不必要的争论，要注意以下四个方面：一是要理解对方；二是要宽宏大量；三是要换位思考；四是要学会自我控制。

第二节　社交语言的技巧

一、拜访与接待技巧

(一)拜访技巧

就拜访语而言，一般包括进门语、寒暄语、晤谈语和辞别语四个部分。

1. 进门语

到门口，要先轻轻地敲门，礼貌地问一句：“请问×××在(家)吗?”或者说：“请问，屋里有人吗?”总之，不要贸然闯入。同本人见面后，应立即打招呼，至于怎样打招呼，应根据拜访的对象、形式、内容而定。初访往往比较慎重，一般可以用这样的话打

招呼:“一直想来拜访您,今天终于如愿以偿了!”“初次登门,就让您久等,真不好意思。”“真对不起,给您添麻烦来了”等。

重访是关系趋向密切的表现,一般只需简单地说一句“好久没有来看您了”,或者说“我们又见面了,真高兴”。关系密切的,不妨以玩笑的口吻说:“我又来了,不招您讨厌吧!”

回访,打招呼时,可以这样说:“上次劳驾您跑了一趟,我今天登门拜谢来了。”或者说:“上次托您办事,给您添了不少麻烦,今天特地登门拜谢。”

礼仪性拜访大多与唁慰、祝贺、酬谢等有关。进门语要与有关的内容联系起来,譬如说:“听说您生病了,今天特地来看望您。”又如:“听说你升迁,特给老朋友贺喜来了。”“听说您的儿子已被××大学录取,特地赶来祝贺!”

2. 寒暄语

寒暄,即嘘寒问暖之意。在社交活动中,它带给人们的是关心、亲切的温暖之情,它是人们为了正式交谈所进行的一种感情铺垫。好的寒暄可以为后面的交谈创造一个好的氛围,它是交谈双方沟通感情所必不可少的桥梁。那么如何说好寒暄语呢?

第一,说什么?寒暄的内容很广,诸如天气、孩子的学习情况、老人的健康状况,以及最近发生的新闻趣事等,都可以作为寒暄的话题。但是,寒暄时具体谈什么,应视情况而定:一是要符合当时情境。例如,孩子和老人在场,可以从询问孩子的学习情况,或老人的健康状况谈起。二是要尽量寻找双方的共同点,也就是双方都感兴趣的话题,尤其是对方感兴趣的话题。如对方喜欢音乐,你不妨与他谈谈贝多芬、莫扎特、流行歌曲、歌唱家、明星等。如果你对音乐不在行,也不要紧,也可趁机向对方求教,这样既显示出你的谦逊有礼,又学到了音乐知识。

第二,怎么说?可用以下几种方式:

一是问候式。这种寒暄多由问候语组成,根据不同的对象、场合、时间进行不同的问候。如夏天就问“热不热?”拜访教师就问“忙吗?课多吗?”等。

二是夸赞式。就是适当给人以夸奖赞美。如“你的新衣服真漂亮!”“你的发型真好看,显得更年轻了。”“这房间布置得很有品位”等,夸赞式的寒暄极易创造出一种愉快和谐的气氛。

三是言他式。言他式是指在交谈进入正题之前,先谈其他事物的寒暄方式,而不是直截了当讲明来意。这种寒暄方式是引入交谈正题的润滑剂。

寒暄的方式很多,如果是人员众多的场合,往往单靠某一种方式是不够的,这就要针对不同的人采用不同的寒暄语言和方式。寒暄要有针对性,有特色。做个有心人,就可以从每个人的特殊性中发掘出有特色的寒暄语。

3. 晤谈语

晤谈时,一方面注意话题要集中,主客寒暄之后,客人要适时进入正题,以免耽误主人过多时间;另一方面尽量说些幽默的话语,幽默的谈吐可以活跃气氛,使拜访充溢着欢快轻松的氛围。

4.辞别语

辞别语的使用主要有:

一是同进门语相呼应。譬如礼仪性拜访的进门语:“初次登门,就劳驾您久等,真不好意思。”辞别语可说:“今天初次拜访,十分感谢您为我花了这么多时间。”

二是表示感谢,请主人留步。如“十分感谢您的盛情款待,再见!”“就送到这里,请回吧。这件事就拜托您了。”或者邀请对方来自己家做客,如“老同学,告辞了。您什么时候也到我家坐坐。”

(二)接待技巧

社交中接待客人一般包括迎客、交谈、送客三个环节。

1.迎客——热情相迎

古人云:有朋自远方来,不亦乐乎?迎接客人要有热情欢迎的态度。首先要记住,叫出来访者的姓名是非常重要的,它可以塑造你热情好客的形象,很快缩短双方距离。然后,如是熟悉的客人,可以说:“欢迎,请进!哪阵风把你吹来了?”“您真准时。”进屋后,应让客人先落座,然后主人再坐下,以示尊敬。如来的是陌生人,见面可用提示性语言——“您是……”表示询问,让客人自我介绍,然后表示欢迎。请客人落座后,不要急于询问客人来访的目的,应等客人主动开口。对走错了门的客人应予以热情指点。

在迎客时,切记要叫出对方的姓名。一般来讲,长辈对晚辈,领导对下属,同辈之间可以直呼其名;而晚辈对长辈,下属对领导,应采用“姓加辈分”或者“姓加职位”的称呼,如张叔叔、赵老、王局长等。如果在接待中忘记了对方名字,这时可用巧妙的语言加以掩饰,如“对不起,上次没听清你的名字。”“你今天穿得这么漂亮,我一时认不出你了。”“你和×××太像了,你的名字叫……”等。

2.交谈——因人而异

来访的客人中,年龄、性别、性格、文化程度等各不相同,来访的目的也不一样,因此,与客人的交谈也要因人而异。

语速、音量要根据来访者的年龄和个人表情达意的需要而定。如对老年人说话语速稍慢、音量较大较合适,这样能使对方产生被人尊敬的喜悦感。与同龄人交谈,则讲究语速快慢适中。

遣词用句要因来访者的文化水平、文化背景、理解程度而异。对文化水平、文化背景相同或相近者,交谈的话题或内容可按照自己平日的水准;而对待文化水平较低的来访者,说话就要尽量浅显通俗。

说话语气因来访者的不同目的而异。对有求于你的客人,应体谅对方的心情,态

度真诚，语气平和，即使无能为力也不要一口回绝，你可以对他说："先别着急，一旦有了门路我就打电话告诉你。"对于前来提供某种信息的客人，主人则应表达自己的感激之情。如"非常感谢！你提供的信息太有价值了！""你可真是帮了大忙了，谢谢你！""真辛苦你了。"等。主人有事必须外出时，应客气地对客人说："真不巧，我有点急事。您坐，我去去就来。"遇上有的客人健谈，久坐不走，可巧妙向客人暗示，如让家里人安排孩子就寝，或询问客人"天晚了，路好不好走？"等。

3.送客——诚恳告别

客人如要离去，先要诚恳挽留；如客人执意要走，则不必强留。送客人要送到门外并说些告别语，如"您慢走。""欢迎再来。""经常来玩。"等。送别客人不要急于回转，客人请主人"留步"后，主人要目送客人走远，招手"再见"再回转。送别客人回屋时，关门的声音要尽量轻些，否则客人听到会产生误会，以为主人对其不满。

二、赞扬与批评技巧

赞扬是鼓励，批评是督促，它们是形式上对立、目的上统一的两种交际方法和工作方法，在人际交往中，真诚的赞扬与善意的批评二者不可或缺。

(一)赞扬与批评的作用

1.赞扬的作用

赞扬他人是一门独特的学问，主动地、适当地赞美别人，是促进友好关系的催化剂。具体来讲，赞扬的作用包括以下几个方面：第一，赞扬能使对方产生积极的态度，因为赞扬是一种鼓励，它能激励人不断进步。第二，赞扬能使人与人之间的关系更加和谐，因为赞扬能使双方产生情感上的"互悦性"，融洽人与人之间的关系，沟通人与人之间的感情，消除人与人之间的怨恨。第三，赞扬别人还能使赞扬者本身心境开阔，因为在给予别人赞扬的同时，赞扬者本身也会从信息的反馈中获得愉悦，从而对人生抱着乐观积极的态度。

2.批评的作用

若说赞美是生命的阳光，那么，批评则是人生的雨露。人生在世，孰能无过？所谓"当局者迷，旁观者清"，有了过失，就需要旁人指点评说。批评不同于对别人的讥讽、攻击，也不是不负责任的议论。批评的作用有：第一，教育促进作用。人不容易看到自己的不足，批评可以使人认识到自己的缺点，不断完善。第二，警示提醒作用。错误的做法或行为，经批评指正后，可起到前车之鉴、后事之师的作用，防止类似错误的重犯。第三，调整人际关系的作用。在人际交往中，毫无原则的一团和气，不见得就能使人际关系达到真正的和谐，而适当又有针对性的批评，反而更能体现待人真诚的一面，所谓诤友，不就正是这样的关系吗？

(二)赞扬与批评的基本原则

1. 赞扬的原则

赞扬应遵循以下三个原则:

第一,赞扬要客观。就是要求将赞扬建立在客观事实的基础上。比如某人的学习成绩不如人,你却说他“名列前茅,百里挑一,才智过人,聪明绝顶”。被赞扬者不见得会坦然接受。客观还表现在赞扬要注意适度,措词得当。适度的赞美会令对方感到欣慰,肉麻的恭维、空洞的奉承,或者赞扬的频率过多,可能会适得其反,甚至可能令人对你心生轻蔑,认为你不怀好意。在事实的基础上,赞扬的措词也应得当。比如赞美一个孩子,你可以说:“你真是个好孩子,又听话,又聪明,将来一定有出息。”这就很有分寸。但如果你说:“这孩子绝顶聪明,智慧过人,真是个天才,绝世无双。”那就过分了。

第二,赞扬要真诚。赞扬的语言要真诚,切忌陈词滥调和虚情假意。比如在称赞别人时表现得漫不经心:“你这篇文章写得蛮好的。”“你这件衣服挺好看的。”“你的歌唱得不错。”这种缺乏热诚的泛泛赞扬并不能使对方愉悦,有时甚至会由于你的敷衍而引起反感和不满。

2. 批评的原则

批评应遵循以下四个原则:

第一,态度要诚恳、心平气和。批评时要做到诚恳、认真、冷静、耐心、具体而准确,这样的批评才会切实有效。

第二,时机和场合要恰当。一是待双方交谈比较融洽时再批评。二是等双方冷静后再批评。一方面批评者本身冷静下来,言词就会缓和,避免偏激;另一方面,被批评者冷静下来,可以比较客观、公正地反省自己,认识自己的错误。三是除非迫不得已,尽可能避免当众批评别人。

第三,客观公正,对事不对人。批评要有针对性,就事论事,不要任意贬低对方人格,切忌以偏概全、讽刺挖苦,甚至羞辱被批评者,如“你总是……”“你从来……”“你根本……”等;也切忌居高临下,以长官、上级、长辈的口气指责别人,如“我早就说过……,你就是不听。”“我说什么你总是不听,就爱自作聪明”等。

(三)赞扬与批评的语言技巧

1. 赞扬技巧

赞扬的技巧很多,以下从赞扬的角度、赞扬的对象及赞扬的场合等方面来谈。

(1)赞扬的角度。从赞扬角度上讲,可采用直接赞扬和间接赞扬两种方式。直接赞扬可以从两个方面入手:

针对优点。对于对方的优点,用直截了当的话当面赞扬,如老师赞扬学生、领导赞扬部下等。对女性可多赞美她的衣着、容貌;对男性则要多赞美他的气质、才华,或

者他的事业与成功等。赞扬对方可先了解对方的优点、长处，做到心中有数，赞扬时才会有针对性。赞扬可用含多层意思的话，使对方不自觉地向好的方面理解。比如你夸奖一位女性漂亮时，可以说："你的气质很好。"这种含有多层意思的话，会使她更高兴。

针对缺点。有时你可能觉得对方无可扬赞之处，那么你必须学会找出别人值得赞扬的地方，甚至可以从对方的缺点中找出有积极意义的东西来。比如某人爱做白日梦，你可赞他想象力丰富，富有创意；某人做事专断，好自作主张，你可赞他有策略，满脑子都是主意，有主见；某人吝啬小气，你可赞他节俭；某人好排场、爱铺张浪费，你可赞他慷慨好客等。当然，要善于发现别人的优点，自身就要具有两种优秀品质：一是仁爱豁达；二是独具慧眼。

有的人不习惯对别人直接赞扬、当面赞美，那么，恰如其分的间接赞扬，有时效果会比直接赞美更好。间接赞扬的主要方法有：

全称法赞扬：可以通过赞美对方的单位、职业、民族、习俗、地域等，间接达到赞美他本人的目的。如"你们北方人都很豪爽。""听说你们学校出人才呀。""听说你们班学风很好。"等等。

对比性赞扬：就是把赞美的对象与其他对象进行比较，以突出其优点。常用"比××更……"或"在××中最……"等句式表示。对比性赞美给人一种很直观的感觉，但从另外一个角度看，它也容易引起人际关系中的矛盾，所以在比较时尽量不要用贬低其他人的方法来代替赞美眼前的人。

感受性赞扬：就赞美对象的某一点表达自己的良好感受，也体现了赞美的具体性，因为陈述的只是赞美者的感受，不受其他条件的限制。运用这种赞美要做到：一是把对方值得肯定的优点"挑"出来；二是让对方知道你对他的优点很满意。这样，赞美的作用、效果就自然产生了。如"一看见你来，我什么烦恼都没有啦。""跟你谈一谈，我心情好多啦。""你总是让人如沐春风。"等。

借用第三者的口吻赞扬对方：赞美的话由自己说出难免有点恭维、奉承之嫌。比如"你看起来还那么年轻"这类的话，如果换个方法来说："你真是年轻漂亮，难怪某某总是夸你！"对方必然会很高兴。因为在一般人的观念中，总认为"第三者"所说的话是比较公正、实在的。

用反语赞扬：在人际交往中，反语成了表达批评和讽刺的语言定势。实际上，赞扬时恰当使用反语，新奇、幽默、含蓄、耐人寻味，能收到比一般赞美更好的效果。

(2)赞扬的对象。从赞扬对象来讲，赞扬还要会"锦上添花"和"雪中送炭"。一个人一旦取得成就，赞美声就会此起彼伏，这时你的赞美可能是有你不多、没你不少。那么怎样赞美才能"添花"呢？在日常交往中，要注意观察那些容易被人们忽略的优点、美德，如果能及时赞扬，往往比赞扬那些人人共知的优点效果更好。比如那些著名的科学家、作家或艺术家，对他们在各自领域里所取得的成绩的赞美之声可说是不绝于耳，那么，我们不妨另辟蹊径，赞扬他们和谐的家庭生活、亲切的微笑、高尚的品格等，这样效果可能会更好。

相对于名人而言，那些不起眼的“小人物”，尤其是那些有自卑感的人，更应该给他们以赞美。你的赞扬对他们来说可谓雪中送炭，因为小人物、普通人，或刚刚步入社会的年轻人，很少得到别人的赞美，急需人们拉一把、鼓励一下。你及时给予赞美，他们可能尊严复苏，自信倍增，备受鼓舞。

(3)赞扬的场合。从赞扬的场合上讲，可以当面赞扬，也可以背后赞扬。这里主要介绍一下背后赞扬。在人背后赞扬人，是各种方法技巧中最能使人高兴的，也是最有效果的，甚至可能比当面恭维更有效。如果赞语当面说，或许会令人怀疑赞扬者的诚意及企图，但是如果有人告诉你，某人如何称赞你，你绝对无一例外地高兴，因为你认为那是真心的赞扬。

> 张强是一家集团公司下属子公司的年轻干部，平时喜欢读书钻研，工作十分出色。集团公司领导检查工作时，总是由他来负责接待。有一次，总公司赵董事长来公司视察，看到张强工作卓有成效，而且谈吐十分有见地。在晚上的酒宴上，就当着分公司老总的面盛赞张强“会思考能干事，这样的人才很少见”，令被赞美的张强感觉有些尴尬。

赵董事长对张强的赞美是发自内心的，但因为没注重场合，有可能会让分公司老总及其他人觉得张强爱出风头，因而对其心生嫌隙，效果可能适得其反。

2.批评技巧

俗话说，忠言逆耳，这句话经常被用来告诫人们要虚心接受批评，不应计较批评的方法。但作为批评者，要使批评容易被批评对象所接受，能否做到忠言顺耳呢？下边就介绍一些能使忠言顺耳的方法：

(1)欲抑先扬。美国著名学者戴尔·卡耐基说：“矫正对方错误的第一个方法——批评前先赞美对方。”如果在批评前，先抓住对方的长处给予由衷的赞扬，化解批评者的对立情绪，然后在融洽的气氛中进行批评，就能达到理想的效果。这种方法尤其适用于个性倔强的人。“双色糕法”和“三明治法”均属于这一类批评方法。“双色糕法”，即先肯定后否定；“三明治法”是指两头肯定，中间否定的方法。它们都符合人们的心理规律，可以取得良好的效果。

(2)暗示批评。暗示，是指不直截了当地批评，而是借用其他委婉的语言形式，巧妙地表达批评之意。一是可以用故事暗示。故事老少皆宜，通俗易懂，用故事来暗示道理，既生动形象，又有感染力，能较好地达到批评教育的目的。二是可以用笑话暗示。笑话诙谐幽默，恰当的笑话暗示，能让被批评者笑后悟出自己的不当之处，在谈笑中心与心交融、情与情沟通，容易被人接受。

(3)用赞扬、鼓励代替批评。英国历史上著名评论家约瑟·亚迪森曾说："真正懂得批评的人着重的是'正'，而不是'误'。"所谓"正"，实际上就是从正面来加以鼓励，也是一种含蓄的批评，使批评对象不自觉地改正了自己的错误和缺点。

(4)幽默式批评。一般说来，被批评者的心理常处于紧张、压抑的状态，特别是在上级批评下级、长辈批评晚辈时更为突出。被批评者或表现为焦虑、恐惧，或表现为对立、抗拒，或表现为沮丧、泄气。这些不正常的心理状态会成为双方交流思想感情的心理障碍，大大降低批评的实际效果。幽默式批评能缓解批评的紧张、压抑情绪，启发被批评者思考，增进相互间的感情交流，使批评不但达到教育对方的目的，同时也能创造一个轻松愉快的气氛。

> 曾经有位女中学生写信给某杂志社编辑，坦言心中的苦恼："我从来不为任何明星的风采打动，可自从黎明出现后，我萌发了非他不嫁的念头……我该怎么办？"编辑在给她的回信中诙谐地说："成人之美乃传统美德，我当然乐意成全你的终身大事；但遗憾的是，你是非黎明不嫁的第 8899 个姑娘，如果他跟 8898 个姑娘离婚后，我会立即通知你，好吗？"

就这寥寥数语，使这位姑娘羞涩地笑了，很快走出了痴迷与狂热，这就是幽默的神奇功效。

(5)自责式批评。批评别人时，指出自己对批评对象的错误也负有责任，而不是把责任全都推到批评对象身上。比如说"这件事也怪我，我没有……"这样既显示了自己的诚意，又消除了抵触情绪。

(6)现身说法式批评。在批评对方的错误缺点时，表明自己也曾犯过类似的错误，也有过这样的缺点，这样可以缓解对方的心理压力，避免产生抵触情绪。

> 某公司车队的司机老王发现公司小王用公车办私事，于是找到小王说："小王，你忘了吗？上次我用车送了回亲戚，结果受到公司批评，我还公开做了检讨，你怎么还犯和我一样的错误呢？以后要注意啊！"小王听了忙点头称是，并表示以后不会再犯。

如果老王一味批评小王，不谈自己的过错，那么，小王可能嘴上不说，心里也会想："还说别人呢，你自己不也犯过同样的错误吗？"这样的话，他以后可能还会犯类似的错误。

(7)借别人之口批评。即转达别人(最好不要讲这个人具体是谁)对批评对象的意见，当然也要表明自己的看法。这种方法可以让对方感到舆论的压力，促使他认真地认识、反省自己的问题。

(8)模糊批评。即用模糊语言进行批评。比如在会上，不指名道姓的批评，且说话具有弹性，被批评的人一听就能听出来，既照顾了被批评者的面子，又警示了其他人。

三、交谈的技巧

交谈是由两个或两个以上的人，为实现交流思想、沟通感情、互通信息、协调行为等目的所进行的口头交流活动，也是人与人之间分享欢乐、分担忧愁的一种好形式。

事先没有明确目标的即兴式交谈，也叫聊天。心理分析学派创始人、奥地利医生弗洛伊德就是用“聊天法”治好了许多精神病患者。深圳蛇口工业区一家企业，每星期二晚召开“聊天会”，集思广益解决了许多生产和管理中的问题，对形成企业的凝聚力产生了积极影响。交谈的好处很多：交谈可以畅快精神，缓解疲劳；交谈有利于沟通感情，传递信息；交谈可以展现个性，培养口才等。

（一）交谈的基本原则

1. 以诚相待，以礼相待

人际交往，贵在真诚，只有以诚相待，才能与交谈者达到推心置腹、情感交融的境界。在交谈中以礼相待，可以为谈心创造一个和谐气氛。如有急事需要暂时中断交谈，应声明并表示歉意；不要随意打断、纠正别人的谈话；不要以自我为中心，唱独角戏等。

2. 相互理解，求同存异

交谈是双向交流活动，由于双方学识、阅历以及看问题的角度不同，对同一个问题往往会产生异议。在双方产生分歧时，应相互理解，多从对方角度去考虑问题，不要轻易作无谓的争执。

3. 切忌只说不听或只听不说

听是交谈持续的重要环节，听是尊重对方的表现，听是获得信息的主要渠道，有助于听者理解谈话内容，领会言外之意，还能激发对方的谈兴。如果只说不听，滔滔不绝、抢话打断，交谈就无法愉快进行下去；如果只听不说，或只是嗯嗯啊啊，不给对方及时有效的回应，就会使对方感觉你漫不经心，只是在应付，交谈只能不欢而散。

（二）交谈的技巧

交谈虽然是一种比较随意的语言交流，但要谈出效果，达到目的，也必须掌握一些交谈的语言技巧。

1. 寻找话题的技巧

一群人在一起聊天，如果都不知从何说起，就会出现冷场的尴尬局面。那么，可以从以下几个方面着手寻找话题：

第一，寻找谈话的共同点。交谈共同关心、感兴趣的话题，容易产生亲近感。与人初次见面，为使彼此融洽相处，可以询问对方的出生地，曾就读的学校，生活上的兴趣、爱好等。同行可以谈业务上的问题，同事则可以聊聊单位的情况，老同学可以回忆同窗共读的情景。

第二，就地取材，寻找话题。交谈总是在一定的环境中进行的，可以从此时此地情境中的事物寻找话题，比如房间里、桌子上的摆设、一盆花……这些都可以成为话题。

有些人觉得寻找话题是一件很难的事，很有可能是因为对选择话题存在错误的看法。一是认为那些不平凡的事情才值得一谈，于是便绞尽脑汁想说些惊天动地的爆炸性事件，或是一些令人捧腹的大笑话。其实，人们除了爱听一些奇闻逸事之外，也很愿意和朋友们谈一些有关日常生活的琐事，这同样是很好的交谈题材。二是以为谈些深奥高雅、很有学问的话题，才能使人肃然起敬。事实上，人们更多谈论的是发生在身边的事情，你可以谈爱情、婚姻和家庭，也可以谈衣食起居，还可以谈业余爱好、体育运动等。

2. 转换话题的技巧

当交谈出现冷场，或是出现了庸俗、乏味的倾向，或对方的问题太敏感，不便回答，或遇到一些不便或不愿意谈论的话题，就要及时转换话题，也叫岔题。在这种情况下，最好的方法是在不知不觉中巧妙地把话题岔开，这样既不会伤害到对方，又可以将自己从困窘中解脱出来。

转换话题可根据当时的情景、身边的事物等，但必须转得“巧”，在此举些常用的岔题方法：(1)利用一词多义岔题。汉语中很多词都有多义性，可以利用这一点避开不快的话题。(2)利用相近概念岔题。有些词所表达的概念没有明确的界限，常常带有一定的模糊性，利用这种模糊性，就可以把话题中某些概念转换为与它相近的另一个概念，岔开原来的话题。(3)利用同音字岔题。在现代汉语中，同音字很多，音同(近)而义不同，这在书面语言里不易混淆，但由于交谈是以声传义、不见字的形体，这就有了一定的含混性，利用这种含混性，就可以巧妙地把话题岔开。(4)利用好奇心理岔题。求新好奇是人们普遍的心理要求，如果能提出一个更新更有趣的话题，就可以把对方的谈兴吸引过来，自然地抛开原来的话题。

3. 善于倾听

一方面是听出话外音；另一方面善于利用自己的“身体语言”激发对方的谈兴，比如适时地与对方保持眼神接触，身体稍稍倾向于说话人，适当地点头以示同意，面带微笑表示你听得很有兴致。

4. 善于问话

问话是交谈的引线，是引入话题和转换话题的方法之一。问得巧，能使交谈有声有色，巧妙的问话能打开对方的话匣子。要善于问开放性的问题，不要问用“是”或“不是”就能回答的问题。

5.善于答话

除了掌握问话的技巧,还需要对答话进行必要的训练,否则一语不慎,可能落入对方陷阱或使朋友失和,感情疏远。下面介绍几种常用的答话方法。

答非所问法。在答话时巧妙地改变对方问话的重点或加以否定,这是一种回避对方提问的战术。表面看回答没脱离提问的范围,实际上已经被偷换概念或违反了"同一律",使对方无法得到想要的答案。

以问代答法。当别人的提问不便回答时,可反过来向对方提出问题引导对方做出回答。

含蓄作答法。当对方提出敏感的问题而正面回答不便时,含蓄的回答,既能释疑,又显得得体。

突破限制法。有的问话暗中已限制了回答内容,甚至是别有用心设下圈套,回答时就要突破限制别掉入圈套。例如,问:"你最近没打老婆了吧?"回答"是"或"否"都不妥当,可这样回答:"我从来都没有打过老婆。"既突破了限制,又未离开话题。

以虚制实法。有时对方的提问,回答起来内涵较深,短短几句话不容易说清楚,这时就不必实言相答,而是以虚言应对。

移花接木法。以通俗易懂的答案去回答某些不便直说又难以说清的问题。如某人生性淡泊名利,因此工作几十年仍是一般公务员。有人问他:"你干了这么多年也没捞上个一官半职,不觉得遗憾吗?"此君笑道:"可不是吗? 糯米到底酿不出高粱酒来,也没啥值得大惊小怪的嘛!"

四、拒绝的技巧

有求必应是一种美德,但要真正做到有求必应却不现实。生活中常有这样的事,有人向你提出某种请求,希望得到满足。然而,由于诸多原因,你却难以满足他的要求,于是便需要拒绝,尽管拒绝是令人遗憾的,但该拒绝的还得拒绝。如果承诺了自己不愿、不该、不必、不能履行的职责,事办成与否,都会感到很累,最终还是自讨苦吃。拒绝是一道难题,也是一门艺术。在生活中,如果学会了拒绝的艺术,就能化难为易、化险为夷,有时还可能化敌为友,使友谊长存。

(一)拒绝的基本原则

在拒绝对方时,要礼貌尊重,诚心诚意,不能伤害对方的自尊心,不能使对方难堪。必须让对方知道你的拒绝是无奈之举,尽可能地避免误会,避免对方遭拒绝后产生抗拒感。具体来讲:

第一,就是在双方之间设置心理距离,也就是破除亲密伙伴关系,拉开心理距离,说"不"就会容易些,拒绝也更有效果。

第二,在拒绝之前,应该有说"不"所必需的心理准备,也就是说自己在心理上必须坚定,否则就很可能被对方说服。

第三,在拒绝后要进行"善后",帮别人另想办法,以便更好地愈合对方心理上的不适。因为拒绝别人,在社交中是一种逆势状态,必然在对方心理上造成失望或不愉快。

(二)拒绝的技巧

拒绝的技巧主要有以下几点:

1. 直截了当拒绝法

对那些不能接受的要求,应该直截了当予以拒绝,不能犹豫,不可含糊,切忌模棱两可,以免对方产生误解,抱有幻想;但语气要诚恳,要向对方耐心解释你拒绝的理由,表示歉意,请求对方谅解。当然,对那些无理的、过分的要求,应予以严词拒绝。

> 一位科长要给他的下属介绍女朋友,这位下属直截了当地拒绝了他:"这件事情恐怕要让您失望了,实在抱歉!现在的我,实在没有结婚的条件,况且我的事业尚未有所成就,我想,等我有了结婚基础,再来谈婚姻的事比较妥当,这完全出于我自身的考虑,而绝非关系介绍对象的好坏,希望您能谅解!"

遇上难缠的说服高手,委婉拒绝无效,那就放弃以理拒绝的想法,改用放弃思考的语言予以彻底否定。什么是放弃思考的语言?就是利用诸如"反正"、"可是"、"还是"等词的句子,也就是指用这些词连接成的句子把对方前面所讲的一切予以推翻,这也叫"蛮不讲理"的语言。那什么样的语言可以称为"蛮不讲理"的语言呢?比如"因为讨厌所以讨厌"、"因为不知道所以不知道"、"因为拒绝所以拒绝"这类毫无因果关系的循环语言。

2. 婉言拒绝法

如果不能直接拒绝,还可以采用各种婉言拒绝法巧妙地回绝,同样可以收到很好的效果。请看以下案例:

> 一天,小芳的好友小张打电话来求助:"小芳,有个事儿要拜托你。""什么事啊?""唉,我男朋友要给日本客户做批东西,但说明书是日文,正巧你是学日语的,帮我看看啊。"
>
> 小芳很清楚,专业说明书的翻译不是件轻松的工作,更何况这阵子手头工作多,于是又考虑了一会儿,非常客气地说:"并不是我不愿意帮忙,你知道的,产品说明书这种东西很专业,我在大学也不是学的翻译专业,这些年又没接触过,大学学的那点东西早就还给老师了,现在这水平恐难胜任啊。""别谦虚,你在大学可是咱们班里日语最好的啊,我对你很有信心!""可我对自己没信心啊,要是搁平时还可以试试,现在这段时间公司任务特别多,经常加班,正在赶着一个策划书,我可是奋战了三天三夜了,忙得一塌糊涂,现在一看文件就头大。你朋友的

说明书一定很重要吧，为了不耽搁事儿，你还是找专业翻译公司吧，这样比较合适。”

小张想了想说：“嗯，也是，专业翻译确实不是件容易的事儿，我找专业公司吧。你呀，别太累了，注意身体！”

此案例成功地采取了婉言谢绝的方法。面对小张的请求，小芳分三步巧妙推脱：先是坦言“产品说明书很专业，怕自己胜任不了”，然后又说“公司最近老是加班，正在赶策划书”，然后提出建议“找翻译公司”，说得非常客观真诚，收到了良好的拒绝效果。

常用的婉言拒绝法还有：

(1)缓兵之计法。也叫“拖”字诀，有时对方提出请求后，不必当场拒绝，可以采取拖延的办法。你可以说：“让我再考虑一下，明天答复你。”这样，既使你赢得考虑如何答复的时间，也会使对方认为你是很认真对待这个请求的。如有人想约你，问你：“今天晚上八点钟去跳舞，好吗？”你可以回答：“今天不巧，回头再说吧，到时候我跟你联系。”

(2)预设伏笔法。与缓兵之计法有异曲同工之妙，但又有所不同，从人际关系的角度考虑，要尽可能把拒绝的理由讲得充分，让接受者有足够的心理准备。为此，先不拒绝，而是强调不利因素，为自己留下退路，适当时候，再用适当方法(如电话告知、请人带口信等)拒绝，这样，即使对方要求没有得到满足，也不至于怀恨在心。

(3)贬低自己法。通过对自己的贬低而间接抬升对方。比如说拒绝媒人的提亲时，可以说：“对于我来说，她真是太过于完美了……”或者“她太优秀了，我根本无法与她相配。”不管是否真实，其效果都要强于直接拒绝。对方知道自己遭拒绝，也会因为这些话得到心理安慰，抗拒感也就自然而然地消失了。

(4)诱导对方自我否定法。对方提出问题后，不必马上作出明确的回答，而是提出一些条件或反问一个问题，诱使对方自我否定，自动放弃原来提出的要求。

(5)先肯定后否定法。对别人的请求不是一开口就说“不行”，而是先表示理解、同情，然后再陈述无法答应的缘由，讲清自己的困难，获得对方的理解，自动放弃请求。如有可能，可为对方引荐别人，建议其他弥补的办法。这样，对方不但不会因被拒绝而失望、生气，反而会对你的关心、帮助表示感谢。

有位姑娘经常收到别人的求爱信，有一次，还有一个不相识的人找上门来求爱，她友好地说：“你给了我作为一个女性最高的赞赏！但是，我只能接受一个人的爱情，你来晚了一步，请原谅我不能接受你的感情。”那人听了后，说声“抱歉”就礼貌地退出了姑娘的房间。

如果姑娘毫不留情地说“我不认识你，别来纠缠我！”或者是“真不害臊，快给我滚开！”那样就会出现非常尴尬的场面。这位姑娘非常聪明，首先表示了对对方求爱的尊重，使对方的自尊心得到满足，然后表达拒绝之意，使对方体面地离开了。

(6)转移话题法。这是一种转移别人注意力的技巧。对那些碍于情面的要求，你不便马上拒绝，可以采取转移话题，暂时把对方说话的焦点转移开，达到间接拒绝的目的，可收到意想不到的效果。

> 第 24 届奥运会时，中国代表团一到汉城，记者就缠着李梦华团长问："中国能拿几块金牌?"李梦华回答："半个月之后，你们肯定知道。""有人预测能拿 10 块金牌，您认为客观吗?"李梦华答道："中国有充分的言论自由，记者怎么想，就可以怎么写。"

这种避实就虚、似是而非的回答，既达到了拒绝记者的目的，又显得光明磊落、无懈可击。

(7)暗示拒绝法。对那些难以言明的拒绝，不用有声语言，也可用一些体态语来暗示拒绝。如用身体欠佳或疲劳、倦怠、打呵欠的举止使对方感到不安；或目光老向别处看等，暗示对所提要求不感兴趣；或用无实质内容(或等于没有回答，或信息为零)的话回答对方。

五、道歉的技巧

"人非圣贤，孰能无过?"在社会人际交往中，人们总是免不了会犯各种各样的过错的，而知错能改，是心智成熟、人格完善的表现。如因自己无心的过错给他人造成损失、伤害或不良影响时，就需要用真诚的道歉去取得对方的谅解，这是搞好人际关系的又一重要手段。因此，有了过错就要勇于致歉，道歉的技巧很多，但如果抓住了"真、快、巧"这三个字，很多误会或伤害就可能迅速得以化解、消融。

(一)真——真心、真诚

过错不管大小，也不管是有心还是无意犯的，道歉都必须是发自内心的。只有真心真意的道歉，才会体现出当事人充分的诚意；迫于压力而不得不进行的道歉，是言不由衷的，表明了当事人并没有真正认识到自己的过错，当然也无法取得对方的谅解。因此，道歉时应态度真诚，言辞恳切。真诚的道歉不会丢了面子，失掉尊严，相反，勇于认错所体现出来的胸襟和气度，更会赢得人们的尊重和敬佩。

(二)快——迅速、及时

当过错发生后，要在最短的时间内迅速、及时地道歉，最好是在过错发生的当时，就以真诚的话语迅速表示歉意，以尽快消除对方的不快，"对不起"多说几遍也无妨。否则，拖得越久，对双方越不利；对过错方来说，拖的时间越长，道歉的话就越难说出口；对受害方来说，时间拖久了，就会认为对方缺乏诚意，心中的怨气、怒气恐怕就不那么容易消除了。

（三）巧——巧妙、恰当

俗话说：赶得早不如赶得巧。其实道歉也是要讲究一个“巧”字的，也就是要善于根据不同对象不同的性格心理特点，采用不同的方式方法。既要注意时间、地点恰当，又要讲究方式、方法得当。有的人器量大，简单的一句“对不起”就可以达到道歉的目的；而有的人得理不饶人，恐怕就要多费些口舌，一次道歉达不到目的，就要有再次、多次道歉的勇气。有时可以当面单独致歉，有时最好通过合适的第三方牵线搭桥，有时甚至还要在公众面前公开道歉；有时言语不足以表达歉意，可以用卡片、鲜花等小礼物传情达意；还可以通过短信、电话、信函等方式致歉，以避免双方面对面的尴尬。

总之，不管使用哪种方法，都要注意因时而异、因人而异、因事而异；还要根据对方的反应及时调整道歉的方式、方法，只要道歉是发自内心真诚的表达，当事人就一定能够感受得到，化解误会、恩怨，就只是时间问题了。

口才实训

（一）试就下列情景作自我介绍、介绍他人的训练

1. 开学伊始，新生举行以“趣说自己”为主题的班会活动，请你作自我介绍。

2. 如果你被邀请参加一次联谊活动，并表演节目，你将如何自我介绍？

3. 假如你是新员工，在该单位举行的小型欢迎会上向大家做一次自我介绍。

4. 试把一位你所熟悉的人（如父母亲、同学、老师）得体地介绍给大家。

5. 你所在单位想招聘一位公关部经理，你认为你的一位老同学很合适，你怎样向主管领导推荐他？

6. 假如你负责主持一项工程竣工仪式，到会的有省、市、县各方面的领导，你将如何把他们介绍给与会者？

7. 某电脑公司培训部经理刘某到某职业学校与校长王某洽谈联合办学事宜，假如你是校办公室主任，你怎样为双方介绍？

（二）请指出以下介绍中的不当处

1. 某化妆品公司总经理黄某委托助理小王约南方电视台副台长刘健、新世纪广告公司总经理助理陈风前来商谈化妆品电视广告之事，两位来宾如约而至。小王把他们引进了会客室。

小王：我来给大家介绍一下，这位是我们公司的黄总经理，这位是南方电视台刘副台长，这位是咱们公司老搭档新世纪广告公司的陈风先生。今天我们黄总请二位来，主要是商量让电视台给我厂的产品做广告宣传的事。

2. 有位先生第一次参加全国性的学术会议，大家彼此都还陌生。在进行学术讨论时，他站起来说："我叫×××，我来发个言。"在场的专家都感到很唐突。

3. 在一次管理层会议上，会议主持人向观众介绍一位报告人时这样称赞她："这位就是刘女士，这几年来她的销售培训工作做得很出色，也算有点名气了。"

（三）赏析下面案例，请指出可借鉴之处及不妥之处

一次礼仪先生评选活动中，一位参赛者这样自我介绍：

我姓朱，撇未朱，单名枫，枫树的枫，唐代诗人杜牧名句"霜叶红于二月花"，咏的就是我的名字。这名字似乎有些女性化，但我的性格绝对男性，只是多了一份温柔。我是旅游职业学校三年级的学生，专修宾馆管理。我的兴趣爱好比较广，音乐、戏曲、电影、小说、旅游、书法、足球、围棋，我都喜欢，但都不着迷，它们使我的精神得到调剂，业余生活不感枯燥。我爱交朋友，原则是真诚坦率相待，不求志趣相投。走亲访友一般我是不带礼品的，必要时送一束鲜花。如果要我拎一盒奶油蛋糕、两瓶酒走在大街上，我会像发高烧一样浑身难受。我的处事原则是："以不伤害他人为前提，求得尽可能的个人自在。"《红楼梦》里一位老先生说："自在不成才，成才不自在。"这话我信，显然他老先生是反对自在的，但他没有成才。我乐意帮助弱者，看到别人确实有难处，不管是否认识，我都乐意伸出援助之手，我这样做，感觉上非常好，是一份享受。但对马路、车站、码头上的乞求者，我一毛不拔。我喜欢英语和电脑，常常整天伴着放音机，或者把自己关在机房里，自在得很。爱好不敢说精通，但一定会精通的。谢谢！

（四）请指出以下寒暄的例子中哪些是恰当的，哪些是不恰当的，并总结寒暄应注意的事项

1. 校园内，师生迎面走来。学生低着头，与老师擦肩而过时匆匆叫了一声："老师好！"老师当时刚好看到学生后面不远处走过他正要找的同事，担心那位同事走远，眼睛边看着同事边回答了一声"好"，一边叫："张老师！"

2. 张强和李纲是老同学，长时间没联系了。一天在车站突然相遇："好久不见，你老兄气色这么好，看来混得不错呀！""彼此彼此，你也发福多了。""最近做股票赚了不少吧？""唉！还说呢，全套牢了。""噢，太遗憾了！"

3. 一天下午，××电视台的主持人李晓颖走在路上，一位老太太走过来对她说："晓颖，你好！"李晓颖以为遇上熟人了，忙礼貌地回答："您好！""我是你的观众。"老太太笑着说，"我喜欢你的主持风格，清清爽爽，文文静静，我们当学生时都是那样打扮的。""谢谢！"李晓颖感动地看着老人。临走时老人又说："你可不要变哟。"老太太走远后，李晓颖还忍不住回头张望老太太的背影。

（五）话题设计训练

1. 你去拜访一位名人，进屋之后发现主人家养了一只小猫。请以此为话题，设计一段对话。

2. 一天，你逛商场时发现一位营业员好像是当年的校友，在学校时没机会交谈，她好像也觉得你面熟，你主动和她打招呼。你们会谈些什么？

3. 放暑假了，你坐车回家，周围坐着几位年龄、身份、性别不同的陌生人，为消除路途寂寞，你先和他们寒暄几句，使大家都有谈兴。你会怎样寻找话题呢？

4. 将来，你在事业上取得了一定成就，在老同学聚会上，你怎样谈自己的成功？别人赞扬你，你怎样表现谦虚的风度？

5. 你的一位同学做错了事，你告诉了老师，这位同学因怀恨而不再答理你，请和他交谈，恢复你们的友情。

6. 一位传教士在做祷告时烟瘾犯了，问上司："我祷告时可以吸烟吗？"结果上司狠狠瞪了他一眼。另一个传教士祷告时也犯了烟瘾，问上司，结果上司给予肯定的答复。请分析第二个传教士是怎么问的？

7. 假如你是一个企业的新职工，经常与工人们在一起，了解了企业的许多情况。一天，经理在和你聊天时，突然问："你是新来的，没有什么偏见，经过这一段时间，你觉得我这个人怎么样？""很好，经理。"但经理却固执地说："你一定要讲真话，我只想听听你的意见，或者从你这里听到别人对我的意见，你不必担心什么。"而这个经理确实也有一些不足和毛病，工人也有所议论。这时，你怎样与经理继续聊下去？

（六）分析"赞扬"的差异

1. 有位员工上班经常迟到，领导看在眼里却没说出来。一次，这位员工来得很早，恰好在楼梯口碰到经理，经理赞扬道："来得这么早啊！公司的员工要是都像你这样就好了！"后来这位员工再也没迟到过。

2. 小刘和小王都是新来的同事。小刘较机灵，初来乍到，表现积极，坚持提前半小时到单位，整理东西、打扫卫生、打开水等，黄处长的表扬自然就多。时间长了，小刘就没恒心了，不再提前上班。小王则后来居上，悄悄干着这些活。但黄处长并不知道这些变化，在一次员工会议上仍然说："小刘到处里以来，工作认真积极，打开水、打扫卫生的活干得最多，应该提出表扬。"小刘听后脸红了，小王心里也很不是滋味。

（七）假设你的同学或朋友犯了错误，受到公司的处分，请分析比较下面几个话题的优劣

1. 你的领导太过分了，小题大做。

2. 无所谓，别放心上，做人洒脱些。

3. 谁都会犯错，知错就改，改了就好。

4. 你老兄真傻！

5. 回避不提。

（八）根据下面材料，回答问题

1. 一些青年美术家在中国美术馆举办了一次反响较大的油画展。画展期间，有

位外国记者采访一位青年女画家时问道："在中国，从事人体模特儿职业会不会受到歧视？"答："人体模特儿是一种为艺术献身的职业，理应得到理解和支持。"外国记者又问："假如让你当模特儿，你愿意吗？"女画家略一迟疑，答……

请问可能有几种答法？哪一种回答最恰当？

2.1986 年 10 月 25 日，邓小平会见英国女王伊丽莎白二世和她的丈夫菲利普亲王。邓小平同志说："这几天北京的天气很好，这也是对贵宾的欢迎。当然北京的天气比较干燥，要是能借一点伦敦的雾那就更好了。我小时候就听说伦敦有雾，在巴黎时，听说登上巴黎铁塔就能看见伦敦的雾。我曾经登上过两次，可是很遗憾，天气都不好，没有看见伦敦的雾。"菲利普亲王说："伦敦的雾是工业革命的产物，现在没有了。"邓小平风趣地说："那借你们的雾就更困难了。"亲王说："可以借点雨给你们，雨比雾好，你们可以借点阳光给我们。"

请问他们在表达怎样的意思？从交谈的角度分析这段谈话，看看有哪些值得借鉴的地方？

(九)试比较分析以下三份不录用通知书

1.此次本公司招聘职员，承蒙应征，非常感谢！经慎重审议，结果非常遗憾，决定无法录用，特此通知。

2.此次本公司招聘考试，你成绩不及格。特此通知。

3.此次本公司招聘职员，您立即前来应征，非常感谢！您的考试成绩相当好，不过本次暂不予录用，觉得很可惜，他日可能还有机会。务请见谅。

第7章

营销口才

学习目标

知识目标

了解营销口才的特点和技巧。

能力目标

掌握营销口才技巧，提高接近客户和说服客户的能力。

案例导入

阅读下面两个案例，根据后面的提示进行分析、思考、讨论。

推销员：早上好，张厂长，很高兴见到您。

张厂长：你好，有什么事吗？

推销员：张厂长，我今天来拜访您的主要目的是给您带来了我们最新研制出来的高智能BB2005型号的设备，我知道您一定很希望您的企业生产成本降低，收益提升。

张厂长：是啊，但你们公司的产品能管用吗？

推销员：那当然，这项设备引进的是德国BAC技术，它的制造效率是普通设备的两倍，而且比一般设备的单位能耗要低20%。另外，这款产品的操作平台非常人性化，操控性能很稳定，安全性能非常好。还有就是安装了自检系统，这样，就不需要经常耗费大量人工来检查，节省大量的人力成本。您觉得怎么样？

张厂长：不错，那这款产品已经应用在哪些行业呢？

推销员：主要是挖掘机制造、油田开发等领域。

张厂长：一套系统大概需要多少钱？

推销员:仅需要20万元人民币。

张厂长:是吗?我知道了。这样吧,你把资料放下,我先了解一下,回头给你电话。

推销员:张厂长,我们的设备荣获了国家设备制造金熊猫奖,每年销售量达到5000万元呢。

张厂长:我知道了。我们领导班子需要研究一下才能给你电话。就这样吧。再见。

推销员:……

案例二

推销员:早上好,张厂长,很高兴见到您。

张厂长:你好,有什么事吗?

推销员:张厂长,我是益胜公司的刘洋,我今天特意来拜访您的主要原因,是我看到了《中国机械工业杂志》上有一篇关于您公司所在行业的报道。

张厂长:是吗?说的是什么?

推销员:这篇文章谈到您所在的挖掘机行业将会有巨大的市场增长,预计全年增长幅度为30%,总市场规模将达到350亿元,这对您这样的领头羊企业可是一个好消息吧?

张厂长:是啊,前几年市场一直不太好,这两年由于西部大开发,国家加强基础设施建设,加大固定资产投资,前景应该还不错。

推销员:张厂长。在这样的市场增长下,公司内部研发生产的压力应该不小吧?

张厂长:是啊,我们研发部、生产部都快忙死了。

推销员:是吗?那真是不容易啊!我注意到贵厂打出了招聘生产人员的广告,是不是就是为了解决生产紧张的问题呢?

张厂长:是啊。不招人忙不过来啊。

推销员:确实是这样,那相对于行业平均水平的制造效率5台/人而言,您厂目前的人均制造效率是高一些还是低一些?

张厂长:差不多,大概也就5—6台/人。

推销员:那目前使用的制造设备的生产潜力有没有提升的空间呢?

张厂长:比较难。而且耗油率还很高呢。

推销员:那您使用的是什么品牌的设备呢?国产的还是进口的?

张厂长:我们用的是国产的……

推销员:我想向您推荐我们公司生产的……

头脑风暴

- 案例一中推销员的推销语言有什么特点？体现了这位推销员什么样的性格？
- 如果你是准顾客，对这位推销员有何评价？你会跟他合作吗？为什么？
- 案例二中这位推销员的推销语言有什么特点？给人留下什么样的第一印象？
- 案例二中这位推销员运用了哪些推销技巧？
- 如果你是准顾客，对案例二中这位推销员有何评价？你会跟他合作吗？为什么？
- 看完这两个案例，你有什么收获和体会？
- 你认为营销技巧最重要的是什么？

知识介绍

第一节　营销概述

一、营销的概念

营销，是工商企业组织，针对社会需求，面对市场竞争，在市场调查论证的基础上，采用人员或非人员(广告推销、活动促销、服务促销)形式所进行的促进产品、商品销售流通的专门活动。从本质上说，营销就是通过市场商品交换机制，沟通广大消费者与企业组织的互惠互利的合作，是人类赖以生存发展的社会活动。市场经济环境中的营销，作为企业和目标市场之间的信息沟通，居一切工商企业经营管理行为之首。西方企业家说得更为透彻："没有营销，就没有企业。"

二、营销的特点

从实现商品服务、销售的意义上说，营销是指推销人员通过说服和帮助促使潜在顾客采取购买行动的活动过程。它包括推销人员、推销对象和推销商品三个要素。营销的过程，既是一个营销人员向顾客传递信息，再由顾客反馈信息的双向沟通过程，也是一个营销人员向顾客提供技术与咨询服务以及双方情感交流的过程。因此，营销具有以下特点：

(一)特定性

营销活动必须先确定谁是对产品有特定需求的潜在顾客，然后再有针对性地向推销对象传递信息并进行说服。

(二)灵活性

影响市场环境和营销对象需求的不确定因素很多,营销人员必须灵活运用推销原理和技巧,以及恰当的推销策略和方法。

(三)说服性

这是营销活动的核心,推销员必须运用自己所掌握的知识以及商品的特点和优点,耐心地进行说服和劝说,并最终导致顾客采取购买行动。

(四)双向性

营销是销售人员与顾客之间信息传递与反馈的双向沟通过程。推销人员向顾客提供有关商品、市场、企业和服务等有关信息,同时,也观察顾客的反应,调查、了解顾客对企业产品的需求。

(五)互利性

销售的目的是帮助人们获得想要的东西,成功的推销应对交易双方都有利,让推销对象感到购买行动有利于满足需求,给自己带来多方面的利益。

三、营销的作用

营销是企业整体活动的中心环节,又是评判企业生产经营活动成功与失败的决定要素。企业必须不断地研究市场、认识市场,进而适应市场和驾驭市场。如果没有营销,商品将会堆积如山,必然导致大量失业,进而导致严重的社会问题。营销增加了社会的总体需求量,从而让各个环节的人有事可做。生产的原材料增加了,生产各种原材料的人手同时也有所增加,企业必定需要更多的人来进行生产和管理;就业率上升了,有了更多的销售渠道,人们的消费也随之增加,导致产品低廉化,同样的作用力也会回馈给消费者,消费者从而获得实惠。因此,营销是企业和客户之间的联系纽带,帮助顾客认识商品和解决有关问题,在顾客心目中建立起企业和商品的良好信誉,使顾客最终成为企业的买主。具体来说,营销有以下作用:

(一)解决生产与消费的矛盾

在商品经济条件下,社会生产和消费之间存在着空间和时间上的分离,产品、价格、双方信息不对称等多方面的矛盾。营销的任务就是使生产和消费的不同需求和欲望相适应,实现生产与消费的统一。

(二)实现商品的价值和增值

通过产品的创新、分销、促销、定价、服务等方面,营销加速了相互满意的交换关系,使商品中的价值和附加值得到社会的承认。

(三)避免社会资源和企业资源的浪费

营销从顾客需求的角度出发,根据需求情况安排生产,最大限度地减少产品无法销售的情况的出现，避免了社会资源和企业资源的浪费。

（四）满足顾客需求

营销活动的目标是通过各种手段最大限度地满足顾客需求，最终提高社会总体生活水平和人们的生活质量。

第二节　营销员的素养

一、学识素养

营销的实质，就是对自身各种能力和素质的综合发挥，在很大程度上是对自身知识积累的综合调动。营销人员如果能掌握广博的知识，并能将这些知识融会贯通，必将为其营销工作打下坚实的知识基础，面对客户时便能游刃有余，从容不迫。学识渊博了，才能见人之所未见，讲人之所未讲，口头表达才能做到内容充实、见解精辟和旁征博引。知识丰富和见多识广能使口语表达更生动，使人受到启发，感到趣味。因此，深厚的学识素养是营销人员有效开展营销活动的一个重要方面。

一名成功的营销人员应从多渠道、多方面学习各种知识。如学好语言文学，可具备较好的文字功底，有助于加强语言表达能力，以及写作公文、商贸信函、策划书、合同、广告等应用文书的能力；学好应用数学，掌握信息统计、整理的概率数学等方面的知识，能快速进行各种运算和统计；学好心理学，可以更好地了解人，更好地与人沟通；学好哲学，可以更好地认识生命的意义、生活的哲理以及社会发展的规律；学好历史，可以了解古今社会发展及名人、伟人的故事，在与人交谈中可以拓宽话题；掌握一些风俗习惯等社会知识，可以入乡随俗，更好地赢得他人的信赖与尊重。

一名营销人员只有不断地学习，才能满足市场上瞬息万变的需求。知识的学习与资料的搜集对营销人员是很重要的，每个人感兴趣的话题不同，而共同的话题是搭起友谊桥梁的关键；所以营销人员应学习全面的知识，提高自身的素养，才能担当好企业发展的领航员、开拓市场的战斗员、沟通产品的联络员。

二、专业素养

营销是一门综合性、操作性很强的科学。营销是从产品设计、质量、包装到广告宣传、销售技巧等一环扣一环的全程经营，是一个动态过程。这就意味着运筹营销要综合考虑各相关环节的行销要素。自始至终一着不让、环环紧扣，如果把营销狭义地理解为纯粹的买卖，并使它成为单纯的买卖技巧，其功能是有限的。

营销人员要具备良好的专业技术知识，如商品知识、物价知识、市场学、营销学、预测决策、经济核算、经济法规、消费心理、公共关系、礼仪礼节、洽谈技巧等。营销目的的实现是需要一个过程的，在这个过程中，营销人员就要利用掌握的专业知识逐步铺开。首先对产品要有个大概的了解，即产品质量调查；其次要对产品的受众有一个具体的定位，即对所销售产品针对对象的年龄、消费水平以及受众的消费理念有一个了解；最后是根据所得到的调研结果制订相应的策划案，比如促销活动、优惠活动等来引导消费，宣传产品，或者根据商品的受欢迎程度来制订生产的数量。总之，营销人员必须具有良好的创造能力，以及对市场需求情况有独到见解，具备一定的营销策划知识。

三、法律素养

企业的营销活动受法律因素的制约和影响是显著的，这不仅表现在营销行为从一开始就应当考虑相应的法律约束，而且表现在整个营销过程及营销结果，都必须遵纪守法及承担相应的法律责任。因而法律因素对营销行为的作用，对营销活动的影响是企业和营销人员都需要关心的问题。一些企业在广告中夸大宣传，欺骗消费者，既损害了商品的商誉，也毁掉了企业的信誉。营销活动中，要以效益为目标，以法律为准绳，这是营销人员应该牢牢把握的行为准则。

虽然营销人员的主要任务是开展营销活动，但营销人员自身法律素质的提高对营销活动的开展大有裨益。因此，营销人员应加强法律知识培训，学习一些与市场营销关系紧密的法律法规，包括广告法、反不正当竞争法、经济法以及国家制定的各种相关法规政策等，要充分了解法律原则，明确法律权利、法律义务和法律责任，提高法律意识，增强法制观念，运用法律规则来强化营销管理。

2010 年 4 月，谢某经房屋买卖中介公司居间介绍，与徐女士签订了《房地产买卖居间协议》，购买其在共和新路的一处房屋。根据协议约定，谢某将 2 万元意向金汇入中介公司账户，后又汇入 8 万元。

签约时，徐女士的丈夫外出旅游未能确认同意，中介公司要求徐女士代为签名。她的丈夫回沪后，不同意转让房屋，并拒绝签订合同。同年 5 月，因合同无法继续履行，中介公司将 10 万元退还给谢某。谢某则认为，中介公司和卖方的行为已造成违约，理应双倍返还定金，要求再付自己违约金 10 万元。中介公司则认为，定金是买卖双方约定的，与中介公司无关。徐女士则表示，谢某支付的定金是 2 万元，而非 10 万元，现 2 万元定金已退还，只同意再支付给买方 2 万元定金三天活期存款利息作为赔偿。

法院经审理后认为，协议中关于 2 万元意向金，经徐女士确认已转为定金，现由于卖方的原因导致协议不能履行，该不利后果应由徐女士承担。关于 8 万元的性质认定，根据协议第三条约定，谢某应在签订协议后 3 日内补足定金至

10万元，由徐女士签收后交由中介公司暂为保管。现该钱款她并未签收，8万元转为定金的条件并未成立。因此，谢某要求两被告承担8万元的违约责任依据不足。因此，判定徐女士应当承担2万元的违约责任。

以上案例可以看出，参与营销活动的个人、中介方如果具备一定的法律素养，就能规避风险。

四、交际素养

营销活动中，营销人员不可避免要与客户沟通，这就需要营销人员要具备良好的交际素养。在交际中，善于沟通是营销人员必不可少的能力，良好的沟通是成功营销的关键。营销中要形成良好的沟通：一是准确采集对方信息，了解对方真正意图，同时将自身信息也准确传达给对方；二是通过恰当的交流方式，如语气、语调、表情、神态、说话方式等，使得谈话双方容易达成共识。

一位销售主管与某超市老板谈了多次，可对方执意拒绝产品进场。完不成任务，这名销售主管感觉到非常大压力。为了帮助这名销售主管，他的朋友和他一同前往拜会这个“不通情理”的老板。但是去之前鉴于该主管一向“主动出击”的作风，朋友再三叮嘱“今天你只当陪客，不要说话，让我掌握对方情况再讲”。见到该超市老板时，发现对方不到30岁，已在该市开设了三家中型超市，一脸的春风得意。在销售主管简短的介绍后，朋友用比较谦恭的态度表明今天只是来和他“聊聊”，“交个朋友”，“向他学习和了解一下当地的市场情况”，而后长达三小时的谈话中，该朋友基本只是在说“对”、“嗯”、“了不起”，这位老板将他的创业史统统说了出来，到最后他说“和你聊得还真不错”。最后五分钟该朋友提到关于产品进入他卖场的事情，他满口答应了。

销售主管用的沟通方法，见到对方直奔主题：“我们是知名厂家，知名品牌，你进我们的货完全可以放心。”这套说辞对一般店铺或许有用，但是对于这个“年轻有为”的老板来说，他可不认为这些名企、名牌有什么了不起。而销售主管的朋友另辟蹊径，少说而善于倾听，赢得了老板的信任与好感，促成了产品的营销。由此可以看出，沟通能力在营销过程中的重要性。

五、口才素养

对于营销人员来说，做成生意最需要的是好口才，据说营销的奇迹80%是由口才创造的，口才是营销员成功说服客户购买商品的关键。乔·吉拉德是世界上最伟大的推销员，他连续12年荣登世界吉尼斯纪录大全中世界销售第一的宝座。乔·吉拉德的成功，就是凭借他出色的口才，创造了空前的经济效益。

一个农夫在集市上卖玉米。因为他的玉米棒子特别大，所以吸引了一大堆买主。其中一个买主在挑选的过程中发现很多玉米棒子上都有虫子，大惊小怪地说："伙计，你的玉米棒子倒是不小，只是虫子太多了，你想卖玉米虫呀？你还是把玉米挑回家吧，我们到别的地方去买好了。"

买主一边说着，一边做着夸张而滑稽的动作，把众人都逗乐了。农夫见状，一把从他手中夺过玉米，面带微笑地说："朋友，我说你是从来没有吃过玉米咋的？我看你连玉米质量的好坏都分不清，玉米上有虫，说明我在种的时候没有用农药，是天然植物，连虫子都爱吃我的玉米棒子，可见你这个人不识货！"接着，他又转过脸对其他的人说："各位都是有见识的人，你们评评理，连虫子都不愿意吃的玉米棒子就好么？比这小的棒子就好么？价钱比这高的玉米棒子就好么？你们再仔细瞧瞧，我这些虫子都很懂道理，只是在棒子上打了一个洞而已，棒子可还是好棒子呀！我可从来没有见过像他这么说话的人呢！"

说完这些话，他又把嘴凑在那位故意刁难的买主耳边，故作神秘状，说道："这么大，这么好吃的棒子，我还真舍不得这么便宜地就卖了呢！"

农夫的一席话，把他的玉米棒子个大、好吃、虽然有虫但是售价低这些特点表达出来了，众人被他的话语说得心服口服，纷纷掏出钱来，不一会儿工夫，农夫的玉米就卖完了。

从上面这则案例可以看出，农夫正是靠着自己出色的口才，对顾客进行解释，使自己的处境由劣势转为优势，赢得了顾客的心理，取得了产品推销的胜利。

六、性格素养

培根曾说过："性格决定命运，而人是性格的设计师和创造师。"好的性格，有利于为人处世，能屈能伸，在成功得意时稳得住，在挫折失败时经得住。社会上各个领域的成功人士，都具备一些能让他成功的良好性格。若想在哪方面取得成就，就必须打造一种适应于该方面成长和发展的好性格。从这个意义上说，追逐成功，也是磨砺性格和学会驾驭性格的过程。营销员作为市场的开拓者和担负公司发展重任的先锋，更要具备优良的性格，否则，面临的将是被市场淘汰的结局。

"做市场就是做人"，营销过程始终是在和人打交道。成功营销的开始，是能够成功地向客户推销和展示你这个人。有的人让人感觉随和、谦虚、自信、诚实、勤劳、无私、热情大方；有的人却让人感觉厌烦、狂妄、自私、虚伪。优秀的营销员，能培养自己优良的性格，让客户从接受自己、相信自己，继而认可公司和产品。优秀营销员应具有以下性格：

(一)热情开朗

热情是营销人员性格的情绪要求。业务人员要富于热情，在业务活动中待人接物更要始终保持这种热情。热情会使人感到亲切、自然,从而缩短人与人之间的感情距离。当然,热情要把握好度和量,过分的热情会使人感到虚情假意,无形中筑起一道心理上的防线。开朗的性格则表现为坦率、爽直。具有这种性格的人,能积极主动地与他人交往,并能提高交易成功的可能性。

(二)温和宽容

性格温和的推销员乐意与他人商量,能接受他人的意见,使他人感到亲切,容易同他人建立亲近的关系。但是,温和不能过分,过分则令人乏味,受人轻视,不利于交际。在营销中,营销人员要允许不同观点的存在,如果别人无意侵害了你的利益,要多些宽容。你谅解了别人的过失,允许别人在各个方面与你不同,别人就会感到你是个有气度的人,从而尊敬你,这样就会增加你成功的几率。

(三)坚毅耐心

营销活动是一项艰辛的工作,营销人员实现业务活动目标总是与克服困难相伴随,因此,业务人员必须具备坚毅的性格。只有意志坚定,有毅力,才能找到克服困难的办法,才能最终获得营销活动的胜利。除了能吃苦,营销人员还要有耐心,既要做一个耐心的倾听者,又要做一个耐心的说服者,使他人愉快地接受你的想法而没有被强迫的感觉。

(四)幽默风趣

营销人员在与顾客打交道的过程中,庄重严谨固然能取信于人,但幽默风趣的言词,随和亲切的性格,会营造出轻松、活泼、有趣的氛围,使顾客不知不觉投入其境,认同你、接受你,也就会认同你、接受你的产品。

七、心理素质

优秀的营销员不仅要有良好的学识素养、专业素养、口才素养等作保证,还要具备良好的心理素质。营销口才的心理素质特点是:充分的自信心、强烈的成功欲、不怕失败的韧性和坚强的自控力。

(一)充分的自信心

自信心具有理性思维色彩,指在任何活动中,使自己处在良好的竞技状态。具有自信心的人,往往在语言活动中神态自若、心绪镇静、记忆准确、表达流畅,兴奋点压制在最佳状态。营销员在与人沟通中尤其需要有自信心。被誉为日本推销之神的原一平身材矮小,25岁当实习推销员时,身高仅1.45米,又小又瘦,横看竖看,实在缺乏吸引力,可以说是先天不足。然而,这一切并没有打垮原一平,相反愈挫愈勇的他,内心时刻燃着一把"永不服输"的火焰,凭着"我不服输,永远不服输!""原一平是举世无双,独一无二的"超自信自强心态,成功地用泪水和汗水造就了一个又一个的推销神话,最终成为日本保险推销第一人。

（二）强烈的成功欲

这是自我价值实现的一种满足感，属于马斯洛的“人的需要层次论”中最高层次的需要。它可以帮助人塑造一种追求完美的心理品格和良好的心理素质。成功欲在人们的思想行为中有着巨大的推动作用，是促进一切事业成功的主观动机，也是造就出色营销的内在动力。一个人仅仅靠“希望”是不会美梦成真的，唯有强烈的成功企图才能促使一个人下定决心，并且做到让自己全身心地投入。

（三）坚强的自控力

美国的罗洛·美在《爱与意志》中说：“意志是组织自己走向某一目标的能力。”“如果你只有愿望而没有意志，你就是一个受欲望摆布的、不自主的儿童，而作为一个‘成年的老顽童’，你最后可能变成一个机器人。”自控力强的营销员，既能做到“我所不愿为”，又能做到“不为所愿为”，因而能适应客观环境，主动调节自己的情绪和情感。

第三节　营销口才技巧

一、营销语言的作用

在营销活动中，实施营销策略的手段是多种多样的，但几乎所有策略的实施，都离不开语言表达技巧的运用。营销语言是指以言语为载体、商务信息为内容，促使销售成功的策略和技巧。

营销语言在营销活动中起着至关重要的作用，它直接有效地推动着顾客满足消费需求的进程。潜在顾客采取购买行动的基本前提是充分了解商品带来的基本利益。没有对商品功能、特点的了解，潜在顾客不会采取购买行动。营销人员运用有效的促销语言，不仅可以把有关商品的信息准确传递给潜在顾客，唤起消费需求，而且可以使信息传递过程更加生动新颖、更有针对性，从而增强信息刺激的力度，将客户的购买意图转化为购买行动。虽然潜在顾客不是因为营销员的花言巧语才购买商品，但准确而生动有效的商品信息，确实大大激发了消费者的购买欲望，并最终达成销售的目的。

很多知名企业都在遵循“顾客就是上帝”的宗旨，可为什么在客户服务中做到了礼貌服务却依然不能使顾客忠诚而只是满意呢？“满意的客户不一定是忠诚的客户，而忠诚的客户却一定是满意的客户。”因此，现代经营者或管理者都意识到，必须要培养、选用能说会道的高级人才去开发市场、促进销售；参加销售的推销者，不仅限于商店柜台的营业员，同时还包括推销员、营销代表等直接与客户、消费者接触的销售人员。通过人与人之间的接触，用语言沟通产生特别效应，力求提供超越客户满意的服务，防止客户流失，让更多的客户成为回头客，牢固树立起良好的服务品牌，使企业财源滚滚，从而形成企业发展壮大的重要基石。

二、营销语言的基本原则

在营销中，营销人员要进入视顾客为朋友、熟人的境界，用心琢磨自己的言行举止，想尽办法使销售服务和用语做到贴心、自然，让人愉悦，让顾客感觉真实、亲切，这是营销语言的基本出发点。要使营销语言具有说服力，必须遵循以下基本原则：

（一）顾客中心原则

营销中，营销人员不是设法把东西"卖"给顾客，而是协助顾客"买"到其需要的、想要的东西。真正高明的做法应当是主动向客户说明购买某种商品后会带来的各种好处。对这些好处的详细、生动、准确的描述，才是引导客户购买商品的关键。一般来说，说明购买某一商品会带来益处时，应该围绕客户的需要，应该站在对方的立场上来考虑："如果是我，为什么要买这个东西呢？"朝着这个方向去思考、去努力，就能深入到客户所期望的目标，也就能抓住所要说明的要点。如果销售员的眼睛只看顾客口袋里的"钱"，顾客迟早会离开；而关注顾客的"心"，顾客则永远留在销售员身边。所以，最好是用顾客的语言和思维来介绍产品，安排说话顺序，不要将自己准备好的话一股脑儿说下去，要注意顾客的表情变化，灵活调整销售语言，并力求通俗易懂。

（二）倾听原则

"三分说，七分听"，这是人际交谈基本原理——倾听原则在推销语言中的具体体现。在推销商品时，除了仔细观察对方，看对方对商品的表情和态度，以及在言谈中的各种表现外，还必须虚心听取对方的讲话，了解对方的真正意图和隐藏在内心的打算。销售过程中要求销售员用一颗体谅的心来听，要找出双方的共同点，适时以表情、眼神、动作等表示理解顾客的观点，鼓励顾客讲出其真实需求。

（三）禁忌语原则

在保持积极态度的同时，营销语言也应当尽量选择体现正面意思的词，选择积极的用词方式。比如说，要感谢客户在电话中的等候，常用的说法是"很抱歉，让您久等了"，这"抱歉久等"实际上潜意识中强化了对方"久等"的这个感觉；比较正面的表达应该是"谢谢您的耐心等待"。在营销中，要保持商量的口吻，避免用命令或乞求语气，尽量采用顾客为中心的语句。在一般情况下，毫无生气、灰暗、冷淡的话，谁听了都会丧气。面对这类话语，很难指望顾客有积极反应，因为顾客的选择受营销员感受的影响。下面是常见的正、负面用语对比：

负面用语："问题是那种产品都卖完了。"

正面表达："由于需求很高，送货暂时没接上。"

负面用语:"我不能给您他的手机号码。"

正面表达:"您是否向他本人询问他的手机号?"

负面用语:"我不想给您错误的建议。"

正面表达:"我想给您正确的建议。"

负面用语:"您没有必要担心这次维修后又会坏掉。"

正面表达:"这次维修后,请尽管放心使用。"

负面用语:"您叫什么名字。"

正面表达:"请问,我可以知道您的名字吗?"

负面用语:"您必须……"

正面表达:"我们要为您那样做,这是我们需要的。"

负面用语:"如果您需要我的帮助,您必须……"

正面表达:"我愿意帮助您,但首先我需要……"

负面用语:"我没有说明白,这次听好了。"

正面表达:"也许我说的不够清楚,请允许我再解释一遍。"

(四)"低褒感微"原则

营销语言的诀窍,被概括为"低褒感微"四个字,这四个字各有其具体含义:"低",就是态度谦恭。就是要做到谦逊平易,常想着"顾客是真正的上帝"、"客户是我工资的来源",一举一动,对客户十分尊重。"褒",是指褒扬赞美。赞美的话谁都爱听,所以推销商品时不要忘记同时推销赞美的话语。"感",是指向对方说出自己的感谢之意和感谢之词,应该由衷地感谢客户订购,感谢客户照顾,如"谢谢您,这是我们公司的发票,请收好。""谢谢您,我马上就通知公司。""请您现在去收银台付款,非常感谢!"至于"微",就是微笑。意思是说作为营销人员应该经常面带微笑,给他人带来开朗的心情。

三、营销口才的特点

营销员除了需要有事业心和责任感,有不屈不挠的意志,有从商的经验外,更应该具有专业的语言交际能力。只有充分发挥口才的表达技巧,广泛地接近顾客,赢得顾客信任,才能使营销活动有效展开,才能把产品推向市场。因此,营销口才有如下特点:

(一)礼节性

在营销活动中,与顾客最先接触的是言语,言语要"和气、文雅、谦逊",不讲粗话、脏话、大话,不强词夺理,不恶语伤人。要多用敬语、敬辞,语气要亲切柔和,语句要委婉含蓄。这样才能缩短与顾客的心理距离,使顾客感到温暖与鼓舞,从而加强信任度,有的顾客甚至因为营销人员和蔼的态度,才决定购买此商品,从而促成交易成功。

此外，介绍商品时要真诚，切忌敷衍塞责、信口开河，要用真诚中肯的语言赢得顾客。当然，也不要低三下四地乞求顾客，甚至"要挟"顾客如果不"成全"，他就要丢掉饭碗等，这样既丢人格，又会引起顾客反感。

（二）专业性

一名合格的营销员，首先是一名合格的专业人员，因此，营销口才很重要的一个特点即专业性。也就是各行各业的营销员一定要熟练掌握本行业商品的专业知识，能用最准确、最明白、最简洁的语言向顾客讲清楚产品的功能及使用方法，使顾客听了心中有数，看了一目了然。同时，营销员要不断地了解同类商品的新信息，接受新知识，对本专业商品的相关情况，如生产情况和市场运营情况等有所了解。只有专业化程度高，在顾客面前说出内行的话，才能像行家一样引领顾客跟上新潮流，接受新产品。当顾客对推销员的业务水准表示信赖时，成功率就自然提高了。

> 一位顾客想买车。推销员对他说："这种型号的车，采用了德国进口的发动机、高级弹簧和合金材料，并且大部分零件也是大众公司提供的。启动快、耗油量少，并且最为得意之处就是开起来特别舒服。"然后，让顾客坐进车内，让他自己去试开一下，接着说："价格很便宜，可以说，同一类型的轿车中没有这么便宜的。怎么样？"

上述案例中，顾客在推销员一番很专业的介绍后，早已被说得心动，加上又亲自体验了这辆车的特点，必将毫不犹豫地与之签订订购合同。

（三）灵活性

营销人员面对不同的顾客要因人而异，灵活变通。对不同年龄、职业、性别、爱好的顾客要使用不同的言语。要认真观察顾客，分析顾客，讲究发问，善于引导。对于年龄大一些的人，讲话速度要慢，讲解的内容要细；对于年纪轻的人，讲话可以稍快，要注意抓住他的兴趣点来介绍，也就是说，词句的选用要有变化。

> 一对夫妇在服装店试衣服，先生给女士选了一件。可女士却不太满意，一时拿不定主意，想请营业员帮助挑选一件。此时，营业员心里与那位女士有同感，也不满意那位先生所挑选的那一件，于是直言相告："那件衣服的色彩是有点不适合你。我来帮你挑一件。"于是帮助那位女士挑选了另外一件。可那位先生心中不悦，借故将那位女士拉走了。

在那位女士开口有请的情况下，营业员若不表态，显然不合适；但直言相告，却会使那位先生的自尊心受到伤害（意味着否定了他的审美观）。此时，不如灵活点，这样说："这件也不错，那件或许更适合你。"先肯定对方的意见，然后再委婉地表达出自己的意见。这样既不会惹恼那位先生，又满足了那位女士的请求，同时也表达了自己的意见。

(四)诱惑性

营销员针对顾客迫切寻觅物美价廉商品的心理,要极力说服顾客其商品正是顾客所需要的,告知顾客不买将遗憾。介绍商品时,要运用重复、排比、借代等修辞手法极力宣传商品的功用、性能与特点,以及同类商品不具备的优势等,以增强商品的诱惑力。例如:

> "王师傅,我每箱少收2元钱,给您送10箱,好吗?"

> "您穿上这身衣服,显得很有气质,年轻多了","现在这几天正在打折,喜欢的话,现在买下来很划算的"。

在这些诱惑性语言的劝导下,顾客很有可能买下商品。

(五)风趣性

在社交场合中,幽默风趣的语言可以调节气氛,使社交场面轻松愉快,同时幽默的人也是受欢迎的人。在营销活动中,幽默风趣的语言可以拉近和顾客的距离,有助于沟通感情,在笑声中解除顾客的警惕心理,从而达到营销的目的。

> 一位大学生当推销员后萌发了一个主意。一天,他走进一家报馆,问道:"你们需要一名有才干的编辑吗?""不要!""记者呢?""不要!""印刷厂如有缺额也行?""不,我们现在什么空缺也没有!""那你们一定需要这个东西!"年轻的大学生边说边从皮包里取出一些精美的牌子,上门写着:"额满,暂不雇人!"于是,轻易地促成了推销。报社负责人把这件事说给了老板听。过了几天,报社负责人对这位年轻的大学生说道:"如果你愿意的话,请到我们广告发行部来工作。"

上述推销案例幽默、风趣、出其不意,达到了营销的目的。

四、营销口才的技巧

在营销活动中,营销员的口才显得十分重要。俗话所:"货卖一张嘴。"营销员口才的好坏,直接决定着服务的质量,也影响着企业的声誉。北京市模范商业工作者穆载生曾就语言艺术与商品销售关系做过一些试验:使用一般的、平淡的柜台用语,日销售额为500元;使用较文雅、礼貌的柜台用语,日销售额可提高到700元;而使用热情洋溢的艺术化语言,日销售额可提高到1000元。可见,营销的口才技巧对提高企业的经济效益有着直接的关系。营销活动中口才运用的规范应当是:讲技巧、重内容、要质量。

(一)摸准心理,有的放矢

从某种意义上讲,营销活动是一种心理战术,要想接近客户,首先要掌握客户的心理,主动迎合客户的心理需求,选择恰当的对话方式。也就是"见什么人,说什么话；到什么山头，唱什么歌”。

优秀的营销人，都是人性的洞悉者。面对不同年龄、不同性别，性格各异、购买动机五花八门的顾客，分别采取不同的营销策略和方法，以求各个击破，直达目标。比如面对随和型的客户，要亲切热情，顺水推舟，满足他们的自尊心；面对严肃型的客户，要真诚、主动，以柔克刚，设法使他们开口；面对慎重型的客户，要不厌其烦、耐心解答，直到他们打开心门；面对情绪型的客户，要摸准心理，通过言行取得对方的信任，消除其心理压力，使他们产生安全感和信任感。例如：

一位中年妇女担心一件时装不太时髦，穿不出去。营业员说："这件衣服颜色鲜亮，款式新颖，年轻人买得很多。不过，人到中年更需要打扮，人靠衣装呀。这件您穿挺合适的，它起码能使您年轻10岁！"

一位小伙子想买一件金首饰，嫌价格贵有些犹豫。营业员说："金首饰有保值作用，这种商品的高价与贵重是同义语。准备送给新娘子的吧？贵重的首饰正可以表达你真诚的爱情，新娘子看了肯定非常喜欢！"

在某友谊商店里，一对外商夫妇对一只标价8万元的翡翠戒指很感兴趣。售货员作了些介绍后说："某国总统夫人也曾对它爱不释手，只因价钱太贵，没买。"这对夫妇听了此言，欣然买下。

一天，一位北方客人来到上海绣品店，他是为好友前来购买绣花被面的。他被其中的一条绣有一对白头翁的被面吸引住了，但又显得有点犹豫，目光盯住这一对白头翁，自言自语地说："这鸟的姿态很好，就是嘴巴太长了点，以后夫妻要吵嘴。"营业员听到后，笑眯眯地向他介绍道："您看见了吗？这鸟的头上发白，表明以后夫妻白头偕老。它们的嘴巴伸得老长，是在说悄悄话，是相亲相爱的表示。"这位北方顾客听了，连说："有道理，有道理！"高兴地为朋友买下了这条绣花被面。

（二）以诚立言，以情感人

在营销中，语言要诚实、诚恳，感情要真挚；必须信守诺言，为顾客着想，不能把营销当做是欺骗顾客的手段，要从顾客的需求出发以情动人，打动顾客的心。例如：

大名鼎鼎的推销行家阿玛诺斯由于善于推销，业绩极佳。不到两年，就由小职员晋升为主任。现在要推销一块土地，阿玛诺斯并不依照惯例，向顾客介绍这块地是何等的好、如何的富有经济效益、地价是如何的便宜等。他首先很坦率地告诉顾客说："这块地的四周有几家工厂，若拿来盖住宅，居民可能会嫌吵，因此价格比一般的便宜。”

但无论他把这块地说得如何不好、如何令人不满，他一定会带顾客到现场参观。当顾客来到现场，发现那个地方并未如阿玛诺斯说得那样不理想，不禁反问：“哪有你说的那样吵？现在无论搬到哪里，噪音都是无可避免的。”

因此，在顾客心目中，都相信实际情况一定能胜过他所介绍的情形，从而心甘情愿地购买那块土地。

某公司第一次研制出一种新型电灯泡，其董事长到各地去进行营销。他对各地的代理商们说：“经过多年的苦心研究，本公司终于研制出了一种新型电灯泡。虽然它还称不上一流，只能说是二流，可我仍然要拜托各位，以第一流产品的价格来购买它。”客户大哗，觉得这简直不可思议。董事长又说：“大家都知道，目前制造电灯泡可以称第一流的，全国只有一家而已。他们垄断了整个市场，无论怎样抬高价格，大家也不得不买。我公司的产品目前确实有不足，无法在技术上突破，如各位肯帮忙，以一流产品的价格购买本公司的二流产品，我就会把利润用于技术改良上，待本公司制造出一流的产品后，原来的灯泡制造业就出现了竞争对手。在彼此大力竞争下，质量必然会提高，价格也必然会降低。那时，对大家都有好处。因此，希望你们能不断地支持、帮助本公司渡过难关，以一流产品的价格，来购买这些二流的产品。”这一番话，赢得了经久不息的掌声，说服的效果极好，大家纷纷愉快地表示支持。一年后，该公司所制造的电灯泡，果然以第一流的品质出现，那些代理商也得到了很高的报酬。

（三）提供证据，以理服人

在营销中，不能夸夸其谈，要提供相应的证据来证明自己产品的优点，如采用实物、图片模型来说明或演示，以增加消费者对产品的信任度。例如：

一位推销员走进客户办公室，向主人打过招呼后，指着一块粘满油渍污垢的玻璃，有礼貌地说：“请允许我用带来的清洁剂擦一下。”结果，不用水就毫不费力地把玻璃擦得干干净净，从而引起了客户的兴趣，于是生意很快就做成了。

李嘉诚年轻时在一家塑胶厂当推销员。有一次，他推销一种塑料洒水器，走了几家都无人问津。于是他想了一个方法，说洒水器可能出了问题借水管用用。于是他便表演起来，不出所料一下子就卖掉了十几个。

（四）设身处地，为人着想

在营销活动中，一句贴心的话，有可能会使客户忘记你是推销员，而把你当做他的知心朋友。营销员善解人意，对顾客表示尊重，既可为产品打开销路，又交了朋友。

帮助了顾客，最终也就帮助了自己。例如：

一位美国书籍推销商在推销书籍时总是向顾客提出这么三个问题："如果我送您这套十分有趣的有关个人效率的书，您会读一下吗？""您如果读了后非常喜欢这些书，您会买下它吗？""如果您发现这些书不太有兴趣，您可以把书寄回给我，行吗？"

这些话语亲切友善，措辞谦恭，顾客几乎找不到说"不"的理由。

有个人十年来始终开着一辆车，未曾换过。有许多汽车推销员跟他接触过，劝他换辆新车。甲推销员说："你这种老爷车很容易发生车祸。"乙推销员说："像这种老爷车，修理费相当可观！"这些话触怒了他，他固执地拒绝了。有一天，有个中年推销员到他家拜访，对他说："我看你那辆车子还可以用半年；现在若要换辆新的，真有点可惜！"事实上，他心中早就想换辆新车，经推销员这么一说，遂决定实现这个心愿，次日他就向这位与众不同的推销员购买了一辆崭新的汽车。

推销员如果能想顾客之所想，就会赢得顾客的心。

例文赏析

客商于先生出差到泰国，下榻东方饭店。良好的饭店环境和服务给他留下了深刻的第一印象，当他再次入住时，几个细节更使他对饭店的好感迅速升级。

早上，在他走出房门准备去餐厅的时候，楼层服务生恭敬地问道："于先生要用早餐吗？"于先生很奇怪，反问："你怎么知道我姓于？"服务生说："我们饭店规定，晚上要背熟所有客人的姓名。"这令于先生大吃一惊，因为他频繁往返于世界各地，入住过无数高级酒店，但这种情况还是第一次碰到。

于先生高兴地乘电梯下到餐厅所在的楼层，刚刚走出电梯门，餐厅的服务生就说："于先生，里面请。"于先生更加疑惑，因为服务生并没有看到他的房卡，就问："你知道我姓于？"服务生答："上面的电话刚刚下来，说您已经下楼了。"如此高的效率让于先生再次大吃一惊。

于先生刚走进餐厅，服务小姐微笑着问："于先生还要老位子吗？"于先生的惊讶再次升级，心想："尽管我不是第一次在这里吃饭，但最近的一次也有一年多了，难道这里的服务小姐记忆力那么好？"看到于先生惊讶的目光，服务小姐主动解释说："我刚刚查过电脑记录，您在去年6月8日在靠近第二个窗口的位子上用过早餐。"于先生听后兴奋地说："老位子！老位子！"小姐接着问："老菜单？一个三明治，一杯咖啡，一个鸡蛋？"现在于先生已经不再惊讶了："老菜单，就要老菜单!"于先生已经兴奋到了极点。

上餐时餐厅赠送了于先生一碟小菜,由于这种小菜于先生是第一次看到,就问:"这是什么?"服务生后退两步说:"这是我们特有的××小菜。"服务生为什么要先后退两步呢,他是怕自己说话时口水不小心落在客人的食品上。这种细致的服务不要说在一般的酒店,就是美国最好的饭店里,于先生都没有见过。这一次早餐给于先生留下了终生难忘的印象。

后来,由于业务调整的原因,于先生有三年时间没有再到泰国去。在于先生生日的时候,他突然收到了一封东方饭店发来的生日贺卡,里面还附了一封短信,内容是:"亲爱的于先生,您已经有三年没有来过我们这里了,我们全体人员都非常想念您,希望能再次见到您。今天是您的生日,祝您生日愉快。"于先生当时激动得热泪盈眶,发誓如果再去泰国,绝对不会到任何其他饭店,一定要住东方饭店,而且要说服所有的朋友也像他一样选择东方饭店。

【例文导读】 酒店业作为21世纪的朝阳产业,将面临新的挑战和前所未有的机遇,谁能够顺应时代的潮流,把握市场的最新需求,谁能在激烈的市场竞争中取得胜利,最终的决定权在于酒店所提供的设施与服务是否能令客人满意。个性化服务在酒店服务中占有相当重要的地位,同时也是酒店对客户服务中最能深入人心的一种服务,它直接影响到一个酒店的品牌与销售。东方饭店在做好规范化服务的基础上,注意提高个性化服务水平,以此来吸引客人,最终使企业赢利。该饭店服务营销做得很成功。

电脑推销员陈乙,一次向一家规模不小的公司推销电脑。竞争相当激烈,但是由于跑得勤,功夫下得深,深得承办单位的支持,成交希望非常大,到最后,只剩下两家品牌,等着作最后的选择。承办人将报告呈递总经理决定,总经理却批送该公司的技术顾问——电脑专家陈教授咨询意见。于是,承办人员陪同陈教授再次参观了两家品牌的电脑,详细地听取了两家的示范解说,陈教授私下表示,两种品牌,各有优缺点,但在语气上,似乎对竞争的那一家颇为欣赏。陈乙一看急了,"煮熟的鸭子居然又飞了?"于是,他又找个机会去向陈顾问推销,使出浑身解数,口沫横飞地辩解他所代理的产品如何地优秀,设计上如何地特殊,希望借此纠正陈顾问的观念。最后,陈顾问不耐烦地冒出了一句话:"究竟是你比我行,还是我比你懂?"此话一出,这笔生意看样子是要泡汤了。

陈乙垂头丧气,一位推销专家建议:"为什么不干脆用以退为进的策略推销呢?"并向他说明了"向师傅推销"的技巧。

"向师傅推销",切记的是要绝对肯定他是你的师傅,抱着谦虚、尊敬、求教的态度去见他，一切的推销必须无形，伺机而动，不可勉强，不可露出痕迹，方有效果。

于是，陈乙重整旗鼓，到陈教授执教的学校去拜访，见了面，如此这般地说："陈教授，今天我来拜访您，绝不是来向您推销的。过去我读过您的大作，上次跟您谈过后，回家想想，觉得陈教授您分析得很有道理。陈教授您指出，在设计上我们所代理的电脑，确实有些特征比不上别人。陈教授，您在××公司担任顾问，这笔生意，我们遵照老师的指示，不做了！不过，陈教授，我希望从这笔生意上学点经验。您是电脑方面的专家，希望您能教导我，今后我们代理的这种产品，将来应如何与同行竞争，才能生存？希望能听听教授您的高见。"陈乙说话时一脸的诚恳。

陈教授听了之后，心里又是同情又是舒畅，于是带着慈祥的口吻说道："年轻人，振作点。其实，你们的电脑也不错，有些设计就很有特点。唉，我看连你们自己都搞不清楚，譬如说……"于是，陈教授讲了一大通。"此外，服务也非常重要，尤其是软件方面的服务，今后，你们应该在这方面特别加强。"陈教授谆谆教导，陈乙洗耳倾听。

这次谈话没过多久，生意成交了。对这次推销，帮忙最大的，还是陈教授，他对总经理说，这两家公司的产品大同小异，但他相信陈乙的公司能提供更好的服务。最后，总经理采纳了陈教授的意见，一笔快泡汤的生意又做成了。

【例文导读】 先向师傅学推销，然后向师傅推销，这是推销中很高明的一招。斗不过他，就干脆拜他为师，了解一下失败的原因。生意不是只做一天两天的，以后仍有机会，"师傅，下次如果照着您的指示去做，您不会不买吧？"陈乙能够挽回败局，将一笔快泡汤的生意又做成，其原因就是甘拜陈教授为师，虚心求教，满足了对方的自尊心，赢得了对方的好感，从而在决定生意成败的关键时刻助了陈乙一臂之力。

例文7-3

亚伯特·安塞尔是铅管和暖气材料的推销商，多年以来一直想跟布洛克林的某一位铅管包商做生意。那位铅管包商业务极大，信誉也出奇的好。但是安塞尔一开始就吃足了苦头。那位铅管包商是一位喜欢使人窘迫的人，粗线条、无情、刻薄而自傲。他坐在办公桌的后面，嘴里衔着雪茄，每次安塞尔打开他办公室的门时，他就咆哮着说："今天什么也不要！不要浪费你我的时间！走开吧！"

有一天，安塞尔尝试了另一种方式，而这种方式为他赢得了生意上的关系，交上了一个朋友，并得到了可观的订单。

安塞尔的公司正在商谈，准备在长岛皇后新社区办一间新的公司。那位铅管包商对那个地方很熟悉，并且做了很多生意，因此，安塞尔去拜访他时就说：

"××先生，我今天不是来推销什么东西的。我是来请您帮忙的。不知道您能不能拨出一点时间和我谈一谈？"

"嗯……好吧，"那位包商说，顺带把雪茄转了一个方向，"什么事？快点说。"

"我们的公司想在皇后新社区开一家公司，"安塞尔说："您对那个地方了解的程度和住在那里的人一样，因此我来请教您对那里的看法。您看这是否合适？"

情况有些不同了，多年来，那位包商向推销商吼叫，命令他们走开，今天这位推销员进来请教他的意见，一家大公司的推销员对于他们应该做什么，居然跑来请教他，使他觉得自己很重要。

"请坐请坐，"他说，并拉来一把椅子。他接着用一个多小时，详细地解说了皇后新社区铅管市场的特性和优点。他不但同意那个分公司的地点，而且还跟安塞尔详细畅谈了如何购买产业、储备材料和开展营业等全盘方案。然后，谈话又扩展到私人方面，变得非常友善，并把家务的困难和夫妇不和的情形也向安塞尔诉苦了一番。

"那天晚上当我离开时，"安塞尔说，"我不但口袋里装了一大笔初步的装备订单，而且也建立了牢固业务友谊的基础。这位过去常常吼骂我的家伙，现在常和我一块儿打高尔夫球。这个改变，都是因为我请教他帮个小忙。"

【例文导读】 每个人都希望得到他人的尊重和敬仰。法国大作家罗曼·罗兰说："自尊心是人类心灵的伟大杠杆。"只要你能满足对方的自尊心，你也就掌握了对方。

在本案例中，推销员亚伯特·安塞尔说服一个顽固的顾客改变了态度，并没有采取什么神秘的妙招，只是巧妙地利用了人类的天性，向对方求教。美国一位著名的哲学家说："驱使人们行动的最重要的动机是做个重要人物的欲望。"安塞尔的做法，就是给对方一种重要人物的感觉，从而满足了对方的自尊心。

口才实训

(一)判断以下营销用语哪些是恰当的，哪些是不恰当的

1. 对不起，给您添麻烦了，您愿意让我们为您换一个热水器吗？
2. 衬衫都在那边，你自己看。
3. 小姐，你都试了十几件裙子了，你到底打算要哪一件呀？
4. 这是目前为止我所知道的最好的解决办法，你还有什么更好的建议？
5. 大爷，这个收音机操作简单，能满足您的要求，价格也实惠，您试试看，效果怎么样？

(二)请分析下列销售案例中销售员的不当之处

一顾客去购买手机，当他讲了自己的要求后，销售员拿出了一款手机，说道："我看这款手机满足了您所有的需求，它真的很适合您。"顾客看了看价格，说道："可是它太贵了。"销售员说道："什么？太贵了？您怎么不早说呢？我们有便宜的呀！这一款便宜得多，只不过没有上网功能。"顾客接着说："要是没有上网功能，我为什么要换一部新手机呢？"销售员说道："那您就买那款有上网功能的吧！"顾客答道："可是那款又实在太贵了呀！"销售员有些不太耐烦地说道："一分钱一分货啊！"顾客说："贵的我买不起呀！"销售员生气了，冲着顾客说道："那你究竟买不买？"……

(三)试分析下列营销案例中的营销技巧

1.北京有家书画古玩商店。一次来了两位香港顾客。接待他们的营业员凭自己的经验判断他们购物是为了经商。果然这两位顾客说明他们是挑货回港出售的。这位营业员对他们说："我们一定使您满意。从我们商店买回去的商品赚了钱，我们也高兴。"香港顾客听了很舒服。他们选了一种绿色玉炉，营业员却对他们说："据我们所知，这种货在香港的销路不太好，我给你们挑一种粉红色的，既便宜，又好销。"顾客见他诚心诚意，又是内行，就信任地委托他选了7000元的商品。客人回港后，只四天就将所购货物一销而空，随即打电话，托他再挑2万元的商品，迅速发往香港……

2.某女士走进商场，在化妆品柜台前徘徊。营销小姐满面笑容地走过来说："夫人，请让我为您化妆吧！"女士忙推辞："化妆？不，谢谢，我不要。"营销小姐搬来一张圆凳："没关系的，我为您化妆不收费，请坐吧！化好妆后，您买化妆品就更容易了。"女士犹豫了一下，坐下了。营销小姐一边细心地化妆，一边轻言细语地说："咱们黄种人的肤色不宜直接涂抹鲜艳的唇膏，所以我先给您抹上一层粉底霜。"在为女士染眼影时，她又说："咱们东方人是黑眼珠，眼影最好用暗紫色，这也适合您的脸型和眼睛，这样看起来更加优雅文静。"女士问她怎么样画眼线，她一边示范一边介绍："上下眼圈都要画，上边要比下边粗一倍。"化完妆，营销小姐拿来一面镜子，女士一看，自己化妆后，显得年轻精神多了。在营销小姐的帮助下，女士选购了称心的化妆品，高高兴兴地走了。

3.史密斯先生在美国亚特兰大经营一家汽车修理厂，同时还是一位十分有名的二手车推销员，在亚特兰大奥运会期间，他总是亲自驾车去拜访想临时买部廉价二手车开一开的顾客。

他总是这样说："这部车我已经全面维修好了，您试试性能如何？如果还有不满意的地方，我会为您修好。"然后请顾客开几公里，再问道："怎么样？有什么地方不对劲吗？"

"我想方向盘可能有些松动。"

"您真高明。我也注意到这个问题，还有没有其他意见？"

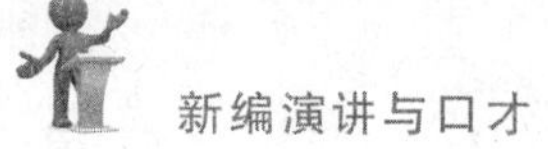

“引擎很不错，离合器没有问题。”

“真了不起，看来你的确是行家。”

这时，顾客便会问他：“史密斯先生，这部车子要卖多少？”

他总是微笑着回答：“您已经试过了，一定清楚它值多少钱。”

若这时生意还没有谈妥，他会怂恿顾客继续一边开车一边商量。如此的做法，使他的笔笔生意几乎都顺利成交。

4. 轰动世界的美国促销奇才哈利，在他15岁作马戏团的童工时，就非常懂得做生意的要诀，善于吸引顾客前来光顾。有一次他在马戏团售票口处，使出浑身的力气大叫：“来，来！来看马戏的人，我们赠送一包很好吃的花生米。”观众就像被磁石吸引了一样，涌向马戏场。这些观众边吃边看，一会儿就觉得口干，这时哈利又适时叫卖柠檬水和各种饮料。其实，哈利在加工这些五香花生米时，就多加了许多盐。因之观众越吃越干，这样他的饮料生意才兴隆。以饮料的收入去补济花生米的损失，收益甚丰。

5. 食品推销员马休正想以老套话“我们又生产出一些新产品”来开始他的销售谈话，但他马上意识到这样做是错误的。于是，他改口说：“班尼斯特先生，如果有一笔生意能为你带来1200英镑，你感到有兴趣吗？”“我当然感兴趣了，你说吧！”“今年秋天，香料和食品罐头的价格最起码上涨20%。我已经算好了，今年你能出售多少香料和食品罐头，我告诉你……”然后他就把一些数据写了下来。多少年来，他对顾客的生意情况非常了解，这一次，他又得到了食品老板班尼斯特先生很大一笔订单，都是香料和食品罐头。

6. 美国雷顿公司总裁金姆曾当过推销员。在一次订货会上，规定每人只有10分钟登台推销的时间。金姆先将一只小猴装在用布蒙住的笼子里带进会场，轮到他上台时，他将小猴带上讲台，让它坐在自己肩膀上，任其跳窜，一时间场内轰乱。不一会儿，他收起小猴，场内恢复平静，金姆只说了一句话：“我是来推销‘白索登’牙膏的，谢谢。”说完便飘然离去，结果他的产品风靡全美。

（四）分析下列案例中销售员“小伙子”能够推销成功的原因，并为案例中的“小伙子”与顾客设计一段人物对话，从中体会营销口才技巧的作用

一个乡下来的小伙子去应聘城里“世界最大”、“应有尽有”百货公司的销售员。

老板问他：“你以前做过销售员吗？”

他回答说：“我以前是村里挨家挨户推销的小贩子。”老板喜欢他的机灵：“你明天可以来上班了。等下班的时候，我会来看一下。”

一天时间对这个乡下来的穷小子来说太长了，而且还有些难熬。但是年轻人还是熬到了5点，差不多该下班了。老板真的来了，问他说：“你今天做了几单买卖？”“一单，”年轻人回答说。“只有一单？”老板很吃惊地说：“我们这儿的售货员一天基本上可以完成 20 到 30 单生意呢！你卖了多少钱？”“300000 美元，”年轻人回答道。

“你怎么卖到那么多钱的？”目瞪口呆、半晌才回过神来的老板问道。

“是这样的，”乡下来的年轻人说，“一个男士进来买东西，我先卖给他一个小号的鱼钩，然后中号的鱼钩，最后大号的鱼钩；接着，我卖给他小号的鱼线，中号的鱼线，最后是大号的鱼线。我问他上哪儿钓鱼，他说海边，我建议他买条船，所以我带他到卖船的专柜，卖给他长 20 英尺有两个发动机的纵帆船；然后他说他的大众牌汽车可能拖不动这么大的船，我于是带他去汽车销售区，卖给他一辆丰田新款豪华型‘巡洋舰’。”

老板后退两步，几乎难以置信地问道：“一个顾客仅仅来买个鱼钩，你就能卖给他这么多东西？”

“不是的，”乡下来的年轻售货员回答道：“其实是他妻子偏头痛，他是来为她买一瓶阿司匹林的。我听他那么说，便告诉他‘这个周末你可以自由自在的了，你为什么不去钓鱼呢？’”

(五)你具备成为优秀营销员的基本条件吗？请完成以下测试题

1. 当你叩开一家客户的大门时，客户告诉你他不需要这种产品，这时你会(　　)。

A. 无奈地告辞　　B. 问清楚他为什么不需要

C. 赖着不走　　D. 弄清原因，下次再来

2. 通常你是如何看待你所推销的产品的？(　　)

A. 一种普通的产品　　B. 比其他同类产品有更多优点

C. 没有人会对这种产品感兴趣　　D. 一种还不错的产品

3. 你的一位客户突然向你大发脾气，遇到这种情况时你会(　　)。

A. 不去理会他　　B. 弄清原因，然后恰当解决

C. 尽快平息他的愤怒　　D. 同他大吵一顿

4. 你通常如何处理在去拜访客户路上的时间？(　　)

A. 欣赏路边的风景　　B. 唱首歌以放松自己

C. 思考如何才能说服客户　　D. 脑子很乱，什么也不想

5. 当你设定一个工作计划时，你希望这个计划能够(　　)。

A. 有趣，并要和其他人一块实施　　B. 取得预期成果就行

C. 计划性强　　D. 能产生有价值的新成果

6. 在参加较为盛大的宴会时，你一般是(　　)。

A. 只与熟悉的人谈话　　B. 找个僻静的地方独自坐着

C. 与许多人甚至陌生人交流　　D. 和大多数人打招呼

7. 你对自己的哪种品格比较满意？(　　)

A. 埋头苦干　　B. 热情张扬

C. 机智沉稳　　D. 幽默风趣

8. 在会议上，你对一些问题迷惑不解时，你会(　　)。

A. 站起来提出　　B. 等一会儿看有没有别人提出

C. 会后私下提出　　D. 默不作声

9. 你在拜访客户时通常如何装扮自己？(　　)

A. 穿运动装　　B. 穿西装打领带

C. 用大手镯装扮自己　　D. 视时令及需求而定

10. 你对自己的人际交往能力的评价是(　　)。

A. 非常强　　B. 比较强

C. 一般　　D. 很差

评分标准表

题　号	选　项				题　号	选　项			
	A	B	C	D		A	B	C	D
1	1	3	2	4	6	2	1	4	3
2	2	4	1	3	7	1	2	4	3
3	2	4	3	1	8	4	3	2	1
4	2	3	4	1	9	2	3	1	4
5	1	3	2	4	10	4	3	2	1

点评：

本套题共计 40 分，如果你的得分在 33 分以上，你完全具备了优秀营销员的基本条件，能够从容地应付营销中的各种问题；得分 27—32 分，你的基本素质同样很出色，能够解决多种突发性问题，再多多磨炼，就可以成为一名优秀的营销员了；得分 21—26 分，你的测试结果差强人意，平时要多注意提高自身的综合素质；得分 20 分以下，你距优秀营销员的要求还有一定差距，建议多磨炼一段时间。

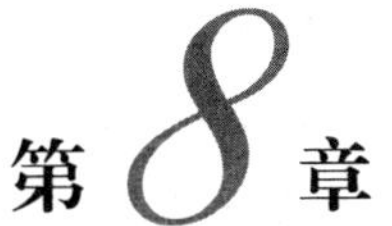

第8章 导游口才

学习目标

知识目标

了解导游口才的作用和特点，认识口才在导游工作中的重要性；

了解导游词的概念、作用和写作技巧。

能力目标

掌握导游解说口才技巧，提高导游口才表达能力；

掌握导游词的写作技巧，能独立创作导游词。

案例导入

阅读下面三个案例，根据后面的提示进行分析、思考、讨论。

案例一

一位导游员陪同一个法国旅行团去重庆，因天气原因，飞机要延误四个小时，客人们心凉了半截。这时，导游员随机应变地对大家说："真是人不留客天留客呀，也许是重庆太好客了，舍不得各位稀客匆匆离开，所以老天有意挽留大家一会儿。时间不长也不短，正好附近还有一处迷人的景点还未来得及去参观，我们与其坐在这里干等，何不尽兴去游览一下呢！"游客们低落的情绪一下子被调动了上来，都说这是个好主意，纷纷用掌声表示赞同。

案例二

一位导游员在初次与旅游者见面时，自我介绍说："初次为大家服务，我感到十分荣幸。我姓马，'老马识途'的马。今天，各位到我们这儿旅游，请放心好了，有我一马当先，什么事情都会马到成功！"客人们都乐了，初次见面的拘谨一扫而光，主客关系一下变得融洽起来。

另一位导游的开场白是这样的："各位朋友，大家好！有一首歌曲叫《常回家看看》，有一种渴望叫常出去转转，说白了就是旅游。在城里待久了，天天听噪音，吸尾气，忙家务，搞工作，每日里柴米油盐，吃喝拉撒，真可以说操碎了心，磨破了嘴，身板差点没累坏呀！所以我们应该经常出去旅游，到青山绿水中陶冶情操，到历史名城去开阔眼界。人生最重要的是什么？不是金钱，不是权力，我个人认为是健康快乐！大家同意吗？出去旅游，一定要找旅行社，跟旅行社出门方便快捷，经济实惠呀。但找一个好的旅行社，不如碰到一个好导游，一个好导游能给您带来一次开心快乐的旅行。大家同意吧！"

一次作家蒋子龙等到香港参加一个笔会，会前先参加了由旅行社组织的一次香港观光活动。观光结束后，导游的"幽默"使游客们感慨颇多。

作家蒋子龙在书中这样描述了这位导游："到香港新机场迎接我们的汉子，相貌粗莽，肌肉结实，说话却撮鼓着双唇，细声细气，尽力做文雅状，他就是设想周到的主人提前为我们请好的导游。"

旅游行程开始后，大家都上了车，导游开始自报家门："鄙姓刘，大家可以叫我刘导，老刘、大刘、小刘，但请不要叫我下刘(流)。"这位导游说话有个习惯，每到一个句号就把最后一个句子重复一遍或两遍，"请不要叫我下流。"刘导还说："我是60年代初从福建来到香港的，曾投身演艺界，报酬比后来大红大紫的郑少秋还要高。当时我们俩都在追求后来被称为'肥肥'的沈殿霞，沈是'旺夫相'，嫁给谁谁走运。谁知沈殿霞最后挑选了郑少秋，否则我今天就用不着当导游了……"听了这番话后，游客们纷纷叹惜。

案例三

一位导游员在带领游客去苏州城外时，是这样讲解的："那是灵岩山，那是天平山，那是金山，那就是虎丘，那就是狮子山。"

面对同样的风景，另一位导游员则说："苏州城内园林美，城外青山也秀美。那一座一座山好似一头头保护苏州城的神兽，灵岩山像伏地的大象，天平山像金钱豹，金山像卧龙，虎丘犹如蹲伏着的猛虎，狮子山模样活似回头望着虎丘山的狮子。那是苏州一景，名叫狮子回头看虎丘。"

头脑风暴

- 说到导游，你会想起哪些词语？
- 在上述案例中，你最欣赏哪位导游的口才？其口才有何特点？

- 你曾经碰到过让你印象深刻的导游吗？为什么？
- 在你看来什么样的导游最受游客欢迎？
- 口才对一名导游来说意味着什么？如何让讲解更加生动有趣？
- 如何才能拥有出众的导游口才？

知识介绍

第一节　导游口才概述

近年来，随着我国经济的快速发展，旅游业的发展势头也日益强劲。发展旅游业，对于一个国家来说，能够拉动经济发展，保护区域环境，促进国民素质和生活质量的提高，促进社会文化的繁荣和交流；对于个人来说，通过旅游，可以提高身体素质和文化素质，增长见识，陶冶情操，对个人的生活、工作和事业都会产生积极的影响。

旅游服务是旅游业中不可或缺的环节，当前，旅游服务质量是旅游业竞争的关键之一，而服务质量高低的决定因素很大一部分在于导游。在现代旅游活动中，导游伴随始终，为旅游者进行讲解并提供生活服务，导游已成为整个旅游服务运转的焦点和轴心。俗话说"舞蹈演员靠两条腿，导游就靠一张嘴"。导游服务工作不仅要求导游人员具有渊博的知识、丰富的导游经验，还应具备比较扎实的语言功底，能够运用正确的、优美的语言与旅游者交流思想、沟通信息。导游口才对于导游人员来说是必不可少的一项职业技能，其中，导游的讲解技能是导游口才中最重要的技能。

一、导游口才的作用

可以说，在现代三百六十行中，像旅游业中的导游服务那样贴近所服务的对象，长时间地和游客生活在一起，并且为他们提供服务的行业很少。在游览期间，游客的喜怒哀乐和导游的酸甜苦辣交织在一起，最后形成耀眼的"闪光点"或者暗淡的"冰冷点"。导游员带团效果为何存在如此之大的差距？可以肯定地说，导游的口才是调节"亮点"的关键。口才优秀的导游能在最短的时间里给游客留下最深的印象。导游的工作总体是以"嘴"为主的，讲解、介绍、交流，精彩的解说犹如一盏明灯，使游客开阔视野、增长见识；友好的交流仿佛一座桥梁，连接导游与游客。

（一）服务作用

服务游客是导游的基本职责。导游员的任务就是带领游客进行参观游览，并在此期间使游客在吃、住、行、游、购、娱等方面得以实现，真正得到物质上满足和精神上的享受。显然，导游员处在"流动"的服务之中，通过语言进行景点讲解并提供生活服

务，导游语言是导游工作的重要载体。导游员话说得好，即能熟练地运用导游语言，不仅能够“达意”，还能让游客感到“愉悦”，从而产生“美感”，最终被认可为一种“语言艺术”。导游语言艺术就是导游对语言的提炼和优化，是融技能、观念、灵感、审美于一体的再创造活动。导游员通过语言与游客沟通、交流，满足游客求知、求解、求乐、审美等旅游需求。

（二）宣传作用

导游是游览行程中旅游“六要素”的组织者和实施者，是关系旅游产品质量的一个关键要素，因此，导游自身的形象、工作状况，都将直接关系到景点景区的宣传与推介，在一定程度上，导游代表了旅游区的整体形象。导游对旅游区的形象宣传最重要的形式就是解说，它是观景的拓展、深入和延伸。旅游区的内涵是靠一代又一代的人不断认识、挖掘、创造和积累的。作为游客，仅从景观外表难以了解其内涵，有的即便有文字说明，也不一定来得及看或看得不甚明白。通过导游讲解，“静景”就成了“活景”，也因此调动了游客的想象力，对旅游区的认识更加深刻全面。一次成功的导游解说，也是一次成功的景区宣传和导游个人魅力的绽放。

二、导游口才的特点

在游览过程中，导游利用高超的语言技巧将眼前的视觉形象同步转化为听觉形象，使视觉、听觉同频交流，互相转化，从而使游客获得知识和美感。因此，导游口才具有针对性强、灵活多变、知识性强三个特点。

（一）针对性强

导游的服务对象复杂，层次悬殊，审美情趣各不相同，因此，根据不同对象的具体情况，导游语言的运用、讲解方式也应该有所不同。因此，针对性就是从服务对象的实际情况出发，因人而异，有的放矢。通俗地说，就是看人说话，投其所好，导游讲的正是游客希望知道的、有能力接受的、感兴趣的话题。这样才能拉近导游与游客之间的距离，使不同类型的游客都能获得美的享受。

游览北京故宫，对于一般西方旅游者，导游人员进行一般性讲解就可以了；而对于研究中国历史、文物、古建筑的学者专家，则要对与他们专业兴趣有关的内容进行较为深入细致的讲解。而面对消遣型的游客，导游应重点讲解故宫的宏大和规模，多介绍一些有关典故、轶事、传说等。

（二）灵活多变

出色的导游口才具有灵活多变的特点，具体体现在：因人而异——不同审美情趣的游客；因时制宜——四季更迭，时晨更替；因地制宜——最佳观赏点会因季节不同而各异。具体来说，因为游客的审美情趣各不相同，不同景点的美学特征千差万别，大自然又千变万化、阴晴不定，游览时的气氛、游客的情绪也随之变化，所以，即使游览同一景点，每次都会不一样，导游必须根据季节的变化，时间、对象的不同，灵活地选择不同的说话内容和方式，贵在灵活，妙在变化。

许多导游对桂林山水的介绍仅限于背诵一些传统的典故和历史故事。一位多次来桂林的游客说他之所以多次当“回头客”，原因在于希望在不同季节、不同气候中享受漓江千姿百态的变化美。然而遗憾的是，导游们春、夏、秋、冬四季的讲解大抵是一种模式，多听几次就引不起游客对美的联想。

一导游针对天气的变化，在陪客人游览漓江时，通过他的讲解突出不同天气漓江景色的不同特点：晴天——看青峰倒影；阴天——看漫山云雾；雨天——看漓江烟雨；甚至是阴雨天，但见江上烟波浩渺，群山若隐若现，浮云穿行于奇峰之间，雨幕似轻纱笼罩江山之上，活像一幅幅千姿百态的泼墨水彩画。

一个香港旅行团一到杭州就遇上绵绵阴雨，因此游客的情绪十分低落。导游员说：“天公真是太作美了，一听说远道而来的客人要游览西湖，就连忙下起了细雨。大家还记得苏东坡的那首诗吗？‘水光潋滟晴方好，山色空蒙雨亦奇；若把西湖比西子，淡妆浓抹总相宜。’今天我们有幸能亲自感受一下雨中西湖的诗情画意，真是天赐良机啊！”

（三）知识性强

导游是文化传播，知识传递的使者。好的导游词不仅能使游客得到美的享受，激发游客的兴趣，而且能够给游客传递丰富的知识，这就是导游词的知识性。这种知识性，是指与游览客体有关的种种信息。游览客体相当丰富，自然的、人文的，其范围相当宽泛，可以说有多少游览客体，也就有多少与它们有关的知识信息。从神话到现实，从历史到眼前，从现在到将来，从自然到社会，从文学艺术到宗教建筑。导游员对沿途各景点的名胜古迹、历史文化、风俗民情必须非常熟悉，在整个导游过程中贯穿各种知识的介绍。旅游毕竟不同于专门学习，所以导游词中给游客提供的有关知识信息量一定要适度。适度应该以游客不感到有负担，不感到枯燥厌烦为佳。

小王是某旅行社新招聘的导游员，对所在城市游览点的导游词背得滚瓜烂熟，对自己的工作充满信心。一天，他带领游客去游览岳王庙。在正殿，小王讲解道：“这天花板上绘的是松鹤图，共有 372 只仙鹤，在苍松翠柏之间飞翔，寓意岳飞的精忠报国精神万古长青。”一游客听后，问小王：“为什么是 372 只仙鹤，而不是 371 只或是 373 只？这有什么讲究吗？”小王倒是很爽快，回答说：“这个我不清楚，应该没什么讲究吧！”来到碑廊区，小王指着墙上“尽忠报国”四个字，说这是明代书法家洪珠所写。团中一位年轻人不解地问小王："为什么前面正殿墙上写的是'精忠报国'，而这儿却写成'尽忠报国'呢？"小王考虑了一会儿，支支吾吾道："这两个字没什么区别，反正它们都是赞扬岳飞的。"那游客还想说些什么，小王却喊道："走了，走了，我们去看看岳飞墓。"到了墓区，小王指着墓道旁的石像讲解道："这三对石人代表了岳飞生前的仪卫。"游客们没有听懂，要求小王解释一下"仪卫"是什么，小王犯难地说："仪卫吗，就是为岳飞守坟的。"游客反问道："放几个石人在这儿守坟有什么用呢？"小王说："这个，我不知道。"

三、导游语言的基本要求

导游语言是在长期的社会实践中逐渐形成的具有职业特点的行业语言，是导游员与游客交流思想、指导游览、进行讲解、传播文化时使用的具有丰富表达力的、生动形象的口头语言。总的来说，导游就是用美丽的语言去美化美景的，导游语言是一种行业语言，表现为"快、急、难、杂"，因此，导游在语言运用中应注意以下几个要求：

(一)口语化

导游服务几乎是在游览过程中完成的，与游客的交流主要是以说和听的形式来实现的。因此，导游语言具有口语化的特征，强调口语的通俗自然、灵活多变，追求雅俗皆宜的感染力和说服力。

某导游员在向旅游者解释"天府"一词的出处由来时说："天府一词见于《周礼》，其云：'天府者，掌祖庙之守藏，与其禁令。凡国之王镇、相藏器也焉，若有大祭大丧，则出而陈之，既事而藏之。'"

另一导游是这样解说的："天府一词最早出现于《周礼》一书，本是一种官名，是专门保管国家珍宝、库藏的一种官吏，后来用做比喻自然条件优越、形势险固、物产富饶的地方。"

(二)准确性

准确性是指导游的语言必须符合客观事实，在遣词造句、叙事上要以事实为基础，准确地反映客观实际。无论是说古论今、议论或叙事、讲故事还是说笑话，都要做到合情合理，切忌空穴来风，夸大其词。如有的导游把100年的"古迹"夸张成500年，一开口就用"世界上"、"全中国最美的"、"最高的"、"最大的"、"独一无二的"等词语，这类没有根据的讲解会使稍有见识的游客反感。

导游的语言要做到准确性必须做到以下几个方面：秉持严肃认真的态度，掌握所叙事物的相关知识，准确遣词造句、组词搭配。

(三)生动性

"看景不如听景"，讲的就是导游语言生动对景点起到的升华作用，若导游的语言平淡无奇、单调呆板，游客听了必定兴趣索然。反之，生动形象、妙趣横生的导游语言不仅能引人入胜，而且起到情景交融的作用。因此，导游语言的表达应力求使用鲜明生动的语言，以创造美的意境，增加游览情趣。

一位导游带领游客参观上海豫园，在带领游客游览芭蕉树的时候，他说了如下一段导游词：

各位来宾！前面种的是两棵芭蕉树，它在雪白的墙前面显得更加翠绿。广东音乐中就有一首曲子叫《雨打芭蕉》，特别是下雨天在这儿欣赏风景就更美了，雨水打在芭蕉上的声音是"噼噼啪啪"，打在水中是"叮叮咚咚"，打在石头上是"嘀嘀咄咄"，打在树和草上是"唏唏嗦嗦"。这些"噼噼啪啪"、"叮叮咚咚"、"嘀嘀咄咄"、"唏唏嗦嗦"的声音，它宛如一首雨声交响曲，动人心弦，景、情、声、物巧妙地融为一体。唐朝诗人李商隐有诗曰："秋阴不散霜飞晚，留得残荷听雨声。"鱼乐榭正是留得芭蕉听雨声……

（四）趣味性

导游的语言应该使游客感到轻松愉快、妙趣横生、吸引力强，总的来说是"以趣逗人"，吸引游客，并使气氛融洽。

在"五一"黄金周期间，导游韦博带了一个15人的北京旅游团队。第一天跑东线时，旅游车经过一个鱼塘，游客看到一群鸭子聚集在水塘边一动不动。有位客人说："导游先生，水中鸭子在干吗？"韦博听后愣了一下，心想：鸭子在干吗，我怎么知道。但他灵机一动说："鸭子在开追悼会。"客人一听，大惑不解，问道："为什么是开追悼会？"韦博笑着说："因为北京人喜欢吃烤鸭，你们北京人来了。"这一简短的回答，使得整车人开怀大笑。旅游结束后，当韦博把客人送到机场离别时，客人还风趣地说："鸭子在开追悼会。"

（五）现场性

导游语言最集中发挥的场合便是景点的实讲阶段，因此，导游语言要求要有较强的现场性。达到这个要求主要是依靠一系列表达手段来实现的，主要有表现现场性的词汇、现场导引语、现场操作提示语、面对面的设问等。

表现现场性的词汇主要是指导游词中的现场时间名词、时间副词以及近指代词等。时间名词要有现在、今天、刚才、此时此刻等；时间副词主要有刚、刚刚、正在、立刻、马上、将要等。指示代词主要使用近指代词，如"这"、"这里"、"此"、"此处"、"这会儿"、"这么"、"这样"等。

现场导引语，主要是指对旅游者的引导或提示旅游者的一些用语，比如"请大家往上看。""请大家顺着我手指的方向看。""现在大家看到的是……""现在我们所处的位置是……""我们面前的……""映入我们眼帘的就是我们神往已久的……"等。

此外，还有引导旅游者参与的导引语，如“请大家试着……”“现在请大家猜一猜……”“哪位朋友愿意……”等。丰富的现场提示语有利于收拢游客思路，使导游讲解更有效地进行。

总之，导游是文化的传播者，只有首先提高自身的知识水平和思想素养，才能进一步提高自己的口才水平。

第二节　导游解说口才技巧

导游的解说能力是导游口才的核心部分。导游要想使自己的讲解成为游客注意的中心，并将它们吸引在自己周围，必须讲究讲解的方法和技巧。一个成功的导游应针对不同游客的需求特点，灵活运用各种导游讲解技巧，结合旅游活动的内容，解惑释疑、制造悬念、引人入胜；要尽可能启发联想，做到触景生情；还要有选择地介绍，并通过互动交流等形式，努力使游客渐入佳境，满足各类游客求知的合理需求，使旅游活动轻松愉快，获得满足感。下面介绍几种导游解说口才技巧：

一、分段讲解法

所谓“分段讲解法”，就是将一处大景点分为前后衔接的若干部分来讲解。也就是说，在参观一个大的、重要的游览点之前，先概括地介绍此游览点的基本情况，包括历史沿革、占地面积、欣赏价值等，使游客对即将游览的景点有个初步的印象。然后，导游员再带团顺次参观，边看边讲，将旅游者导入审美对象的意境。如介绍杭州西湖时，一般先从其概况、传说、成因开始讲起，继而带出“一山、二堤、三岛”、“西湖新旧十景”等具体景点的讲解，旅游者边欣赏沿途美景，边倾听导游员有声有色、层次分明、环环相扣的讲解，定会心旷神怡，获得美的享受。例如：

女士们、先生们：今天有幸陪同大家一道参观，我感到很高兴。这里就是世界闻名的故宫博物院，一般大家都简称它为故宫，从清朝末代皇帝爱新觉罗·溥仪被迫宣告退位，上溯至1420年明朝第三代永乐皇帝朱棣迁都于此，先后有明朝的14位、清朝的10位，共24位皇帝在这座金碧辉煌的宫城里统治中国长达五个世纪之久。帝王之家，自然规模宏大，气势磅礴。时至今日，这里不仅在中国，在世界上也是规模最大、保存最完整的古代皇家宫殿建筑群。由于这座宫城集中体现了我国古代建筑艺术的优秀传统和独特风格，所以在建筑史上具有十分重要的地位，是建筑艺术的经典之作，1987年已被联合国教科文组织评定为世界文化遗产。

故宫又称紫禁城，究其由来，是由天文学说和民间传说相互交融而形成的。

中国古代天文学家将天上所有的星宿分为三垣、二十八宿、三十一天区。其中的三垣是指太微垣、紫微垣和天市垣。紫微垣在三垣的中央，正符合“紫微居中”的说法。因此，古人认为紫微垣是天帝之座，故被称为紫宫。皇帝是天帝之子，人间至尊，因此他们也要模仿天帝，在自己宫殿的名字上冠以紫字，以表现其位居中央、环视天下的帝王气概。还有一个说法就是指“紫气东来”。传说老子出函谷关，关令尹喜见有紫气从东来，知道将有圣人过关。果然老子骑了青牛前来，尹喜便请他写下《道德经》。后人因此以“紫气东来”表示祥瑞。帝王之家当然希望出祥瑞天象，那么用“紫”字来命名也就顺理成章了。“禁”字的意思就比较明显了，那就是皇宫禁地，戒备森严，万民莫近。此话决无半个虚字，在 1924 年末代皇帝被逐出宫后、这里正式开放以前，平民百姓别想踏近半步，大家可以想象紫禁城过去是多么崇高威严、神圣不可侵犯啊！

紫禁城建在北京，是有其历史的，也因为这里是一块风水宝地，说起来话长。故宫从明永乐四年(1406)开始修建，用了 14 年的时间才基本建成，到今天已有 570 多年的历史。大家看到了，故宫是一律红墙黄瓦的建筑群，为什么这样呢？据道家阴阳五行学说认为，五行包括金、木、水、火、土，其中土占中央方位，因为华夏民族世代生息在黄土高原上，所以对黄色就产生了一种崇仰和依恋的感情，于是从唐朝起，黄色就成了代表皇家的色彩，其他人不得在服饰和建筑上使用。而红色，则寓意着美满、吉祥和富贵，正由于这些原因，故宫建筑的基本色调便采用了红、黄两种颜色。

故宫占地 72 万多平方米，有宫殿楼阁 9900 多间，建筑面积约 15 万平方米。四周有高 9.9 米、号称 10 米的城墙，墙外一周是 52 米宽的护城河，俗称筒子河。城南北长约 960 米、东西宽约 760 米，城上四角各有一座结构奇异、和谐美观的角楼，呈八角形，人称九梁十八柱、七十二条脊。城四周各设一门，南面的正门是午门，北门叫神武门，东门叫东华门，西门叫西华门。故宫在施工中共征集了全国著名的工匠 23 万人，民夫 100 万人。所用的建筑材料来自全国各地，比如汉白玉石料来自北京房山县，五色虎皮石来自河北蓟县的盘山，花岗石采自河北曲阳县。宫殿内墁地的方砖，烧制在苏州，砌墙用砖是山东临清烧的。宫殿墙壁上所用的红色，原料产自山东宣化(今高青县)的烟筒山。木料则主要来自湖广、江西、山西等省。由此也可以看出当时工程之浩大……(接着分段介绍太和门、太和殿、中和殿、保和殿、乾清宫等景点。)

——摘自《走遍中国——中国优秀导游词精选》

二、突出重点法

突出重点是指导游在讲解时避免面面俱到，着重介绍参观游览点的特点及与众不同之处的方法。一处景点，需要讲解的内容很多，导游应根据不同的时空条件和讲解对象区别对待，有的放矢，必要时去粗取精，去伪存真，由此及彼，由表及里；做到轻重搭配、重点突出，这种技巧可以给游客留下深刻的印象。

（一）突出具有代表性的景观

资源规模大的景点，导游必须做好周密计划，明确要重点介绍的代表性景观。这些重点介绍的景观应具有概括性或典型性。

（二）突出景点特征及与众不同之处

旅游者在游览过程中会发觉很多同类的东西，如同样的园林建筑、同样的佛教寺院等。俗话说："内行看门道，外行看热闹。"即使是同一佛教宗派的寺院，其历史、规模、结构、建筑艺术、供奉的佛像也各不相同，导游员在讲解时必须讲清其特征及与众不同之处，才能使游客避免枯燥乏味的游览，增加知识情趣，提高旅游兴趣。

（三）突出旅游者感兴趣的内容

旅游者来自各个层面，兴趣各不相同，但有一点是相同的，即大家出来旅游都是为了寻找快乐，若导游员能对他们的背景有所了解，认真研究游客的喜好，努力做到投其所好，便能博得大多数游客的青睐。突出旅游者感兴趣的内容就是要提高讲解层次，吸引旅游者的注意力。

（四）突出"××之最"

对于某一景点，导游讲解应突出景点最值得关注的方面，可根据实际情况用最大、最小、最高、最长、最古老等内容吸引游客，激发他们的游兴。这些"之最"可以是世界之最，也可是中国之最、本地之最。运用此法导游应实事求是，切忌信口开河。例如：

> 大家请往前看，这根又直又细的石笋就是闻名遐迩的"定海神针"，它是整个黄龙洞中最为奇特的石笋，也是景区的王牌景点。它两端粗中间细，最细处直径只有10厘米，整根石笋的高度为19.2米。据专家测定，"定海神针"生长发育至今约有20万年的历史，是龙宫中年龄最长的石柱，而且仍在生长之中。尤其神奇的是，它生长在陡坡上，但却生长得如此挺直！为了更好地保护好这一标志性景点，黄龙洞景区1998年特地为"定海神针"买下1亿元人民币保险，在全世界开创了为资源性资产买保险之先河，真可谓"自然遗产无价宝，一根石笋一亿保"！

三、触景生情法

触景生情法就是见物生情、借题发挥的导游讲解方法。在导游进行讲解时，不能简单地就事论事地介绍景物，而是要借题发挥，利用所见景物创造意境，引人入胜，使旅游者产生联想，从而领略其中之妙趣。例如：

旅游者到西安旅游，下了飞机从咸阳国际机场前往市区的时候，途中看到一座座陵墓，导游员便即景生情地讲道："中国的景观各有特色，北京看墙头，桂林看山头，上海看人头，到了西安大伙儿看的就是各种各样的坟头了。"一席话说得非常形象，给大家留下深刻的印象。

触景生情贵在发挥，要自然、正确、切题地发挥。导游员要通过生动形象的讲解、有趣感人的语言，赋予没有生命的景物以活力，注入情感，引导旅游者进入审美对象的特定意境，从而使他们获得更多的知识和美的享受。例如：

西安一位导游员在带外国游客去临潼游览途中，汽车经过解放军第四军医大学，他指着学校大门说："一年前，在这所大学里发生了这样一件事，一位大学生从粪坑里救出了一位年老的农民，而他却牺牲了年轻而宝贵的生命。"他生动地讲述了事情发生的经过。顿时，外国游客十分惊讶地簇拥到玻璃窗前向外看，紧接着，导游员又朗诵般地大声说："一个年轻的大学生用自己的生命抢救了一位年老的农民，这对许多人来说，简直不可思议。当时，这位大学生的事迹和他崇高的精神品德震动了全国，影响到海外，许多人结合这一动人的事迹，纷纷探讨人生的意义和价值……"导游一席话深深感染了外国朋友，他们一个个都感叹不已。

四、巧设问答法

问答法就是在导游讲解时，导游员向旅游者提出问题或启发他们提问题的导游方法。使用问答法的目的是为了活跃游览气氛，激发旅游者的想象思维，促使旅游者与导游员之间产生思想交流，使旅游者获得参与感或自我成就感，也可避免导游员唱独角戏的灌输式讲解。

（一）自问自答法

导游员自己提出问题，并作适当停顿，让旅游者猜想，但并不期等他们回答，只是为了吸引他们的注意力，促使他们思考，激起兴趣，然后作简洁明了的回答或作生动形象的介绍，还可借题发挥，给游客留下深刻的印象。例如：

颐和园中的园中园——谐趣园共有八趣，但游客很少知晓。导游提出问题之后，略作停顿，将游客的注意力吸引过来后自问自答点出答案：时趣、水趣、桥趣、书趣、楼趣、画趣、廊趣、坊趣。

（二）我问客答法

为提高游客的参与意识，导游员要善于提出问题，但要从实际出发，适当运用。

问题要提得恰当，不能过难。导游可以引导旅客回答，但不要强迫他们回答，以免使其感到尴尬。客人的回答不论对或错，导游员都不应打断，更不能笑话，而要给予鼓励。最后由导游员讲解，并引出更多、更广的话题。例如：

导游员讲解园林中的木雕图案：

导游员："大家现在看到的蝙蝠、桃子和灵芝图案有什么寓意呢？"（稍作停顿，等待旅游者的回答，但时间不宜过长。）

旅游者："蝙蝠意味着福气。"

导游员："大家说得很对。蝙蝠因为谐音，在我们的传统文化中象征着福，桃子和灵芝也是吉祥的象征，分别代表着寿和如意。三者合而为一就是福寿如意！在这里，我也祝大家福寿如意！"

（三）客问我答法

导游员要善于调动旅游者的积极性和想象思维，欢迎他们提问题。旅游者提出问题，证明他们对某一景物产生了兴趣，进入了审美角色。对他们提出的问题，即使幼稚可笑的，导游员也绝不能置若罔闻，千万不要笑话他们，更不能表现出不耐烦，而是要善于有选择地将回答和对景点的讲解有机地结合起来。不过，对客人的提问，导游员不要他们问什么就回答什么，一般只回答一些与景点有关的问题，注意不要让他们的提问冲击讲解，打乱安排。

五、制造悬念法

导游员在讲解时提出令人感兴趣的话题，但故意引而不发，激起旅游者急于知道答案的欲望，使其产生悬念的方法即为制造悬念法，俗称"吊胃口"、"卖关子"。

制造悬念是常用的一种导游手法。通常是导游员先提起话题或提出问题，激起旅游者的兴趣，但不告知下文或暂不回答，让他们去思考、去琢磨、去判断，最后才讲出结果。这是一种"先藏后露、欲扬先抑、引而不发"的手法，一旦"发（讲）"出来，会给旅游者留下特别深刻的印象，而且导游员可始终处于主导地位，成为旅游者的注意中心。

制造悬念的方法很多，如引而不发法、引人入胜法等都可能激起旅游者对某一景物的兴趣，激发遐想，使他们急于知道结果，从而制造出悬念。制造悬念是导游讲解的重要手法，在活跃气氛、制造意境、提高旅游者游兴、提高导游讲解效果诸方面往往能起到重要作用，所以导游员都比较喜欢用这一手法。但是，再好的导游方法都不能滥用，"悬念"不能乱造，以免起反作用，使旅游者以为你在故意卖弄。例如：

游览杭州西湖三潭印月，只见三个石塔矗立在盈盈碧水之间，塔高2米，每个石塔中间各有五个小孔。导游员讲道：每到农历八月中秋，人们在塔中点上蜡烛，洞口蒙上薄纸，烛光倒映在湖中，形成了"天上月一轮，水中影成三"的绮丽景色，可以看见33个月亮。当旅游者在思索三潭五孔倒映水面总共也只有30个月亮时，导游员再点破：天上一个，水中一个，手中还有一个月饼，不就成了33个月亮？游客在恍然大悟之余，一定会赞叹前人构思之妙趣。

请大家从石台上回头看广场，我们进了故宫之后还没有见过树，为什么在这么宽阔的地方连一棵树都不种呢？……不是为了防止暗杀，而是为了制造气氛。如果种了树，郁郁葱葱一片绿海，鸟儿在上面又唱又叫的，就会呈现生活的气息。如果不种树，就会产生庄严的气氛。我们来想象一下：过去大臣要见皇帝时，全都得从天安门走着进来，走在宽阔的路上，看着高大的建筑，在庄严肃穆的气氛中，大臣就会越走越感到压力沉重，当走到皇帝面前时，就会自然地双腿打着哆嗦跪下来。

六、巧用类比法

所谓类比法，就是以熟喻生，达到类比旁通的导游手法。导游员用旅游者熟悉的事物与眼前景物比较，便于他们理解，使他们感到亲切，从而达到事半功倍的导游效果。

类比法分为同类相似类比和同类相异类比两种，不仅可在物与物之间进行比较，还可作时间上的比较。

(一)同类相似类比

将相似的两物进行比较，便于旅游者理解并使其产生亲切感。如将北京的王府井比做日本东京的银座、法国巴黎的香榭丽舍大街；参观苏州时，可将其称做"东方威尼斯"；讲到梁山伯和祝英台或《白蛇传》中许仙和白娘子的故事时，可以将其称为中国的罗密欧和朱丽叶等。

(二)同类相异类比

这种类比法可将两种事物比出规模、质量、风格、水平、价值等方面的不同。如故宫的面积是天安门广场的两倍，比凡尔赛宫还大，是日本平安神宫的10倍左右。故宫的历史开始于570年前，请大家把思绪拉回到570年前来游览故宫吧！

(三)相同时代类比

在游览故宫时，导游员若说故宫建于明永乐十八年，不会有几个外国旅游者知道这究竟是哪一年，如果说故宫建成于公元1420年，就会给人以历史久远的印象；但如果说是在哥伦布发现新大陆前72年、莎士比亚诞生前144年，中国人就建成了面前的宏伟宫殿建筑群，这不仅便于旅游者记住中国故宫的修建年代，给他们留下深刻印象，还会使外国旅游者产生中国人了不起、中华文明历史悠久的感觉。

又如导游故宫，导游一般都会讲到康熙皇帝，但外国游客大都不知道他是哪个时代的中国皇帝，如果导游员对法国人说康熙与路易十四同一时代，对俄国人说他与彼得大帝同代，还可加上一句，他们在本国历史上都是很有作为的君主。这样介绍便于游客认识康熙，他们也会感到高兴。

要正确、熟练地使用类比法，要求导游人员要掌握丰富的知识，对相比较的事物有比较深刻的了解。面对来自不同国家和地区的旅游者，要将他们知道的风物与眼前的景物相比较，切忌作不相宜的比较。正确运用类比法，可提高导游讲解的层次，加强导游效果，反之，则会惹游客耻笑。

七、趣味讲解法

趣味讲解法是指导游的语言具有使游客感到轻松愉快、妙趣横生、吸引力强、引人入胜的特点。可使用以下几种方法：

（一）幽默风趣法

导游在讲解中运用诙谐、风趣的语言，有利于使景点变得生动有趣，并能很好地活跃气氛，调动游客的兴致，在一定程度上消除游览的疲惫。例如：

> （在故宫里）那边有鹤和龟，"千年仙鹤，万年龟"，是长寿的象征。不过，中国和日本不同，是颠倒过来说的，叫做"万年仙鹤，千年龟"，为什么说法不一样呢？大概是过去日本的留学生在中国学了词句之后，乘船归国途中，由于船的颠簸使头脑产生混乱，记颠倒了。还有许多例子，如日本讲良妻贤母、中国讲贤妻良母，日本讲平和、中国讲和平，日本讲法政大学、而在中国叫做政法大学。意思完全一样，只是顺序不同，大概就是乘船颠簸所致。

> 首先，在食的方面，俗话说"食在广东"，这句话说明广东菜很精致很讲究。北方人形容广东人的饮食是这样的，天上会飞的除了飞机，地上四条腿的除了桌子，什么都能吃！虽然有点夸张，不过说明广东菜品种丰富，是北方菜不能比的。粤菜是中国八大菜系中的一种，制作是极讲究的，弄得广东人一个个都成了刁嘴。以前我带东莞的团去北方旅游，每次订餐时都要叮嘱餐厅一大堆注意事项。记得有一次在山东威海，当地那时还没怎么接过广东团，所以餐厅叫厨师来听我的电话，我说："他们不吃凉菜、不吃辣菜、不吃太咸、不吃太甜、不吃面食、不吃熬菜、不吃太多肉、不……"最后那憨厚的山东厨师问道："那他们到底吃什么呢？"当时北方的导游给编了一首顺口溜说广东团："饭前喝汤，饭后挑牙，鱼类管够，肉少菜多。"对于广东人爱饭前喝汤的习惯，许多北方地区也是不很了解，而且广东的汤特讲究，要老火靓汤煲三个小时。一般北方都是最后上汤，而且都是紫菜鸡蛋汤之类的简单汤式，广东人给起了一个古怪的外号，叫"滚蛋汤"。为什么

呢？因为一是滚水打入鸡蛋即可；二是因为一上这汤也就是说最后一道菜了，可以走人了。因为他们不满意这样的汤式，所以给起了这样一个半开玩笑的名字。

（二）虚实结合法

虚实结合法就是在导游员讲解中将典故、传说与景物介绍有机结合，即编织故事情节的导游手法。就是说，导游员讲解要故事化，以求产生艺术感染力，努力避免平淡的、枯燥乏味的、就事论事的讲解方法。

虚实结合法中的“实”是指景观的实体、实物、史实、艺术价值等，而“虚”则指与景观有关的民间传说、神话故事、趣闻轶事等。“虚”与“实”必须有机结合，但以“实”为主，以“虚”为辅，“虚”为“实”服务，以“虚”烘托情节，以“虚”加深“实”的存在，努力将无情的景物变成有情的导游讲解。如讲解杭州断桥时，结合白娘子和许仙在断桥上“千年等一回”的故事，一定会显得更加风趣生动。再如一座雷峰塔本来显得很平常，由于民间故事的介入，白娘子、许仙、法海等人物穿插其中，导游员一加渲染，就会激起旅游者的极大兴趣。当然，导游员在讲解时选择“虚”的内容要“精”、要“活”。所谓“精”，就是所选传说是精华，与讲解的景观密切相关；所谓“活”，就是使用时要灵活，见景而用，即兴而发。

总之，讲解每一个景点，导游员应先编写好故事情节，先讲什么，后讲什么，中间穿插什么典故、传说，心中都应有数。加上形象风趣的语言、起伏变化的语调，导游讲解就会产生艺术吸引力，受到旅游者的欢迎。例如：

一位导游员在介绍杭州西湖时，不仅介绍西湖的成因、方圆面积和眼前的湖光山色，而且还绘声绘色地给游客讲了这么一个美丽动人的神话故事：

天河东西两岸分别住着一条玉龙和一只金凤。一天，他们在天河仙岛上游戏时发现了一块闪闪发光的石头。他们经过长年的辛苦，将它琢磨成一颗晶莹透亮的明珠。这颗明珠被太阳一照，玉龙金凤竟变成了人形，玉龙成了英俊的小伙子，金凤成了漂亮的小姑娘。玉龙爱金凤，金凤爱玉龙，同时他们都珍爱那颗明珠。后来，王母娘娘派天神偷走这颗明珠，将它藏在深宫里。玉龙、金凤到处寻找不到，心急如焚。王母娘娘做寿那天，她把明珠拿出来给各界神仙观赏。玉龙、金凤看到明珠的光芒，赶到寿堂索明珠，王母娘娘哪里肯给，玉龙、金凤上前抢夺时，明珠滚落下来，玉龙和金凤纵身跳下保护明珠，这时它们又恢复原形，一条玉龙，一只金凤，前后左右龙飞凤舞地盘旋保护。明珠最后落到地上，化为一湖清澈明亮的水，这就是大家现在看到的美丽的西湖。玉龙、金凤因为舍不得离开心爱的明珠，一个变成了玉龙山，一个变成了凤凰山，日日夜夜守候在西湖边。因此，杭州至今流传着这样两句话：“西湖明珠自天降，龙飞凤舞到钱塘。”

(三)引用资料法

导游在讲解过程中结合景点适当引用史实、顺口溜、歇后语等可增加解说的趣味性,提高游客的兴趣。例如:

> 比利时一导游在带领游客游览比利时南部的滑铁卢时,就向游客讲述了1815年拿破仑和英、普联军作战双方兵力部署的情况;并说明拿破仑本可获胜,不料天公不作美,6月18日这一天下起了滂沱大雨,法军因雨水淋湿炮眼而无法开炮,拿破仑在滑铁卢这里打了败仗。

> 一南宁导游在机场接到游客后,在车上给大家讲解南宁概况前引用了顺口溜:"四季花草开不败,满城果树连成带;满街都是一脚踹,单车头上阳伞盖;瓜果蔬菜烤着卖,一年流行一种菜;餐餐米粉也不赖,想吃鸭子到郊外;美食纪录破得快,友仔友女不排外;说话爱把尾音带,有毛小球常打坏;出门扑克随身带,划拳猜码有比赛;南巴凉鞋真实在,半夜三更还在外;晚会门票打折卖,民歌也可赚外快。"("满街都是一脚踹"指南宁的摩托车非常多,"想吃鸭子到郊外"指南宁人喜欢到近郊高峰林场、武鸣县一带吃柠檬鸭,"有毛小球常打坏"指南宁人非常喜欢羽毛球运动。)这段顺口溜马上引起了略显疲惫的游客们的兴致。

导游解说技巧虽然很多,然而,在具体工作中,各种方法和技巧不是孤立的,而是相互渗透、相互依存、互相联系的。因此,必须结合自己的特点融会贯通,在实践中形成自己的解说风格,并视具体的时空条件和对象,灵活、熟练地运用,这样,才能获得不同凡响的导游效果。

总的说来,导游在解说过程中要做到"八有":

1. 言之有物:内容充实,有说服力,不讲空话套话。
2. 言之有理:摆事实,讲道理,以理服人。
3. 言之有据:有根有据,不胡编乱造,弄虚作假。
4. 言之有情:语言友好,富有人情味,对游客亲切、温暖。
5. 言之有礼:语言文雅,谦虚敬人,礼貌待人。
6. 言之有神:语言形象,声音传神,引人入胜。
7. 言之有喻:适当比喻,生动易懂,印象深刻。
8. 言之有趣:说话生动形象,幽默风趣。

第三节　导游词的写作

一、导游词的特点

导游词是导游员引导游客观光游览时的讲解词，是导游员同游客交流思想，向游客传播文化知识的工具，也是吸引和招徕游客的重要手段。导游词从形式上有书面导游词和现场口语导游词两种，通常意义上人们所说的导游词创作主要指书面导游词的创作。书面导游词，一般是根据实际的游览景观，遵照一定的游览线路，模拟游览活动而创作的，它是口语导游词的基础与脚本。掌握了书面导游词的基本内容，根据游客的实际情况，再临场加以发挥，即成为口语导游词。

可以说，导游词是案头之山水，山水是大地之文章。

（一）导游词的功能

1. 引导游客鉴赏

导游词的宗旨是通过对旅游景观绘声绘色的讲解、指点、评说，帮助旅游者欣赏景观，以达到游览的最佳效果。

2. 传播文化知识

传播文化知识即向游客介绍有关旅游胜地的历史典故、地理风貌、风土人情、传说故事、民族习俗、名胜古迹、风景特色，使游客增长知识。

3. 陶冶游客情操

导游词的语言应具有言之有理、有物、有情、有神等特点，通过巧妙的语言艺术和技巧，给游客勾画出一幅幅立体的图画，构成生动的视觉形象，把旅游者引入一种特定的意境，从而达到陶冶情操的目的。

（二）导游词的特点

1. 现场性

虽然书面导游词没有直接面对游客及景观，但它模拟现场导游的场景，创作者把自己比做导游，设想正带领游客游览。因此导游词是循游览线路层层展开的，而且为增加现场感，多以第一人称的方式写作。在修辞方面，多用设问、反问等手法，仿佛游客就在眼前，造成很强烈的临场效果。

2. 实用性

导游词的写作目的有两个方面：一是作为导游员实际讲解的参考；二是作为游客了解某一景点或某一旅游目的地的资料。由于上述两个目的，导游词对每一个景点都提供翔实的资料，从各个方面加以讲述，导游员经过加工就能成为口头讲解的内

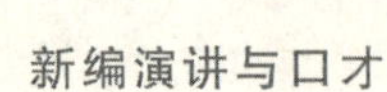

容；而游客读了，就能对此景点或旅游目的地有较详尽的了解。因此，导游词有很强的实用性。

3. 综合性

导游词既有说明性的特点，也有欣赏性的特点，因此，导游词是综合性的。在一篇导游词中，既会有自然科学知识，如地质成因、动植物学知识等，也会有社会科学知识，如宗教常识、哲学美学知识、诗词歌赋、中外文学等，另外，建筑、园林、书法、绘画等，都会有所涉猎。一篇优秀的导游词往往综合了各个学科门类，多角度多层面对景点加以叙述，给阅读者全方位的信息。

二、导游词的写作技巧

导游词由标题、开头语、正文、结尾四部分组成。

(一)标题

导游词标题的写法一般是：景点名称＋导游词，如"黄山导游词"、"桂林漓江导游词"等。

(二)开头语

开头语包括问候语、欢迎语、介绍语、游览注意事项和对游客的希望五个方面，放在导游词的最前面。例如：

> 来自××地的朋友们：大家好！大家辛苦了！首先请允许我代表我们××旅行社(或××景区)欢迎各位朋友来我市观光旅游。我姓李，是××旅行社的一名导游，大家叫我"李导"好了。这位是我们的司机罗师傅，在本次旅游期间就由罗师傅和我为大家提供服务，我们十分荣幸！大家在此旅游，可以把两颗心交给我们：一颗是"放心"，交给罗师傅，因为他车技娴熟，有15年的驾龄，从未出过任何事故；另一颗是"开心"，就交给我好了。旅游期间，请大家认清导游旗的标志，以免跟错队伍。请大家记清集中和游览时间，以免因一人迟到而影响大家的活动。大家有什么问题和要求请尽量提出来，我将尽力解决。最后祝大家这次旅游玩得开心，吃得满意，住得舒适。谢谢！

(三)正文

正文，是导游词的主体部分，可分为以下总述、分述两个部分。

1. 总述

总述部分主要是向旅游者陈述景观的概况和旅游价值，对所要游览的内容作总结性的介绍，通过对将要参观游览的景点用精练的词句先作整体介绍，让游客对景点有个初步了解，以便让游客有一种见树先见林的感觉。例如：

> 今天我们将要参观游览的景点是被誉为"中国第一水乡"的周庄。民间曾有

“上有天堂，下有苏杭，中间有一个周庄”的说法。周庄四面环水，景色宜人，环境优雅。著名画家吴冠中曾高度评价周庄说：“黄山集中国山川之美，周庄集中国水乡之美。”那么周庄有哪些引人入胜之处呢？下面就请大家跟我一起走进周庄，去领略那“小桥、流水、人家”的水乡特色吧！

2. 分述

分述部分是对旅游者游览的景观进行分别陈述。按照游览的先后顺序，对景观一一加以解说。这是导游词最重要的组成部分，它是按游览的先后顺序，对旅游线路上的重要景观，从景点成因、历史传说、文化背景、审美功能等方面进行详细的讲解，使旅游者对旅游目的地有一个全面、正确的了解，使游客尽情饱览一个个景点的风韵和艺术魅力。要写好分述部分必须做到以下几点：

主题明确。导游词正文是主题的主要载体。一篇导游词总是针对某一特定景点和某些旅游者来创作的。如游览景观，根据客观形态，一般分为自然风光和人文景观，有时候多种景观类型又互相交叉，旅游者的特定文化背景也各不相同，这时就需要确立明确的主题，那么游览内容的安排、讲解材料的取舍、表现手法的选择等一系列创作安排才有了实施的根据。

突出重点。一篇优秀的导游词一定要突出景观特色，在突出重点的前提下，还要注意安排把握次重点，可以按照游览路线一一展开，做到层次清楚，详略得当，布局合理。

讲究技巧。分述部分是导游词的中心部分，在写作中一定要讲究创作技巧，可以结合部分解说技巧进行写作，如虚实结合法、类比法等。另外，在运用语言技巧方面，可叙述、说明、引用相结合，适当运用修辞，使整篇导游词达到内容充实、形式活泼生动、语言优美的效果。

(四)结尾

在游览结束后，对游览的内容做一个小结。最后，可酌情表示感谢、惜别、征求意见、致歉和祝福等。例如：

各位朋友，眼看火车站就要到了，我也要和大家说再见了。常言道“相见时难别亦难”，“送君千里终有别”，在此，我非常感谢各位朋友对我工作的支持！短短几天时间，大家给我留下了非常深刻的印象，谢谢大家的合作！在几天的游览过程中，若有不尽如人意之处，还请各位批评指正，您的意见将是我们努力的方向，您的建议将是我们改进的目标。在返程途中，如果有什么不足之处，还请多谅解。希望大家有机会能再来我市，欣赏我们春季的湖水、夏日的绿荫、秋天的红叶和冬季的白雪，一年四季的美景等着您，到时我再来给各位当导游。最后祝愿大家一路平安！合家欢乐！身体健康！

三、导游词的写作要求

(一)挖掘景观的深层内涵

导游词不能停留在景物表面现象的罗列和说明上,它应该揭示景物深层的本质内涵的东西。例如:

> 椰子树不怕旱,不怕涝,不怕盐碱,不惧台风;烈日晒不死它,狂风刮不倒它;它在路边长,海滩长,山上长,水里也长;有人管它是那样,没人管它也是那样;它几乎无求于人,却把一切都奉献给了人们;从小到大,自始至终,真是鞠躬尽瘁,死而后已。这也许就是椰文化的精髓,也是人们把海南岛命名为椰岛,把海口市称之为椰城的原因吧。

(二)突出景物的个性亮点

导游词中最精彩的部分就是所谓的亮点。每个景物都由许多内容组成,其中最吸引人们的、最有价值的、最独特的东西,就是通篇导游词的闪光点、亮点。我们知道,诗有“诗眼”,文有“警句”,画有“点睛”,所以,写导游词就应该十分重视选择“亮点”。如名山各有其亮点:泰山的雄、华山的险、黄山的奇、峨嵋的秀等。溶洞很多,也各有其特色。一定要深入地挖掘所要描写对象本身拥有的个性,绝不能停留在泛泛的描述上,如风景秀丽、气候宜人、四季如春、别有洞天等,太一般化,落入俗套。

(三)语言表达的准确生动

导游词的写作方法其实和写文章一样,都要选择准确的语词和规范的语法。另外,导游词是说给游客听的,如何才能抓住游客的注意力,在描述景物的时候一定要生动、形象,富有趣味性。

(四)写作内容的创新发展

要求有新内容、新见解、新材料、新角度。我们所要描写的景观,不论是自然景观或人文景观,都有悠久的历史,一般都有着大量的口头流传故事或丰富的文学材料。因此,首先要广泛收集材料,经过认真阅读、分析、比较,筛选出优秀的、科学的、符合时代精神的、富有艺术性的精华,去掉荒诞的、迷信的、毫无意义的糟粕。尤其重要的是,要努力从新的角度去思考和观察,或前人虽已有涉猎但尚未充分表现的东西,从而获得新意,这也就是人们经常说的“推陈出新”。

例文赏析

河南嵩山少林寺

游客朋友们：

大家好！

欢迎来到驰名中外的河南少林寺参观游览。我很荣幸能够担任您的导游讲解工作。请问各位都看过由李连杰主演的功夫片《少林寺》吧？那一定会对片中少林弟子精湛的武艺及少林寺庙古朴的风貌留下深刻的印象。自从20世纪80年代这部影片一炮走红，少林寺名声大振，广大旅游者慕名而来，接踵而至，少林寺所在的登封以旅游为龙头发展经济，取得了可喜的成绩。现在我们所处的方位就是登封市西北13公里、中岳嵩山支脉少室山北麓的五乳峰下。眼前高大的石牌坊上刻有“禅宗祖庭”、“武林胜地”八个大字，高度概括了少林寺在中国佛学界和武术界的独特地位。这里距少林寺山门约1公里，穿过少林武术馆与露天演武场，一条笔直的松柏大道引导着我们走向神往已久的地方。趁此机会，我将为大家简单介绍少林寺的有关情况。

少林寺距今已有1500多年的历史了。公元495年，北魏孝文帝为安顿印度僧人跋陀传播佛教而建此寺，因为它坐落在少室山的密林丛中，所以得名“少林寺”。32年之后，另一位印度高僧达摩来到少林寺，首传禅宗，遂成祖庭。隋末唐初，少林寺十三棍僧为李世民助战博得赏识，受到尊崇，少林武术从此名扬天下，寺院很快成为著名佛寺，号称“天下第一名刹”。后来几经兴衰，不料又遭劫难。1928年3月，军阀石友三烧毁了藏经阁以南的大批主要建筑，大火连烧40天，寺院损失惨重。新中国成立后，党和政府积极挽救和保护这千年古寺，投入大批财力、物力、人力，使少林寺金碧辉煌，容光焕发，被列入我国第一批国家级重点风景区名单，中外游人络绎不绝。

广义的少林寺分常住寺、塔林、初祖庵和二祖庵四部分，狭义的仅包括常住寺，也就是我们今天的主要参观内容。它面积为3万多平方米，是寺中住持僧和诸位执事僧进行佛事活动和起居的地方。

请看，这就是常住寺的大门，俗称少林寺“山门”，它是一座面阔三间的单檐歇山顶建筑，门前用青石砌成台阶，一对石狮稳立两旁，显得十分威严。山门上的长方形金字匾额题写着“少林寺”三个大字，是清朝康熙皇帝御笔亲书。希望各位能用照相机留住他的真迹与您的倩影。

瞧，笑容可掬、慈祥和善的大肚弥勒佛正坐在门口欢迎各位宾朋的到来！走进山门，这里有十余通石碑整齐地分列两旁，好像笔挺直立的武僧在接受大家的检阅。它们都是各国少林派弟子、洋和尚们归山朝圣时所立。其中这块来自日本，1936 年，日本拳师宗道臣来到此地拜师学艺，苦修 10 年；1946 年回国后创立了“日本少林寺拳法联盟”，至今已发展到 180 多万会员。他去世后，女儿宗由贵继承父志，发扬光大，代父立碑，以谢师恩。这已成为中日友谊史上的一段佳话。这千年银杏和柏树就像饱经沧桑的古朴老人，在旁作证呢！

中国寺院建筑大多坐北朝南，布局整齐。主体建筑有山门、天王殿、大雄宝殿、藏经阁、方丈室等，由低到高被排列在一条中轴线上，并以“前进”的“进”字为一个建筑单位，两旁有对称的偏殿，功能各异。在少林寺的山门与天王殿之间，东有古碑云集的慈云堂，西有泥塑林立的锤谱堂，吸引着爱好书法和武术的朋友们去一饱眼福。

天王殿前有哼、哈二将，从他们的嘴型上就能猜出各自正确的名字。传说他们对外作战时，一位哼出两道白光，一位哈出一股黄气，霎时敌军方寸大乱，于是他们每次都能出奇制胜、凯旋而归。深受启发的少林弟子练武时也高喊“哼”、“哈”，伴以拳打脚踢，承此吉言武功果真大有长进。

风调雨顺四大天王巍然而立，他们既是佛法守护神，又充当着凡间百姓美好愿望的代言人。这里还体现了中国文字游戏的高明，成功地运用了谐音、联想的表达方法，大家不妨留意他们手中的法器，猜猜看他们各自的职责。

近年来，承蒙各界人士捐钱捐物，鼎力相助，钟楼鼓楼，刚刚修复。少林寺正日臻完美，晨钟暮鼓更显示出佛事繁忙。

钟楼前的三通石碑值得我们好好研究一下。第一碑上刻有唐王李世民御封少林弟子高官厚禄及亲赐良田农具、特准培养僧兵等项法令内容。碑上还有李世民亲笔签名，人们经常在他的名字下面指指点点，日久天长竟划出一条深深的凹纹，自然十分醒目，都免去众导游的举手之劳了。第二碑名叫“三教合一碑”，根据一个头像上左、右、中发型的不同，可辨认出正中光头是佛教的化身，创始人物是释迦牟尼；头发结于一髻的形象代表着儒教，孔子首当其冲；至于显现出头发中分后扎成两髻，其中之一髻的不正是道教的发型吗！代表人物非老子莫属。历来各教互相攻击、争权夺利时有发生，可中原腹地却能三教和睦相处。让人惊奇的是，少林寺附近有宣扬儒家的嵩阳书院，也有号称道教第六小洞天的中岳庙，对我们旅游者来说，便于集中参观，受益匪浅，善哉善哉！

第三碑是请大家欣赏清朝乾隆皇帝写于 1750 年 9 月的诗作《宿少林寺》：“明日瞻中岳，今宵宿少林。心依六禅静，寺居万山深。树古风留籁，地灵夕作阴。应教半岩雨，发我夜窗吟。”

呈现在我们面前的雄伟建筑，称为面阔三间、进深五架的垂檐歇山房，是在原址上重建、于1988年对外开放的少林寺第三进殿堂大雄宝殿。殿内正中供奉以释迦牟尼为首的佛像。释迦牟尼生长于古印度皇族世家，与中国孔子是同一时代人，即公元前6至5世纪。他35岁那年在一棵菩提树下悟道成佛，之后开展了广泛的传教活动，建立了僧团和寺院制度。目前佛教已成为世界三大宗教之一，拥有教徒3亿以上，寺庙不计其数，而且在许多国家形成各具民族和地方特色的教派，仅我国就有10多种，以禅宗为首。由于中国实行宗教自由政策，公民有信教和选择教派的自由，这里香火很旺，香客中有不少来自海外。

绕过大雄宝殿继续北进，崭新的藏经阁就在眼前。它是用来收藏经书的殿堂。在它的入口台阶下，摆放着一口大铁锅，不了解内情的人还误以为它是个最大型号的洗澡盆呢！刻在锅沿的清晰的文字告诉我们这是明朝万历四年铸造的，重1300斤，据说这还是当年寺僧做饭用的最小的一口锅呢。少林寺最兴盛时，拥有土地共14000多亩，寺基540亩，楼台殿阁5000余间，僧徒达2000多人。想想挑水、砍柴、烧火、炒菜、搅饭的和尚们如何不练得个个身怀绝技啊！看来"吃大锅饭"，实在不容易。

越往北走地势越高，我们在一阵悠扬动人的佛乐祷歌声中拾级而上，来到第五进殿堂方丈室，室内正中供奉着禅宗初祖达摩的铜像。书中记载这位印度高僧在本国完成佛业后请教师父："应去何处教化？"答曰："应去震旦（中国）。"于是达摩漂洋过海到达广州，又经金陵（南京）渡江北上。相传他来到江边，见江水茫茫无舟楫可渡，便向一位洗衣老妇化得一根芦苇，放入江中，双脚踏上，凭借一阵东南风悠悠北去。铜像后面一幅《达摩一苇渡江图》，生动传神地反映了这段故事，是少林弟子引以为自豪的宝物。

话说达摩公元527年来到嵩山少林寺，见此地山清水秀、人杰地灵，决定就在这里发展佛业。他在寺后山上找到了一个天然石洞（现在的达摩洞），面壁九年，终日默然。最后面影身形摄入石中，形成"面壁石"，真是精神可嘉、诚心可鉴啊。少林僧众佩服得五体投地，全成了他的门徒，佛教之禅宗就在这里安家落户了。

禅宗主张把心专注在一法境上，以期觉悟，但坐禅时间久了，自然肢体麻木，必须起来活动一下手脚。达摩首创"罗汉拳"之后，寺僧在此基础上博采百家，将它发展成一套人人演习的健身护寺的武功，历代不断沿袭发展，少林武术渐成体系，使得"禅宗祖庭"又获"武林胜地"美称。

达摩功成隐退，离开少林，据说在洛河岸边遇毒身亡，葬在熊耳山旁（今河南宜阳县境内）。又有传说他并没有死，手提他的鞋子，潇洒地返回故里了。留给中国人民的，是美好的记忆和深切的怀念。

大家随我来到第六进殿堂立雪亭前，迎面有副对联。上联写着"禅宗初祖天

竺僧”，指的是为中印友谊和佛教事业作出伟大贡献的达摩。他被从山上洞中接回寺后就住在这座殿堂里。下联是“断臂求法立雪人”，讲述了二祖慧可的生平大事。他俗名神光，是达摩祖师的虔诚追随者。有一年隆冬时节，大雪纷飞，他侍奉完达摩，便像往常一样站在门外院中默默诵经。不知过了多久，门“吱呀”一声开了，原来达摩祖师认出窗外静立的雪人竟是神光，于心不忍，唤他回屋。见他苦苦哀求自己传禅，达摩稍加思索，说声“除非天降红雪”，便走了。神光敏锐地感到天赐良机，悟出此言真意，就果断地抽出随身携带的练武宝刀，唰地一刀砍下左臂，又忍着剧痛绕庭院一周，用自己的鲜血染红了白雪，叩开了祖师的门。达摩一看此情此景十分感动，多年来的一切都已证实了神光的胆识过人，意志坚强，吃苦耐劳，脚踏实地，今天更显示了神光为求真法不惜流血牺牲的可贵精神。他苦苦寻觅的禅宗继承人不正是远在天边近在眼前吗?！他先把神光送到对面的山上养伤(即现在的二祖庵所在地)，又特意用锡杖点出酸甜苦辣四口井，以此体味人生，还单独传授佛教真谛、禅宗精华……一切就绪，他为神光举办大典，将自己的衣钵法器传授给这位久经考验的接班人，取法名“慧可”，意思是“凭你的智慧可成大器”。后来慧可果然不负众望，成为少林禅宗的第一位有所作为的中国方丈。据说佛教徒施“双手合十礼”较为普遍，唯有少林派行“单掌作揖”之礼，就是为纪念慧可而留传下来的呢。不论是初祖达摩还是二祖慧可，他们都完全投入，抛却杂念，虔诚无比，最终进入一种他们所期望的境界，可谓功德圆满了。从现代生活意义上说，禅宗就意味着敬业与努力。

来到少林寺最后一进殿堂毗卢殿，一跨进门槛，给我们的突出感觉是站得不舒服。低头一看，殿内地板砖面几乎没有平平展展的地方。48 个深深的脚印使得整个地面凹凸不平。这是怎么回事呢？原来这就是著名的少林弟子练功坑。少林武僧深知“滴水穿石”和“只要功夫深，铁杵磨成针”的道理，用心修行，常练不懈。武术界盛传“南拳北腿”，嵩山少林寺和尚有名的腿功就是这样披星戴月、不论寒暑跺出来的啊！少林武术，朴实无华，套路编排完全从实战格斗出发，当之无愧是我国北派武术的总称。每年一度的国际少林武术节吸引了海内外众多武术爱好者前来观摩表演、切磋技艺。少林寺以武会友，广交天下朋友，在国际上的知名度越来越高了，这无疑促进了登封乃至河南各方面的发展，令人欢欣鼓舞。

朋友们，毗卢殿不仅是修身的课堂，而且称得上是艺术的殿堂。首先请看殿内正中木制神龛中供奉的两尊精美佛像。后面的毗卢佛像是明代嘉靖年间铸成的铜像，神态安详，纯真自然；前面这尊镶着宝石、镀着黄金的汉白玉雕像是 1989 年由缅甸居士杨光佛捐赠的，高贵典雅，超凡脱俗。

殿内北墙上还有“五百罗汉朝毗卢”的明代壁画一幅，高 7 米，总面积为 300

多平方米，画中罗汉形态各异，栩栩如生。请大家顺着我手指的地方看：第三层中间有一个袒胸露背、盘腿而坐的罗汉，虽然长着络腮胡子，却貌似顽童，他正冲我们笑呢，一双坦然真诚的眼睛，看着每一个人。奇怪的是，不论您站在哪个角度面对他，都会感觉到他正视您时亲切的微笑、关怀的目光。第二奇就在于500罗汉的面部和肌肤颜色有茶色、有灰色，还有深棕色和黑色，各不相同。原来画师在着色时掺了铅粉，经氧化后发生变化，造成了深浅程度不同的结果。总之变化有一定的周期，各位可以搞个调查。您可以默记任意一张面孔的颜色，下次来时再看他有无变化？我随时乐意为大家提供导游服务。

我们这次游览少林寺，每个人的感觉都不同，能否总结为四大特点呢？第一，禅宗祖庭，不枉"天下第一刹"美称；第二，武林胜地，中外友谊之花处处盛开；第三，文物荟萃，堪称包罗万象，举不胜举；第四，盛世少林，难怪重换新颜人人齐夸！

好，再次感谢游客朋友们的支持与合作，关于少林寺我们已参观完毕。请大家自由活动一小时并照相留念。我们××时在少林寺山门前集合后继续参观举世闻名的塔林。

——摘自《走遍中国——中国优秀导游词精选》

【例文导读】 这篇导游词具有表现力丰富、生动形象、通俗易懂等特色，其中生动形象的特点尤为突出。全文内容资料丰富，层次条理分明，语言简洁准确，特别是末尾总结少林寺的四大特点，更是点睛之笔，是一篇优秀的导游词。

北京故宫（节选）

各位游客大家好！在开始今天的行程之前，先给大家猜一个谜语：乌龟穿龙袍，打一电影名（答案是黄金甲）。（此时大家面露笑容）今天呢，我就带大家参观明清历代"黄金甲"们的故居——北京故宫。

大家现在在北京买房，讲究两厅三室上百平米对吧？那么大家知道历代"黄金甲"们的故居北京故宫，有多大规模吗？告诉大家，故宫东西长753米，南北长961米，共有房间9999间，占地72万余平方米，分三厅三室一花园，共有四个门：南为午门、北为神武门、东西各是东西华门。够大、够辉煌的吧？不仅如此，故宫还有10米高的城墙，52米宽的护城河。

故宫坐落在北京城的中轴线上，背靠镇山（景山），面南朝阳，左为太庙（劳动人民文化宫），右为社稷坛（中山公园），雄伟壮丽，尽显天朝大国的泱泱气度。听我这么一说，大家就明白了，故宫的建筑特点是中轴对称、前朝后廷、左祖右社。刚才我们说故宫分三厅三室一花园，就是我们今天走的故宫中轴线。

所谓的“三厅”就是太和殿、中和殿、保和殿，为了大家记忆，我归结为办公厅、休息厅、宴会厅；“三室”就是乾清宫、交泰殿、坤宁宫，也就是皇帝卧室、行礼室、皇后卧室；“一花园”就是御花园。

——摘自西安海内旅行社网站

河南南阳三顾祠(节选)

各位团友，现在让我们到三顾祠看一看。三顾祠门柱悬挂“两表酬三顾，一对足千秋”的对联，祠院内翠柏挺立，绿草如茵，庭院宽敞幽深，四周围墙嵌满碑刻，有“碑墙”之称，祠内有关张殿，殿内立关羽、张飞贴金塑像。关羽赤面凤眼，美髯垂胸，神安气闲，雄姿威风；张飞面色漆黑，豹头环眼，燕颌虎须，急不可耐。要说起这个张飞啊，他就不是搞政治的，没有像刘备有政治家的远见，看不到诸葛亮这个人才的价值。一顾茅庐时没有见到孔明，他说“既不见，自归去便了”，也没发什么牢骚，表现还算一般，说得过去。到刘备准备二顾时，张飞说：“量一村夫，何必哥哥自去，可使人唤来便是了。”遭到刘的呵斥，差点不让他去。没想到哥三又吃了个闭门羹，到第三次刘备还要去时，他再也忍不住了，说：“今番不需哥哥去，他如不来，我只用一条麻绳缚将来！”要是依他的主意，用麻绳把诸葛亮绑来见刘备，那会是什么结果！要说这个诸葛亮，也真有点太“摆谱”了，你道刘备是何等人？人家是皇室之后，有贵族血统，大小也是个县级干部，虽没有现在当官的那么威风，但出入最少有车马坐，有随从跟，更厉害的是有个侄子还在中央工作。而你诸葛亮呢？能和人家比吗？布衣出身，草头百姓一个，结庐居住，荷锄躬耕，满脑袋高粱花子，说到天边，大不了你读过几天书，是个有知识的青年农民，要是如今，县长大人坐在红旗牌轿车里隔着车窗和你拉拉手，敢把你激动得几个晚上睡不着觉，信不？再说，公元 207 年，刘备当年 45 岁，你诸葛亮才 27 岁，刘备比你净大 18 岁，论资历也比你老得多嘛！人家刘皇叔天寒地冻的，顶风冒雪，大老远地从新野带着两个兄弟赶过来，你前两次硬是躲着不见人家，到第三次，连关羽这个大好人都看不过眼了，说兄长连着两次亲往拜见，礼节太过分了，可能诸葛亮这个人，就是有虚名而无实学，所以才躲着不敢见我们。那张飞要不是看大哥面子，才不会低三下四地求你呢！早找个卡拉 OK 喝酒唱歌泡妞去了，这第三次虽然见着了，偏偏诸葛亮又拿架子，不识抬举，大白天的在草堂上高睡不起，怎不叫张飞大怒：这先生如此傲慢，等我去屋后放一把火，看他起不起！真是个猛张飞啊！也不怕以后诸葛亮给他小鞋穿。

——摘自襄阳王府论坛

【例文导读】 这两段解说词运用幽默法进行解说，语言轻松诙谐，使游览变得生动有趣，可以很好地活跃现场气氛，提高游客的兴致。

口才实训

(一)阅读下面案例，试帮导游小徐想办法

小徐是位刚跨出旅游学校校门的导游员，这次他带的是来自 T 地域的旅游团。上车后，与前几次带团一样，小徐就认真地讲解了起来。他讲这个城市的历史、地理、政治、经济，他讲这个城市的一些独特的风俗习惯。然而，游客对他认真的讲解仿佛并无多大兴趣，不但没有报以掌声，坐在车子最后两排的几个游客反而津津乐道于自己的话题，互相间谈得非常起劲。虽然也有个别游客回过头去朝那几位讲话的看一眼以表暗示，但那几个游客好像压根儿没意识到似的，仍然我行我素。看着后面聊天的几个游客，再看看一些在认真听自己讲解的游客，小徐尽量控制自己的情绪不受后面几位聊天者的影响，但是他不知道怎样才能阻止那几位游客的聊天。

(二)阅读下面案例，分析导游员的解说技巧

号称"世界第八大奇迹"的秦始皇兵马俑在我国西安的临潼出土，兵马俑规模宏大，已发掘的三个俑坑，总面积 20000 平方米，差不多有 50 个篮球场那么大，坑内有兵马俑近 8000 个。在三个俑坑中，一号坑最大，坑里的兵马俑也最多，有 6000 多个。坑里的兵马俑一行行、一列列，十分整齐，排成了一个巨大的长方形军阵。

我们现在来到的就是一号坑，它是整个军阵的主体，也是三个俑坑中面积最大的一个。它东西长 230 米，南北宽 62 米，深 5 米，面积 14260 平方米。为坑道式土木建筑结构，东西两端各有斜坡门道 5 个，坑道内有 10 个 2.5 米宽的夯土隔墙，把整个俑坑分为中间 9 条直通道、四周回旋相同的坑道。隔墙上架着粗大的横梁，再铺芦席、细泥和填土，底部以青砖墁铺。一号坑按实战军阵排列，为步兵和战车组成的一个长方形的军阵，由前锋、主体、侧翼、后卫四部分组成。我们现在看到的面东而立的就是前锋部队，南北两端各有一排向外侧立的武士俑是侧翼和后卫，他们是为了防止敌人旁敲侧击和从背后偷袭。中间有 38 路面东而立的纵队，这就是主体部分。从这里也体现了古代军阵布阵的一个重要原则——"前锋必锐，整体必宏"。也就是说把一个军阵比喻成一把剑，如果一个军阵没有精锐的前锋，那么这个军阵就像是一把无锋的剑，便失去了杀伤力，可见前锋部队的重要了。

一号坑以北 20 米，就是秦始皇兵马俑的二号坑了。平面呈曲尺形，面积为 6000 平方米。是由步兵、骑兵、车兵、弩兵共同组成的军阵，由四个小阵组成。这四个单元有机联系构成一个大阵，又可以分开构成四个独立的小阵，能攻能守，自我保护能力强，反应迅速，可以说是世界上反应最快速的一支部队。二号坑的四个单元中有三个单元配有车兵，战车占到整个军阵面积的半数以上，证明在秦代车兵仍为作战的主要兵种。

三号坑在一号坑以北25米，面积520平方米，平面呈凹字形，是三个俑坑中面积最小的一个。仅出土了4马1车和68个陶俑。这些陶俑的排列形式与一、二号坑完全不同。一、二号坑是按实战军阵排列的，而三号坑则是面向内相向夹道式排列；三号坑武士俑所持兵器也与一、二号坑内武士不同。一、二号坑中陶俑所持兵器有远射程的弓弩，近距离格斗的矛、戈、剑等，而三号坑内只发现了一种无刃兵器。

（三）对比分析以下两篇导游词的异同

山水重庆——与"桥"共舞

来自北京的各位游客朋友们，我们的旅游车正行驶在渝澳大桥上，渝澳大桥是澳门联合重庆于1999年共同投资修建的，象征着澳门和重庆人民的友谊。请大家向您左手边看，与此相隔不远的是修建于1966年的重庆第一座大桥——嘉陵江大桥，两座姊妹桥连接了渝中区和江北区，把两个区有机地联系在一起，从而大大缓解了重庆主城区交通拥挤的状况。

目前，重庆大大小小的桥梁有6000多座，桥型千变万化，展示了拱桥、悬索桥、斜拉桥、梁桥和组合桥五大类型，仅重庆长江上已建成特大桥15座，在建特大桥13座，规划建设的还有6座。现在呈现在我们眼前的是重庆长江大桥，您看，桥头四个不同的人物塑像，分别代表着春夏秋冬四季。它是重庆市横跨长江的第一座大桥。大家请看，和它相隔数米的重庆长江大桥复线桥，号称世界第一跨。除此之外，还有鹅公岩大桥、石门大桥、马桑溪大桥、李家沱大桥、大佛寺大桥等，数不胜数。桥的建设正如重庆直辖10年来的发展，桥带来了生机，带来了活力。

现在，重庆人离不开桥！那是因为"路桥经济"如雨后春笋般地出现，以"桥"为媒，带动了房屋开发产业、商业贸易的大发展。重庆人离不开桥！桥都文化定位，结合重庆10年来的发展，体现了精诚团结、励精图治、自强不息的精神。重庆人离不开桥！桥也成为人与人、重庆与外界交流的平台，它正以宽广的胸怀，迎接着各位贵宾和世界人民的到来！

山水重庆——与"桥"共舞

亲爱的朋友们，我们的旅游车正行驶在渝澳大桥上，非常欢迎各位参加我们的"桥都魅力一日游"。今天请大家跟我一道，去体会重庆桥梁的雄奇与壮观。

一直以来，两条大江纵横交错的山城，峰高谷深，交通不便曾是山城不堪的回忆。而如今，桥的建设正如重庆直辖10年来的发展，桥带来了生机，带来了活力。

下面，我就简单介绍一下重庆的桥梁。

目前，重庆大大小小的桥梁有6000多座，桥型千变万化，展示了拱桥、悬索桥、斜拉桥、梁桥和组合桥五大类型，几乎世界上所有的桥梁造型，在重庆都能找到身影。其中不少居中国、亚洲，乃至世界第一。譬如，北碚嘉陵江朝阳大桥是中国唯一的双链式悬索桥；黄花园嘉陵江大桥的连续钢构长度居世界第一；还有前些天建成通车的重庆嘉华大桥，它是重庆首座双向八车道大桥，总宽度为37.6公尺，在同类大桥中居亚洲之最。重庆不仅桥多，而且有丰富的桥文化。现在呈现在我们面前的是重庆长江大桥。您看，桥头四个不同的人物雕像，代表着春夏秋冬四季，正如一桥有四季，千米不同天。请大家向您的左手边看，和它相隔不远的是重庆长江大桥复线桥，号称世界第一跨。两座姊妹桥大大缓解了主城区交通拥挤的状况。如今，过桥和不过桥对重庆人来说，已经没有区别，走在桥上如履平地，放眼望去，车在头顶飞，船在脚下行，人就在云里雾里的仙境；夜幕降临，彩桥卧波，流光飞舞，成了重庆山水都市一道靓丽的风景线。

现在，重庆离不开桥，那是因为"路桥经济"如雨后春笋般出现，以桥为媒，带动了重庆经济的大发展，桥都文化体现了重庆人励精图治、自强不息的精神。桥也成为人与人、重庆与外界交流的平台，它正以宽广的胸怀迎接各位贵宾及世界人民的到来。谢谢大家！

——摘自 http://blog.sina.com.cn

(四)模拟练习

1.以小组为单位，选择一个比较著名的景点，收集相关的资料、图片、视频等，制作成PPT，然后在课堂上进行讲解。

2.选择学校所在城市的一个景点，注意收集与景点相关的典故、传说等，写作一篇导游词。

3.举行班级模拟导游解说技能比赛。

参考文献

[1] 段文杰,张美娟.实用口才.北京:科学出版社,2007

[2] 胡伟,邹秋珍.演讲与口才.北京:清华大学出版社,2009

[3] 王黎云.演讲与口才.杭州:浙江大学出版社,2010

[4] 熊苹.求职高招高效.乌鲁木齐:新疆出版社,2003

[5] 林圣基.职业指导与成功就业.广州:广东经济出版社,2008

[6] 李俊琦.职业素质与就业能力.北京:清华大学出版社,2009

[7] 杨岚.高职学生求职择业指南.青岛:中国海洋大学出版社,2008

[8] 中国人力资源测评中心.中国100强面试题.北京:中国青年出版社,2004

[9] 布莱尔·沃森.世界500强面试题.朱丽,涂颀,李凤芹译.北京:中国青年出版社,2004

[10] 亦辛.说的就是好听.北京:中国纺织出版社,2008

[11] 侯天奇.老狐狸口才.延吉:延边大学出版社,2003

[12] 郝凤波.妙嘴刻人生.北京:地震出版社,2007

[13] 张绍含.你的口才价值百万.北京:海潮出版社,2005

[14] 王沪宁,俞吾金.狮城舌战.上海:复旦大学出版社,2003

[15] 李燕,张德明.辩论技巧与实战.北京北影录音录像公司出版,2005

[16] 彼得·帕罗斯.口才训练手册.北京:中央编译出版社,2002

[17] 孙海燕.口才训练十五讲.北京:北京大学出版社,2003

[18] 叶晗.大学口才教程.杭州:浙江大学出版社,2004

[19] 欧阳友权,朱秀丽.口才学教程.北京:高等教育出版社,2004

[20] 杨现钦,陆琦.实用口才训练.北京:中国农业出版社,2006

[21] 刘伯奎.口才与演讲——技能训练(修订版).北京:中国人民大学出版社,2006

[22] 傅明善.口才学通论.杭州:浙江大学出版社,2007

[23] 包镭.演讲与口才技能实训教程.北京:北京大学出版社,2007

[24] 徐左平.演讲与口才(第二版).杭州:浙江大学出版社,2007

[25] 王少毅.世界上最伟大的实用口才全书.北京:中央编译出版社,2007

[26] 于英焕.演讲与口才.北京:中国人民大学出版社,2010
[27] 王非,霍伟佳.大学生口才与演讲训练.北京:清华大学出版社,北京交通大学出版社,2010
[28] 力林.辩论战术.北京:蓝天出版社,1998
[29] 姜燕.实用口才艺术.济南:山东教育出版社,2001
[30] 马志强.语言交际艺术.北京:中国社会科学出版社,2006
[31] 许利平.职业口才训练教程.北京:北京交通大学出版社,2007
[32] 斯静亚.公关礼仪与口才.北京:清华大学出版社,2010
[33] 蒋红梅,杨毓敏.演讲与口才实训教程.北京:清华大学出版社,2009
[34] 国家旅游局主编.走遍中国——中国优秀导游词精选.北京:中国旅游出版社,1997
[35] 韩荔华.导游语言概论.北京:旅游教育出版社,2000
[36] 史晟,周荣主编.导游口才训练教程.西安:西北大学出版社,2002
[37] 林梅英主编.导游实务.郑州:郑州大学出版社,2006
[38] 易伟新,刘娟主编.导游实务.北京:清华大学出版社,2009

图书在版编目（CIP）数据

新编演讲与口才 / 屈海英主编. —杭州：浙江大学出版社，2011.8(2013.1重印)
ISBN 978-7-308-08869-5

Ⅰ. ①新… Ⅱ. ①屈… Ⅲ. ①演讲学—高等职业教育—教材②口才学—高等职业教育—教材 Ⅳ. ①H019

中国版本图书馆 CIP 数据核字（2011）第 139547 号

新编演讲与口才

屈海英　主编

责任编辑　葛玉丹
封面设计　项梦怡
出版发行　浙江大学出版社
（杭州市天目山路 148 号　邮政编码 310007）
（网址：http://www.zjupress.com）
排　　版　杭州中大图文设计有限公司
印　　刷　杭州日报报业集团盛元印务有限公司
开　　本　710mm×1000mm　1/16
印　　张　17.75
字　　数　350 千
版 印 次　2011 年 8 月第 1 版　2013 年 1 月第 3 次印刷
书　　号　ISBN 978-7-308-08869-5
定　　价　25.00 元
